电子商务及经管类专业实践教学创新系列教材

电子商务运营实务

第2版

主　编　李建忠
副主编　王益芳　吴莹莹
参　编　杜晓静　张　婧

机械工业出版社

本书立足于中小企业电子商务运营的实践应用，介绍了电子商务运营的基本操作方法与技巧。本书采用大量真实案例，把突出技能应用、培养学生岗位实践能力放在第一位，让读者在真实的企业环境和任务中熟悉电子商务平台的运营。

全书共 7 章，包括电子商务运营概述，网络商务信息检索、采集与应用，网络市场调研，利用第三方 B2B 平台运营，企业自建网站运营，利用第三方 C2C 平台运营和移动电子商务运营。本书的每一章均由导入案例开篇，引导和启发学生主动思考、分析与探索；每一章最后都精心设计了"思考与练习"和"技能实训"两个模块，针对每一章的重点和难点进行训练，便于读者掌握相关理论，提升实践技能和综合职业能力。

本书主要面向应用型本科电子商务专业，同时也适用于三年制高职高专电子商务专业及高校非电子商务专业的学生，还可供广大企事业单位相关人员参考和使用。

本书配有电子课件，选用本书作为教材的教师可以从机械工业出版社教育服务网（www.cmpedu.com）免费注册下载或联系编辑（010-88379194）咨询。

图书在版编目（CIP）数据

电子商务运营实务 / 李建忠主编．—2 版．—北京：机械工业出版社，2018.12（2020.8 重印）
电子商务及经管类专业实践教学创新系列教材
ISBN 978-7-111-61227-8

Ⅰ．①电⋯　Ⅱ．①李⋯　Ⅲ．①电子商务—运营管理—高等学校—教材
Ⅳ．① F713.365.1

中国版本图书馆 CIP 数据核字（2018）第 248601 号

机械工业出版社（北京市百万庄大街 22 号　邮政编码 100037）
策划编辑：梁　伟　　责任编辑：李绍坤
责任校对：梁　静　　封面设计：鞠　杨
责任印制：常天培
北京九州迅驰传媒文化有限公司印刷
2020 年 8 月第 2 版第 2 次印刷
184mm×260mm・16.5 印张・351 千字
1 901—2 400 册
标准书号：ISBN 978-7-111-61227-8
定价：42.00 元

电话服务　　　　　　　　　网络服务
客服电话：010-88361066　　机　工　官　网：www.cmpbook.com
　　　　　010-88379833　　机　工　官　博：weibo.com/cmp1952
　　　　　010-68326294　　金　书　网：www.golden-book.com
封底无防伪标均为盗版　　　机工教育服务网：www.cmpedu.com

第 2 版前言

在企业电子商务运营过程中，很多中小企业存在误区，出现了各种各样的问题，例如：

为什么企业官方网站建好了，没人来看？

我在平台上发布了这么多信息，为什么没有询盘和订单？

怎样做企业网站和 B2B 商铺的推广？

如何能把引入的流量转化为有效的询单和订单？

都说微信营销效果好，为什么我天天刷屏不管用？

……

有的企业认为建好企业网站，或是开通了阿里巴巴账号，做了竞价排名，便可以等待订单从天而降，这种思维是把电子商务表面化了。事实上，电子商务与传统商务一样，需要对产品进行有效的策划，对品牌进行良好的宣传，在运营与推广上，做到有针对性地开发潜在客户，利用好各种平台和渠道进行引流、转化，并维护好客户关系；在售后上，做到服务周全体贴。只有经过一系列的市场运作，电子商务的效果才能凸显出来。

本书立足于中小企业电子商务运营的实践应用，介绍了企业在不同的电子商务平台上运营的基本操作方法与技巧。在本书中，对电子商务运营的界定重点局限在"网络平台商务信息运营与管理"上，具体体现为"真正能够针对企业需要、既有在线方案和计划，利用公开的网络工具进行在线相关信息搜集与整理、在线信息的基本制作和加工、在线信息发布与维护、客户问题解答以及产品的营销推广等"。

本书在内容设计上，采用大量的真实案例，把突出技能应用、培养学生岗位实践能力放在第一位，让读者在真实的企业环境和任务中熟悉电子商务平台的运营。

本书第 2 版与第 1 版相比，除了更新数据和概念外，还增加了移动电子商务运营的内容。全书共 7 章，包括电子商务运营概述，网络商务信息检索、采集与应用，网络市场调研，利用第三方 B2B 平台运营，企业自建网站运营，利用第三方 C2C 平台运营和移动电子商务运营。

本书的作者都是工作于教学与科研一线的骨干教师，具有丰富的教学实践经验。全书由李建忠任主编，王益芳和吴莹莹任副主编，杜晓静和张婧参加编写。其中，第 2、4、6、7 章由李建忠编写，第 1 章由吴莹莹编写，第 3 章由杜晓静和张婧编写，第 5 章由王益芳编写。全书由李建忠统稿。

本书在修订过程中得到了北京博导前程信息技术有限公司的支持，在此表示诚挚的感谢。

由于编者水平有限，书中难免存在疏漏和不妥之处，恳请广大读者批评指正。

编 者

第1版前言

在新时代的新形势下，企业信息化、商务网络化已经成为一种新趋势。企业因为电子商务的介入而改变了组织结构和运作方式，提高了生产效率，降低了生产成本，最终提升了集约化管理程度，得以实现高效经营。我国在国民经济和社会发展"十二五"规划纲要中明确提出，要积极发展电子商务，加快发展电子商务，这将有利于优化调整我国经济在全球产业中的定位和布局，有利于加快进一步融合全球化的步伐，提升参与国际竞争力的优势。在信息化引发的变革风潮中，电子商务已经成为后工业时代经济增长的强大推动力。

本书立足于中小企业电子商务运营的实践应用，介绍了企业在不同的电子商务运营平台上的基本操作方法与技巧。在本书中，我们对电子商务运营的界定重点局限在"网络平台商务信息运营与管理"，具体体现为"真正能够针对企业需要、既有在线方案和计划，利用公开的网络工具进行在线相关信息搜集与整理、在线信息的基本制作和加工、在线信息发布与维护、客户问题解答以及产品的营销推广等"。

本书采用大量企业的真实案例，把突出技能应用、培养学生实践能力放在第一位，让读者在真实的企业环境和任务中熟悉电子商务平台的运营。

本书的作者都是工作于教学与科研一线的骨干老师，具有丰富的教学实践经验。全书由李建忠担任主编，第2、4、5、6章由李建忠编写，第1章由杜晓静编写，第3章由张婧编写。全书由李建忠统稿、审定。

在本书的编写过程中，北京师范大学电子商务研究中心李江予主任、中国互联网协会大学生网络商务创新大赛组委会刘芳主任都提出了许多宝贵建议，在此表示诚挚感谢。另外，本书的出版也得到了机械工业出版社的领导与编辑的大力支持和帮助，在此一并表示诚挚的感谢。由于编者水平有限，书中难免会有疏漏和不足之处，恳请各位老师和同学批评指正。

编　者

目 录

第 2 版前言
第 1 版前言

第 1 章 电子商务运营概述 ... 1
1.1 电子商务运营相关概念 ... 3
1.2 企业电子商务运营部门架构 ... 10
1.3 企业电子商务运营基本术语 ... 13
1.4 信息发布平台与常用工具介绍 ... 16

第 2 章 网络商务信息检索、采集与应用 ... 27
2.1 网络商务信息基本知识 ... 28
2.2 网络商务信息的收集工具与方法 ... 31
2.3 网络商务信息的处理 ... 44
2.4 网络商务信息的发布工具与方法 ... 47

第 3 章 网络市场调研 ... 51
3.1 制订网络调研计划 ... 52
3.2 在线调研问卷设计 ... 59
3.3 在线调研工具介绍与使用 ... 67

第 4 章 利用第三方 B2B 平台运营 ... 78
4.1 第三方 B2B 电子商务平台概述 ... 80
4.2 B2B 平台企业信息的发布 ... 87
4.3 询盘转化为订单 ... 98
4.4 B2B 平台内部推广资源的利用 ... 10
4.5 免费 B2B 平台信息发布及信息的优化 ... 11

第 5 章 企业自建网站运营 ... 1
5.1 企业自建网站的设计 ... 1
5.2 企业自建网站的运营与管理 ...
5.3 企业网站的搜索引擎优化（SEO）...
5.4 企业网站推广 ...

第 6 章 利用第三方 C2C 平台运营 ...
6.1 第三方 C2C 电子商务平台商品信息发布与管理 ...
6.2 网店推广 ...
6.3 网店数据分析 ...
6.4 网店售中与售后服务 ...

第 7 章 移动电子商务运营 ...
7.1 移动电子商务运营概述 ...
7.2 微信运营 ...
7.3 微店运营 ...
7.4 社群电商运营 ...

参考文献

第1章

电子商务运营概述

【学习目的】

1）了解电子商务运营的定义以及常见的电子商务运营平台。
2）了解当前企业中电子商务运营的部门架构。
3）运用运营管理知识对网站运行状况进行有效的监控。
4）能够掌握常见电子商务运营工具的下载、申请和应用方法。
5）熟悉电子商务运营常见术语。

【导入案例】 "心情蜂巢"团队为沛然公司打通网络运营平台

河北沛然官网首页如图1-1所示。河北沛然世纪生物食品有限公司位于金丝小枣产地河北沧州，是亚洲完整的食品果蔬中间体生产基地，红枣浓缩汁、红枣粉生产基地。

借第五届网络商务创新大赛契机，沧州师范学院"心情蜂巢"团队与河北沛然公司合作，重新对公司电子商务运营平台进行了策划和定位，通过线上调查（爱调研、QQ空间投票、搜索引擎、同客户交流）及线下调查（公司内部资料、实地超市调查、走访特产店铺、有选择地发放调查问卷），完成了有关公司产品和业务运营状况的调研报告，并对公司开展电子商务运营的前期工作进行策划与准备，对企业官网和B2B平台运营存在的问题进行了分析。

通过分析沛然公司网站，发现公司网站仅从事简单的产品宣传，虽然网站右栏设有在线客服和留言栏目，但经过观察发现其并未起到应有的交流沟通作用。另外，公司网站内容长时间没有更新。

企业在网络营销上的成功与否除了企业官网，还取决于公司产品信息在网上交易平台的曝光率和活跃程度。沛然公司目前在阿里巴巴的企业页面更新时间是2011年11月，虽然沛然公司在很多第三方平台上都注册了免费会员，但是都只停留在粗放的发布产品信息阶段，并未有太多的网上交易直接发生。对于国内交易量前几位的几大平台包括天猫、淘宝、京东、慧聪，公司都未真正重视并加以利用。

综合分析公司现有的网络营销模式，可以发现，在网络营销方面公司还有很大的发展空间。于是，"心情蜂巢"重新为公司进行了平台策划，并利用各大电商平台进行信息发布，尝试用各种工具和手段进行推广。不到半年的时间，询单量和订单量明显增加，网络运营取得了显著效果。

在策划方案中，"心情蜂巢"提出了企业全网覆盖运营战略，即把整个互联网整合成企业运营的最大平台。通过有效利用互联网上各个免费的平台，使其成为沛然"大网站"的一部分，在各个展示平台和企业官网都实现无缝链接。百度是公司的"迎宾员"，微博、博客、论坛等社交平台是公司的"公告栏"，企业黄页、企业博客是公司的"名片"，阿里巴巴、慧聪、生意宝是公司的"柜台"，百度词条、百度知道、贴吧是公司的"免费宣传员"，酷六、优酷、土豆视频平台是公司的"T台"，如图1-2所示。

图1-1 河北沛然官网首页

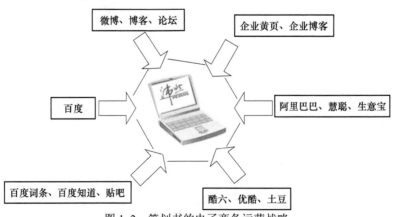

图1-2 策划书的电子商务运营战略

注：方案选自沧州师范学院"心情蜂巢"团队的《关于河北沛然世纪生物食品有限公司的网络策划推广书》（队长：郝亚昆，队员：刘瑞瑞、贾小敏、刘佳伟、杨玉蔓，指导老师：李建忠），本方案获得第五届全国大学生网络商务创新大赛总决赛亚军，并荣获一等奖。

1.1 电子商务运营相关概念

随着互联网在国内的高速发展和迅速普及，中国网民人数规模已经突破 7.7 亿人，位列全球第一位。作为互联网中最重要、最具活力的应用，电子商务也已经渗透到各行各业。越来越多的传统企业选择了电子商务，企业因为电子商务的介入而改变了组织结构和运作方式，提升了集约化管理程度，得以实现高效经营。电子商务网站作为企业的窗口，不仅能够实现产品的展示和企业形象的宣传，而且通过网站在线交易，能够降低企业经营成本，拓宽发展空间，提高企业内部的生产、管理和服务水平。

1.1.1 电子商务运营的定义

1. 电子商务的概念模型

（1）电子商务的概念

电子商务通常是指在互联网开放的网络环境下，基于浏览器/服务器应用方式，在买卖双方不谋面的情况下进行的各种商贸活动，以实现消费者的网上购物、企业间的网上交易和在线电子支付，以及完成各种商务活动、交易活动、金融活动和相关综合服务活动的一种新型的商业运营模式。图1-3 所示为电子商务的概念模型。

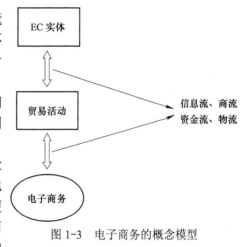

图1-3 电子商务的概念模型

与传统的贸易方式相比，电子商务可以为企业寻找到一个新的利润增长点。由于电子商务打破地域限制的特点，使得商品的流通变得更为广泛和便捷，它快捷、自由的低成本为企业带去了更多的商业机会和利润，也为创业和就业提供了更为广阔的发展空间。其特点如下：

- 降低成本，提高效率。
- 没有时间和地域的限制。
- 公平享用信息资源。
- 减少了交易的中间环节。
- 增强了买卖双方之间的互动性。
- 快捷的信息传递速度。

（2）电子商务的两个层次

从贸易活动的角度来看，可以将电子商务分为两个层次：浅层次的电子商务和深层次的电子商务。

1）浅层次的电子商务只是通过使用电子工具来完成贸易活动的部分流程和环节。例如：

- 在网页上发布电子商情。
- 采用电子方式取代纸质凭据来做生意的电子贸易。
- 通过电子邮件和电子数据交换来明确合作方之间责任权利义务的电子合同等。

2）深层次的电子商务在流程和环节上更加完整，可以利用互联网来进行全部的贸易活动，即在互联网上将信息流、商流、资金流和部分物流环节完整地实现，从寻找客户、在线洽谈、下订单、在线支付和收款，到部分商品的在线发货，甚至电子报关和电子纳税全部贸易环节都通过互联网来完成，如图 1-4 所示。

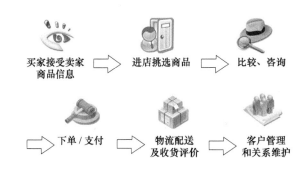

图 1-4　深层次的电子商务

要实现深层次的电子商务除了会涉及买卖双方以外，还需要银行等金融机构、政府部门、认证机构和物流配送中心等环节的支持和配合，企业独立操作及实施的难度比较大。而在淘宝网、天猫商城等第三方交易平台上，则可以通过平台系统、支付宝和推荐物流等配套服务，轻松实现深层次的电子商务拓展。

在电子商务的整个交易流程中，绝大部分环节是通过在线方式来完成的。在大多数情况下，买卖双方都是按照图 1-5 所示的流程来实现网上贸易的。买方通过网络了解到商品信息，然后利用沟通工具（在线即时聊天软件、电话、手机和电子邮箱等）和卖方联系，咨询有关商品的信息和问题，再通过网银在线支付或第三方支付平台的方式订购商品，最后通过传统物流方式将商品运输配送到买方手中，卖方因此收到应得的货款，这就是现阶段完整的电子商务流程。

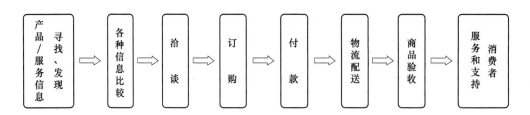

图 1-5　电子商务交易流程

（3）运营的含义

运营是指对运营过程的计划、组织、实施和控制，是与产品生产和服务密切相关的各项管理工作的总称。对于传统企业来讲，运营涵盖的内容（即运营经理的职责）包括以下几个方面。

1）产品研发运营经理全面参与和生产新产品相关的部署、成本、必要技术、设备以及员工培训方面的决策。

2）制造和生产。通常情况下运营经理对此过程的影响力最强。制造和生产过程需要经常审视评估。

3）供应链采购价格和标准以及原材料、库存和其他产品部件的储存也属于运营经理职责所辖范围。从运营的观点来看，必须经常性地对上述过程进行审视评估并不断改善。

4）质量管理。高层次的质量要求不仅是针对产品，同样适用于生产场所的环境。运营在企业各方面关于质量问题的分析和改善中起着重要的作用。

5）销售和营销市场调研以及客户反馈对制订成功的营销计划以及研发新产品都非常关键。结合营销过程，有效运营有助于公司更好地满足客户需求。

6）资金预算信息对公司各部门都很重要。运营经理可能需要估算运营中各阶段的成本，目的在于制订合理的预算并精确预测损益信息。资产设备的淘汰、更新和维修也需要考虑在内。

7）确定各部门最适宜的人数配置以及人员和岗位结构的整体组织也是运营经理的职责之一。

通过改善业务过程（无论涉及管理、营销、研发或是其他任何方面），从理论上讲，企业可以生产出更好的产品、获得更高的利润，并且更大程度地满足客户需求，进而拥有更忠实的客户群体。

2．电子商务运营概念的界定

电子商务运营与企业运营存在相似之处，包括调研、产品定位、运营策划、产品管控、数据分析、营销与推广等。但其执行对象有别于实体产品，电子商务运营的对象是根据企业需要所开发设计的电子商务平台的所有附属推广产品。

从大的方面来看，电子商务运营可指一切与企业电子商务运营相关活动的总称，包括平台建设、技术、美工、市场、销售、内容建设等，甚至企业电子商务战略、物流建设等皆属于电子商务运营的范畴；从小的方面来看，企业电子商务平台的运营却是独立于技术、销售、市场、物流等工作内容而存在的。

企业电子商务平台的建设完成并发布之后，信息的采集、加工、编辑与发布及产品的网络营销推广成为平台的运营与维护的主要内容。

因此，本书在内容的设置上，对电子商务运营的界定重点局限在"网络平台商务信息运营与管理"，体现为"真正能够针对企业需要、既有在线方案和计划，利用公开的网络工具进行在线相关信息搜集与整理、在线信息的基本制作和加工、在线信息的发布与维护、客户问题解答以及产品的营销推广等"。

无论是第三方的 B2B、C2C，还是企业自建的企业网站或是第三方平台的 B2C，成功的平台是运营出来的。要掌握这些平台网络运营的技能，首先就需要明确网络运营的定义、各个平台运营的具体内容。因此，学习和掌握各个平台运营的特点和规律也就变得至关重要。

3．电子商务运营的基本内容

为了让电子商务运营的基本内容有一个清晰的框架，可将电子商务运营维护归纳为 6 个方面：网上市场调研与信息收集、网络平台的信息发布、网络平台营销与推广、网上销售、在线客户服务、统计分析等。

（1）网上市场调研与信息收集

网上市场调研具有调查周期短、成本低的特点，网上调研不仅为制订网络营销策略提供支持，也是整个市场研究活动的辅助手段之一，合理利用网上市场调研手段对于市场营销策略具有重要的价值。网上市场调研与网络营销的其他职能具有同等地位，既可以依靠其他职能的支持而开展，又可以相对独立进行，网上调研的结果反过来又可以为其他职能的更好发挥提供支持。

（2）网络平台的信息发布

网络运营的基本思想就是通过各种互联网手段，将企业营销信息以高效的手段向目标用户、合作伙伴、公众等群体传递，因此信息发布就成为网络运营的基本职能之一。互联网为企业发布信息创造了优越的条件，不仅可以将信息发布在企业网站上，还可以利用各种网络营销工具和网络服务商的信息发布渠道（如企业博客、企业微博、企业在 B2B 平台上的商铺等）更广泛地传播信息。

（3）网络平台营销与推广

获得必要的访问量是网络营销取得成效的基础。尤其对于中小企业，由于经营资源的限制，发布新闻、投放广告、开展大规模促销活动等宣传机会比较少，因此通过互联网手段进行网站推广的意义显得更为重要，这也是中小企业对于网络运营更为热衷的主要原因。即使对于大型企业，网站推广也是非常必要的。事实上，许多大型企业虽然有较高的知名度，但网站访问量也不高。因此，网站平台营销与推广是企业网络运营最基本的职能之一，也是最基础的工作。

（4）网上销售

网上销售是企业销售渠道在网上的延伸，一个具备网上交易功能的企业网站本身就是一个网上交易场所，越来越多的企业通过官方网站开设网上商城直接销售本企业的产品。当然，网上销售渠道建设并不限于企业网站本身，还包括建立在专业电子商务平台上的网上商铺，以及与其他电子商务平台不同形式的合作等。因此，网上销售并不仅是大型企业才能开展，不同规模的企业都有可能拥有适合自己需要的在线销售渠道。

（5）在线客户服务

互联网提供了更加方便的在线顾客服务手段，从形式最简单的 FAQ（常见问题解答），到电子邮件、邮件列表，以及在线论坛和各种即时信息服务等。在线顾客服务具有成本低、效率高的优点，在提高顾客服务水平方面具有重要作用，同时也直接影响网络运营的效果，因此在线顾客服务成为网络运营的基本组成内容。

（6）统计分析

运营平台的访问统计分析不是简单地将各种统计数据进行汇总，而是在此基础上发现网站运营的影响因素，并为制订和调整网络运营策略提供指导。统计分析的作用可以归纳为以下几个方面。

1）及时掌握网站推广的效果，减少盲目性。

2）分析各种网络运营手段的效果，为制订和修正网络运营策略提供依据。

3）通过网站访问数据分析进行网络运营诊断，包括对各项网站推广活动的效果分析、网站优化状况诊断等。

4）了解用户访问网站的行为，为更好地满足用户需求提供支持。

5）作为网络运营效果评价的参考指标。

考虑到电子商务运营内容的广泛性，本书将重点讲解企业电子商务平台运营的基本知识、技能和技巧。

1.1.2 电子商务运营平台概述

1. 电子商务运营平台

从模式上区分，企业电子商务运营通常可以分为第三方 B2B 电子商务运营平台，企业自建网站运营平台与第三方 C2C 运营平台。

（1）第三方 B2B 电子商务运营平台

B2B 电子商务指企业（包括商家）对企业的电子商务，即企业与企业之间通过互联网进行产品、服务及信息的交换。阿里巴巴、中国供应商、中国制造商、慧聪网等都是 B2B 的电子商务平台，按服务对象可以分为外贸 B2B 和内贸 B2B，如阿里巴巴国际站（www.alibaba.com）是外贸 B2B 平台，阿里巴巴国内站（www.alibaba.cn）是内贸 B2B 平台。按行业性质分，B2B 电子商务可以分为综合 B2B 和垂直 B2B，如阿里巴巴、慧聪网都是综合 B2B 平台，中国化工网、工控网是垂直 B2B 平台。

对于中小企业来讲，尤其是工业品企业，可以首先选择第三方 B2B 平台进行网络运营。例如，企业可以根据自身发展的需要，选择比较专业的综合性网络营销平台，成为某些知名电子商务平台的会员，通过交纳会员费和广告费来进行推广。这种方式年费投入小，见效快，可以更方便快捷地获得收益。以阿里巴巴、慧聪网为例，企业可以在短时间内完成阿里巴巴旺铺、慧聪商铺的建设，通过该平台进行信息发布，以方便客户查找和了解公司情况，通过即时通信（如阿里旺旺、慧聪发发等）、在线贸易、在线客服等的整合，提高公司形象，扩大采购与销售渠道，进而为公司创造价值。图 1-6 所示为河北某企业在阿里巴巴的旺铺。

图 1-6 河北某企业在阿里巴巴的旺铺

（2）企业自建网站运营平台

第三方 B2B 平台投入低、维护方便，成为了众多企业电子商务运营的首选，但也正由于平台上大量企业的涌入，使得中小企业的产品信息在平台上的曝光机会与可见度越来越小，订单被稀释的现象也越来越严重。由于平台上的企业始终处于消费者的地位，游戏规则掌握在平台运营商手里，运营商会根据市场情况将运营重心不断进行调整，服务体系也会随之变化，企业在竞争中比较被动，在客户比价中也往往被迫陷入价格竞争。因此，企业选择自建网站平台运营也就提到了日程上。

B2C 是企业对消费者的一种电子商务模式，即企业通过互联网将产品、服务及信息销售给消费者，供货方是企业。传统企业通过投入巨资，招聘业内的技术、运营等专业人才，开设专门的电子商务部门，自己负责网上交易平台的搭建和运营。这种模式尽管网站的所有权和产出赢利都是自己的，但投入大、产出周期长，在网站平台的技术和运营推广层面有较高的要求。

在中小企业电子商务平台的运营途径中，自建网站平台运营是很重要的一部分，而相关建设途径为自建和外包。随着网站建设成本的增加和专业化程度的提高，越来越多的一定规模以上的中小企业选择外包形式建设网站，这类网站具有独立的域名，具有更容易凸显企业品牌形象等优点，受到越来越多中小企业的欢迎。图 1-7 所示是河北某企业自建网站的页面。

图 1-7　河北某企业自建网站的页面

（3）第三方 C2C 运营平台

第三方 C2C 电子商务平台本来是个人对个人的交易，但由于企业自建网站营销效果普遍不佳，很多中小企业甚至一些大企业也开始在第三方 C2C 电子商务平台中开设店铺进行运营（实际上，此时已经成为 B2C），取得了很好的效果。

借助第三方平台，如天猫商城提供的技术支持、在线支付、运营辅导、品牌推广及方便的推荐物流，加盟企业只需要支付一定的加盟费用，就能直接面对消费者。图 1-8 所示为海尔公司在天猫商城的官方旗舰店。

图 1-8　海尔天猫商城旗舰店

2．电子商务运营平台的选择

随着中小企业的电子商务意识逐步提高，越来越多的中小企业开始选择电子商务。选择电子商务的目的是在控制最小成本投入的前提下，获得最好的市场回报利润。但是，要想充分利用好电子商务，还需要一个好的模式和好的电子商务平台。选择不同的电子商务平台，产生的结果也是不一致的。这需要企业在对市场有充分的认识、对同行业竞争要素进行充分分析、对企业自身现状有充分的了解和对发展战略有明确规划的前提下，结合企业自身特点、行业特点以及区域经济特点稳步进行。同时，要对电子商务应用的投资回报评价标准、回报率和回报期有科学的认识。

选择平台是关键。如何在利用好自身优势的同时，又能找到一家适合自己发展的电子商务平台，需要中小企业注意以下几个事项。

1）了解平台概况。平台的建立是否具备了一定的发展基础，包括这家公司的发展历史、经营状况和诚信度等，这是需要中小企业去理性分析的一个参考方面。

2）平台传播效果。一般情况下，直接与这家公司的品牌知名度有关。

3）平台服务质量。电子商务平台属于高科技服务行业，以服务为主。

4）后期售后服务。这恐怕是在消费者群体中投诉最多的问题之一了，普遍的反映都是交钱走人，没有享受到交钱之后的"高级"服务。

5）要因地制宜。企业自身的产品、技术优势在哪里，企业自己说了算。选择平台时也要力求做到精准、专业和深入，充分考虑市场空间、区位优势和成本预算，先定位于一个点上，再进行全方位扩张。

1.2 企业电子商务运营部门架构

电子商务的介入对传统的企业管理提出了业务流程重组的要求，只有通过有效的业务流程重组，才能保证电子商务的进一步发展。业务流程重组的原因大致可从以下3个方面来分析。

1）在企业内部，电子商务的应用将使企业的各职能部门有机地联合起来，如销售部门得到用户的订单，即可通过内部网络把用户的需求迅速传递给设计开发、生产调度、原材料供应、财务核算、仓储管理等各个环节，从而取代传统的通过大量人工协调的运作方式。这样做既可以提高效率，又可以减少各种开支，同时还可以精简许多机构和人员。

2）在企业外部，电子商务通过电子化的贸易手段把贸易各方连接到一起，使得各种传统的纸质商贸单据被无纸化的"电子数据流"所取代，省去了纸质单据的处理成本，同时使得企业与企业之间、企业与客户之间的联系更加便捷，客户可以更加主动地参与到企业的运作过程中来。

3）企业商务活动中的"三流"（信息流、资金流及物流）将在很大程度上通过网络融合起来，彻底改变传统商务活动中"三流"由不同职能部门控制、由不同员工分散管理的做法，变成了"三流合一"，实现了高效、协调的运作。企业要适应电子商务发展的这些变化，只有通过有效地实施业务流程重组来实现。

很多传统企业做不好电子商务的主要原因是传统企业的组织架构、企业文化不适合电子商务运营，没有建立适合电子商务运营的新组织架构与团队。传统企业做电子商务，经常会遇到电子商务部门归属的问题。有的公司将电子商务放在市场部，这就导致品牌营销的职能多过零售的职能，员工就会误认为销售业绩无关紧要，只追求曝光度就够了。这样的定位就决定了电子商务不可能走得长远。所以，在组织架构方面一定要根据企业自身经营的产品与具体情况进行精心布局。

一个电子商务企业采用什么样的组织架构与其采用的模式和选择的平台密切相关。

1. 企业组织架构

【例1-1】麦包包诞生于2007年9月，是一个典型的通过电子商务开展起来的企业。麦包包致力于打造箱包快速时尚新模式，为中国的消费者提供高性价比的多品牌时尚箱包产品。麦包包在浙江嘉兴自建箱包生产基地，完全实现从研发到制造，再到用户的垂直消费。麦包包的企业组织架构如图1-9所示。

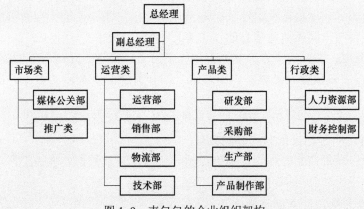

图1-9　麦包包的企业组织架构

与麦包包不同，某企业的网络运营平台是以淘宝网店为主，其组织架构如图1-10所示。

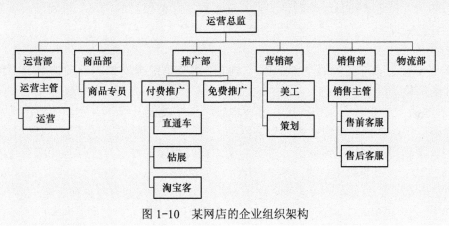

图1-10　某网店的企业组织架构

2. 各主要部门职责

一般来讲，企业网络运营部门内设3个分部，即技术部、推广部、业务部。网络运营部门设部门经理一职，下设3个分部，设主管一职。

1）市场部：负责市场的营销、推广工作，包括以各种方式或途径提高网站的声誉、提升网站访问的流量，并确保一定的订单转化率。

2）运营部：负责团队内部资源由上到下的整合，计划、组织、跟进团队的运营事务，掌控全局，综合统筹，把控团队方向。

3）推广部：通过博客论坛等工具对产品信息进行宣传推广，提高网站访问量；通过其他网络方式进行产品推广。根据流量指标，通过直通车、钻展、活动等手段，提高店铺流量，增强营销效果，降低费用。

4）营销部：负责项目推广定位和主题策划设计工作，通过自身主题式营销和结合淘宝活动，增强买家的购物体验，同时增强营销效果，提高店铺转化率。

5）销售部：直接面对消费者，以最优的服务态度，利用销售技巧，寻找和满足买家的需求点，并提供良好的售后服务，提供给买家良好的顾客体验。

6）物流部：管理库存，安排配货、发货等相关事项。

7）技术部：主要负责企业网站程序功能升级，开发新的特色功能；定期设计活动促销网页与相关促销图片；根据搜索引擎状况与企业网络推广需要，进行搜索引擎优化；每天进行产品信息的采集与产品或新闻信息的发布等。

8）人力资源部：主要负责人力规划、招聘、薪资、培训、绩效等方面的工作。

9）行政部：主要负责办公设备、用品的采购和管理，以及活动组织、车辆管理、前台等工作。

10）客服部：负责后台的订单审批、到账确认、订单完结、积分处理、退货处理、退款处理，以及前台的客户投诉和咨询的处理。

11）商品部：负责商品的规划、销售预测、招商、基础数据处理的工作。商品部更多关注商品、商品供应商以及销售前端的工作。

3. 电子商务类岗位人员职责要求

（1）营销部主管

营销部主管是电子商务运营的带头人，负责网络营销项目的构思、策划以及统筹工作，为公司制订营销计划。

（2）技术部主管

技术部主管负责部门内的全部工作，完成网络营销经理安排的各项技术类工作。技术部下设 4 个岗位。

1）程序员：主要负责制作网页，编写程序，程序功能升级，开发新的特色功能；对网站运行过程中出现的问题及时改进，保证网站正常运行。根据网站的需要，对现有的功能模块存在的问题和局限进行调试修改。对可能调用网站程序的专题页面添加相应的程序支持。

2）美工设计：负责美工制图，并对图片进行美观设计，达到人性化的要求。此外，还要进行特色网页的制作以及 Flash 动画处理。根据网站策划制订的网站专题策划方案，进行网站专题页面的设计制作。根据网站采购部门制作的货架展示规划，对网站广告需要的图片进行设计制作。

3）采编专员：负责网站信息的采编，如产品信息、企业动态、行业资讯等；收集整理公司相关产品的图片；将采购部门采集提供的商品信息进行整理，将整理好的商品信息在网站平台上进行发布。根据业务流程的需要，参照采购部门、仓储部门的同步信息，对已经发布的商品信息进行价格修改、库存调整、下架删除、分类调整等管理。根据采购部门制订的货架展示规划，用美工编辑设计制作完成的广告图片，对网站广告信息进行定期更新调整。

4）SEO 专员：根据网站推广的需要，及时制订搜索引擎优化方案。

（3）推广主管

推广主管的主要职责：通过各种营销方法，提高网站访问量；对通过电话或网络工具进行咨询或询盘的客户进行转化，提高销售业绩。其下设一般推广专员与资深推广专员。

1）一般推广专员的主要职责：根据网站的需要，及时更新、维护网站，做好网站的优化工作，以获得更高的访问量和询盘量。

2）资深推广专员是指对网站的询盘能较好地转化为订单的推广专员，他们一般具有较强的处理能力，能较好地应对复杂问题。

4．客服业务主管

客服业务主管的主要岗位职责：联系客户、在线准确有技巧地回复客户留言并对客户的疑问以及投诉进行处理，同时要做好客户后期服务以及客户培训。其下设一般客服业务专员与资深客服业务专员两个岗位。

1）一般客服业务专员：能够详细准确地回答网上客户的相关问题，并且能够将潜在客户转化为目标客户。

2）资深客服业务专员：能较好地处理网上客户的疑难问题以及相关纠纷问题。

1.3 企业电子商务运营基本术语

1.3.1 电子商务运营数据分析的意义

在电子商务运营过程中，访问者的数量直接关系到企业的生存。电子商务平台的数据统计与分析是电子商务运营的一个重要组成部分。通过对访问量数据的统计、分析与验证，指导网站监控流量、吸引流量、保留流量，并利用流量完成转化等目标，从而找出平台运营过程中的优势与不足，并进行相应的修改，更好地实现运营的目标。

具体来讲，电子商务平台的数据统计与分析的主要意义包括以下几点。

1．监控网站平台运营状态

网站分析最基本的应用就是监控网站的运营状态，收集网站日常产生的各类数据，包括浏览和访客数据等，并通过统计这些数据生成网站分析报表，对网站的运营状态进行系统的展现。

2．提升网站推广效果

常见的网站推广方式主要包括 SEO（Search Engine Optimization，搜索引擎优化）、SEM（Search Engine Marketing，搜索引擎营销）和广告投放推广。SEO 分析主要是分析网站在各搜索引擎的搜索词排名和点击，以及网站在搜索引擎的收录、排名和展现情况。SEM 分析是通过了解从搜索引擎商业推广结果页导入流量的后续表现，进而调整网页在搜索结果页上的排名，针对搜索引擎用户展开营销活动。网站运营数据分析可以定制化地细分来源和访客，从而进行有针对性的广告推广营销。

3．优化网站结构和体验

通过分析网站的转化路径，定位访客流失环节，有针对地查漏补缺，后续通过其他工具有效地分析点击分布和细分点击属性，掌握访客的常规行为和人口学属性，提升网站吸引力和易用性。

1.3.2 电子商务运营基本术语简介

电子商务平台运营分析中的常见指标有浏览量、访问次数、访客数、新访客数、新访客比率、IP 数、跳出率、平均访问时长、平均访问页数、转化次数、转化率。

以上指标可以概括为 3 类，分别是流量数量指标、流量质量指标和流量转化指标。

1．流量数量指标

（1）浏览量（PV）

定义：页面浏览量即为 PV（Page View），用户每打开一个页面就被记录 1 次。

说明：一个 PV 即计算机从网站下载一个页面的一次请求。当页面上的 JS 文件加载后，统计系统才会统计到这个页面的浏览行为。

注意：

1）用户多次打开同一页面，累计浏览量值。

2）如果客户端已经有该缓冲的文档，甚至无论是不是真的有这个页面（如 JavaScript 生成的一些脚本功能），都可能记录为一个 PV。如果利用网站后台日志进行分析，则缓存页面可能直接显示而不经过服务器请求，不会记录为一个 PV。

含义：PV 越多，说明该页面被浏览得越多。

（2）访问次数（Visit）

定义：访问次数即访客在网站上的会话（Session）次数，一次会话过程中可能浏览多个页面。

说明：如果访客连续 30 分钟内没有重新打开和刷新网站的网页，或者访客关闭了浏览器，则当访客下次访问网站时，访问次数加 1。如果访客离开后半小时内再返回，则算作同一个访次，以上对访客的判断均以 Cookie 为准。

含义：页面浏览量（PV）是从页面角度衡量加载次数的统计指标，而访问次数（Visit）则是从访客角度衡量访问的分析指标。如果网站的用户黏性足够好，同一用户一天中多次登录网站，那么访问次数就会明显大于访客数。

（3）访客数（UV）

定义：访客数即一天之内网站的独立访客数（以 Cookie 为依据），一天内同一访客多次访问网站只计算 1 个访客。

说明：当客户端第一次访问某个网站服务器时，网站服务器会给这个客户端的计算机发送一个 Cookie，记录访问服务器的信息。当下一次再访问服务器时，服务器就可以直接找到上一次它放进去的这个 Cookie。如果一段时间内，服务器发现两个访次对应的 Cookie 编号一样，那么这些访次一定就是来自一个 UV 了。

含义：访客数是从访客角度看访客到达网站的数量。

（4）新访客数

定义：新访客数是指在一天的独立访客中，第一次访问网站的访客数。

含义：新访客数可以衡量营销活动开发新用户的效果。

（5）新访客比率

定义：新访客比率 = 新访客数 / 访客数，即一天中新访客数占总访客数的比例。

含义：整体访客数不断增加，并且其中的新访客比例较高，能表明网站运营在不断进步。

（6）IP 数

定义：一天之内，访问网站的不同独立 IP 个数相加之和。同一 IP 无论访问了几个页面，独立 IP 数均为 1。

含义：从 IP 数的角度衡量网站的流量。

2．流量质量指标

（1）跳出率

定义：跳出率是指只浏览了一个页面便离开了网站的访问次数占总的访问次数的百分比，即只浏览了一个页面的访问次数/全部的访问次数汇总。

含义：跳出率是非常重要的访客黏性指标，它显示了访客对网站的兴趣程度。跳出率越低说明流量质量越好，访客对网站的内容越感兴趣，这些访客越可能是网站的有效用户、忠实用户。该指标也可以衡量网络营销的效果，显示出有多少访客被网络营销吸引到宣传产品页或网站上之后，又流失掉了。

（2）平均访问时长

定义：平均访问时长是指平均每次访问在网站上的停留时长，即平均访问时长＝总访问时长/访问次数。

含义：平均访问时间越长，说明访客停留在网页上的时间越长。如果用户对网站的内容不感兴趣，则会较快关闭网页，那么平均访问时长就短；如果用户对网站的内容很感兴趣，则在网站停留的时间就很长，平均访问时长就长。

（3）平均访问页数

定义：平均访问页数就是平均每次访问浏览的页面数量，平均访问页数＝浏览量/访问次数。

含义：平均访问页数越多，说明访客对网站的兴趣越大。一般来说，会将平均访问页数和平均访问时长这两个指标放在一起分析，进而衡量网站的用户体验情况。

3．流量转化指标

（1）转化次数

定义：转化次数是指访客到达转化目标页面或完成网站运营者期望其完成动作的次数。

含义：转化就是访客做了任意一项网站管理者希望访客做的事。其与网站运营者期望达到的推广目的和效果有关。

（2）转化率

定义：转化率即访问转化的效率。转化率＝转化次数/访问次数。

含义：转化率数值越高，说明越多的访次完成了网站运营者希望访客进行的操作。

4．其他运营数据

一个电子商务平台的运营，除了要统计与分析以上流量类指标外，还要统计新会员购物比率、会员总数、所有会员购物比率、复购率。

概括性分析会员购物状态，重点在于本周新增了多少会员，新增会员购物比率是否高于总体水平。如果注册会员购物比率很高，那么引导新会员注册不失为提高销售额的好方法。

会员复购率包括1次购物比例、2次购物比例、3次购物比例、4次购物比例、5次购物比例、6次购物比例。转化率体现的是 B2C 的购物流程、用户体验是否友好，可以称为外功；复购率则体现 B2C 整体的竞争力，是内功，这包括知名度、口碑、客户服务、包装、发货单等每个细节，好的电子商务平台复购率能做到90%。

1.4 信息发布平台与常用工具介绍

1.4.1 信息发布平台

1．分类信息网站

分类信息网站有很多，利用分类信息网站发布企业信息的作用主要有以下两点。

（1）提高企业信息的曝光率

在免费分类信息网站平台发布企业的信息，可以有效地提高企业的曝光率：一方面，由于每一个分类信息网站自身就有很大的流量；另一方面，很多分类信息网站的权重很高，如果发布的信息符合用户的搜索习惯，那么被搜索引擎搜到的概率是很大的。

当然，发布的信息要符合用户的搜索习惯，内容一定要用心写。很多人发布的分类信息基本上都是复制别人的或者拼凑的，这大大降低了用户体验。一般写得好的信息很容易获得排名和流量。如果写一个很少人搜索的标题，那么就无法从分类信息平台获得流量和客户，所以一定要花心思研究并模拟用户的搜索习惯。

（2）为企业官网制作外链

大部分人的分类信息网站发布的都是促销广告、产品服务供应信息、局部公司简介和自己的网址。每发布一条信息也就建立了一个外链，可以为企业官网引入流量，也可以提高企业官网的权重。

2．B2B电子商务平台

利用B2B电子商务平台的信息发布进行推广，可以算是目前最实用、应用最广泛的免费网络推广方法，尤其对于工业品中小企业发挥着其他网络推广方法不可替代的作用。这主要体现在以下3个方面。

（1）利用平台内部资源，提高企业信息在B2B平台内部的可见度

首先，要全面了解B2B平台的功能和服务所能产生的网络推广价值，合理利用平台的各项资源，如二级域名选择尽可能与企业品牌相一致、详细的企业介绍、合理的产品分类和产品描述、丰富的产品图片和视频展示、平台内部的资讯报道、及时更新的企业和产品动态、博客和论坛信息发布、获得站内推广机会、站内搜索结果优先地位、企业资质和认证等。

（2）多渠道网络推广，增加企业信息的网络可见度

除了平台内部推广的价值，B2B平台的另一价值体现是：可以通过搜索引擎检索企业发布在平台的信息，从而扩大企业的网络可见度，通过搜索引擎获得潜在用户。

如何才能让企业发布在B2B平台的信息在搜索引擎中表现良好呢？这一方面受B2B平台网站整体优化水平的影响，另一方面与企业用户发布信息的搜索引擎优化状况直接相关。

具体来说，为了扩大企业信息在B2B平台的搜索引擎可见度，首先应对平台上信息的搜索引擎优化状况有所了解，尽可能在网站优化水平高的网站多下工夫；同时，注意信息发布的搜索引擎优化友好性，即重视信息的标题设计、内容信息等专业性，尽量采用原创的、含有丰富产品关键词的产品描述。如果可能，还可以通过公司官方网站、博客等资源，增加企

业 B2B 平台二级域名网站的链接，以提高二级域名网站在搜索引擎检索结果中的权重。这样做的目的有两个：一个是为了搜索引擎，另一个是为了体现专业性和传递出来的企业信息。

（3）提高中小企业网络可信度

网络可信度是很多中小企业的薄弱环节，借助于大型 B2B 平台，可在一定程度上提高企业的网络可信度。例如，阿里巴巴的诚信通认证标识对信息发布者获得潜在用户的信任具有明显的作用。

3．博客

博客的字面意思就是网络日记，可以理解为一种思想、观点、知识等在互联网上的共享。对企业来说，可以利用博客这种网络交互性平台，发布并更新企业相关概况及信息，密切关注并及时回复平台上客户对于企业或个人的相关疑问以及咨询。

博客是一个信息发布和传递的工具，与企业网站相比，博客的内容题材和发布方式更为灵活；与广告和新闻相比，博客文章传播具有更大的自主性；与供求信息平台的信息发布方式相比，博客的信息量更大。企业博客文章比一般的信息发布更容易受到用户关注。因此，企业博客不仅是有效的信息传递方式之一，而且对品牌营销的价值、与顾客的沟通、建立媒体关系及公共关系，以及增加网站忠诚访问者都有着重要的作用。作为企业文化的组成部分，企业博客的优势还体现在以下几个方面。

（1）细分程度高，广告定向准确

博客是个人网上出版物，拥有其个性化的分类属性，因而每个博客都有其不同的受众群体，其读者也往往是一群特定的人，细分的程度远远超过了其他形式的媒体。而细分程度越高，广告的定向性就越准。

（2）互动传播性强，口碑效应好

每个博客都拥有一个相同兴趣爱好的博客圈子，而且在这个圈子内部博客之间的相互影响力很大，可信程度相对较高，朋友之间互动传播性也非常强，因此可创造的口碑效应和品牌价值非常大。

（3）影响力大，引导网络舆论潮流

博客作为高端人群所形成的评论意见影响面和影响力度越来越大，博客渐渐成为网民们的"意见领袖"，引导着网民舆论潮流，他们所发表的评价和意见会在极短时间内在互联网上迅速传播开来，对企业品牌造成巨大影响。

常用的博客平台大多采用第三方平台，如企博网、新浪博客、阿里博客、网易博客和搜狐博客等。

4．论坛

论坛即 BBS，就是用于在网络上交流的地方。每个用户都可以在上面发布一个主题信息或提出看法，大家一起来交流探讨。它是一种交互性强，用来共享信息的平台，具有实时性、互动性。

对于企业来说，可以利用论坛这种网络交流的平台，通过文字、图片、视频等方式发布企业的产品和服务的信息，从而让客户更加深刻地了解企业的产品和服务，最终达到企业宣传品牌、加深市场认知度的目的。

在论坛上发布信息，尽量选择与企业产品相关或行业相近的论坛与社区。

5. 微博

微博（即微博客）是一个基于用户关系的信息分享、传播以及获取平台。用户可以通过 Web、WAP 等客户端，以 140 字左右的文字更新信息，并实现即时分享。

微博与博客的差异性比较见表 1-1。

表 1-1 微博与博客的差异性比较

差异	微博	博客
信息源表现形式的差异	微博内容短小精炼，重点在于表达现在发生了什么有趣（有价值）的事情，而不是系统的、严谨的企业新闻或产品介绍	博客以博客文章（信息源）的价值为基础，并且以个人观点表述为主要模式，每篇博客文章表现为独立的一个网页，因此对内容的数量和质量有要求，这也是博客营销的瓶颈之一
信息传播模式的差异	微博注重时效性，3 天前发布的信息可能很少会有人再去问津，同时信息的传播渠道除了相互关注的好友（粉丝）直接浏览之外，还可以通过好友的转发向更多的人群传播，因此是一个快速传播简短信息的方式	博客营销除了用户直接进入网站或者 RSS 订阅浏览之外，往往不可以通过搜索引擎搜索获得持续的浏览，博客对时效性要求不高的特点决定了博客可以获得多个渠道用户的长期关注
用户获取信息的差异	用户可以利用计算机、手机等多种终端方便地获取微博信息，发挥了"碎片时间资源集合"的价值	对于博客信息，用户也可以利用计算机和手机获取信息，但是信息获取远不如微博方便、快捷

微博运营需要注意以下几点。

（1）取得粉丝的信任是根本

微博营销是一种基于信任的主动传播。在发布营销信息时，只有取得用户的信任，用户才可能帮你转发、评论，才能产生较大的传播效果和营销效果。要经常转发、评论粉丝的信息，在粉丝遇到问题时，还要及时帮助他们，这样才能与粉丝形成比较紧密的关系。

（2）发布广告需要有一定的技巧

在发布企业的营销信息时，措辞上不能太直接，要尽可能把广告信息嵌入到有价值的内容当中。这样的广告因为能够为用户提供有价值的东西，而且具有一定的隐蔽性，所以转发率更高，营销效果也更好。像小技巧、免费资源、趣事都可成为植入广告的内容，都能为用户提供一定的价值。

（3）通过活动来进行营销

抽奖活动或促销互动都是非常吸引用户眼球的，能够起到比较不错的营销效果。抽奖活动可以规定，只要用户按照一定的格式对营销信息进行转发和评论，就有中奖的机会。奖品一定要是用户非常需要的，这样才能充分调动用户的积极性。如果是促销活动，一定要有足够大的折扣和优惠，这样才能够引发用户的病毒式传播。促销信息的文字要有一定的诱惑性，并且要配合精美的宣传图片。

常用的微博平台包括新浪微博、腾讯微博、搜狐微博、网易微博等。

1.4.2 图片处理与网页制作工具

1. Photoshop 简介

网络是典型的眼球经济。"一张美图胜千言"，当顾客看不到商品实物时，商家只能用图片来进行说明，以展示商品的属性、功用、效果等商业价值，达到让消费者心甘情愿买单的目的，所以商品拍摄与图片处理是网站建设与网店日常工作中不可或缺的内容，也是在销售过程中起着决定性作用的重要环节。

图片处理用得最多的工具软件就是 Adobe Photoshop。Photoshop 主要处理以像素所构成的数字图像。例如，利用 Photoshop 可以调色、调光、抠图、加水印、去除瑕疵等。

另外，在网页设计中，Photoshop 是必不可少的一种图像处理软件，通过它可以设计页面布局、完成切片和图片优化工作。

2．Dreamweaver 简介

Adobe Dreamweaver 是一个"所见即所得"的可视化网站开发工具。利用 Dreamweaver 可以很方便地管理 Web 站点，迅速完成页面设计。具体来讲，网页的编辑包括布局设计、代码编辑两种视图。在代码编辑视图下，HTML、CSS 及 ASP 程序代码等都可以在 Dreamweaver 中完成。在设计视图下进行网页排版布局，可以智能地生成前台网页代码。与该软件功能类似的还有微软公司的 FrontPage。

1.4.3　百度工具

百度不仅是搜索引擎平台，而且也是功能完善、内容完善的 Web2.0 网站平台。其中，百度百科、百度知道、百度文库与百度贴吧等均有很高的人气，并且都在发挥着一定的网络推广作用。

1．百度百科

百度百科是百度公司推出的一部内容开放、自由的网络百科全书，旨在创造一个涵盖各领域知识的中文信息收集平台。百度百科强调用户的参与和奉献精神，充分调动互联网用户的力量，汇聚上亿用户的智慧，积极进行交流和分享。百度百科的 Logo 如图 1-11 所示。

图 1-11　百度百科的 Logo

百度百科是百度公司的产品之一，百度搜索给予百科词条很高的权重。百度百科的价值体现在以下两个方面：一个是可以带来高质量的外链；另一个是可以为网站带来更多的流量，对企业口碑营销也是一种无形的宣传和提升。

【例 1-2】百度词条"枣粉"。

图 1-12 和图 1-13 所示分别为枣粉词条的正文和参考资料。其中参考资料的链接指向企业官网。

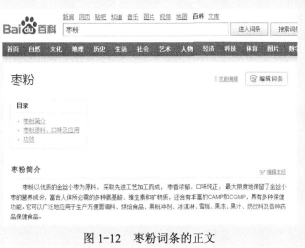

图 1-12　枣粉词条的正文

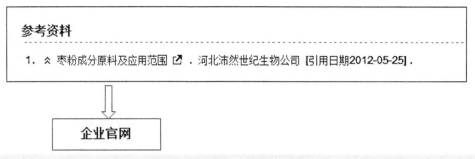

图1-13 枣粉词条的参考资料

2. 百度知道

百度知道是一个基于搜索的互动式知识问答分享平台，由用户自己提出问题，通过积分奖励机制发动其他用户来解决该问题。同时，这些问题的答案又会进一步作为搜索结果，提供给其他有类似疑问的用户，达到分享知识的效果。百度知道的Logo如图1-14所示。

图1-14 百度知道的Logo

百度知道的最大特点在于和搜索引擎的完美结合，让用户所拥有的隐性知识转化成显性知识，用户既是百度知道内容的使用者，同时又是百度知道的创造者，在这里累积的知识数据可以反映到搜索结果中。通过用户和搜索引擎的相互作用，实现搜索引擎的社区化。

百度知道也可以看做是对搜索引擎功能的一种补充，通过对回答的沉淀和组织形成新的信息库，其中的信息可以被用户进一步检索和利用。这意味着，百度知道提供了一个在搜索引擎基础上的问答营销平台。通过这个平台，企业可以发布问答，对自己的宣传内容进行营销，目的在于提升自己的目标关键字排名。由于百度知道的信息具有良好的搜索引擎友好性，可以有效提高企业网络的可见度，在为用户解决实际问题的同时形成口碑效应，从而起到宣传目标企业产品、推广目标企业品牌的作用，使得目标企业的相关网站能够在用户输入相关关键字时第一时间出现在搜索引擎的首页，获得很好的排名。

与百度知道类似的问答营销平台还有SOSO问问、搜狐问答、新浪知识人、雅虎知识堂等。

3. 百度文库

百度文库是百度为网友提供的信息存储空间，是供网友在线分享文档的开放平台。在这里，用户可以在线阅读和下载包括课件、习题、论文报告、专业资料、各类公文模板以及法律法规、政策文件等多个领域的资料。百度文库平台上所累积的文档均来自热心用户的积极上传，百度自身不编辑或修改用户上传的文档内容。百度文库的用户应自觉遵守百度文库协议。当前平台支持的主流文件格式有doc（docx）、ppt（pptx）、xls（xlsx）、pdf、txt等。百度文库的Logo如图1-15所示。

图1-15 百度文库的Logo

很多有价值的资料在互联网上并非是普通的网页，而是以 Word、PowerPoint、PDF 等格式存在。百度支持对 Office 文档（包括 Word、Excel、PowerPoint）、Adobe PDF 文档、RTF 文档进行全文搜索。要搜索这类文档很简单，在普通的查询词后面，加一个"filetype："文档类型限定即可。"filetype："后可以跟以下文件格式：doc、xls、ppt、pdf、rtf、all。其中，all 表示搜索所有这些文件类型。例如，查找张五常关于交易费用方面的经济学论文，在百度搜索栏中输入"交易费用张五常 filetype:doc"进行搜索，结果会出现百度文库中关于张五常的相关论文，并且通常会出现在搜索结果的前几页。

对于企业而言，百度文库也是一个很好的免费工具，其营销价值体现在以下 3 个方面。

1）增加高质量外链，提高网站的权重。只要在通过审核的文档中有自己的网站链接，该链接就成为百度对该网站永久的单向链接，此链接极易把百度文库高额的权重传递给你的网站。

2）适当的外链设置，带来精准的用户。在文档的适当地方带上网站链接，下载的人单击链接就跳转到设置的页面里，从而增加网站的流量。

3）分享行业知识，得到用户口碑。浏览文库的人在学习相关知识的同时，会注意到知识来源和品牌形象相关的图片，对网站会有一个不错的认知。

1.4.4 其他运营工具的使用

电子商务是指运用电子工具进行的商务和活动。在电子商务运营过程中，除了前面介绍过的电子商务平台、信息发布平台、图片处理工具及百度工具之外，还有大量工具也需要掌握：即时信息工具（如 QQ、阿里旺旺或 MSN）、流量分析工具、支付工具、管理工具、电子书以及下载工具等，如图 1-16 所示。

图 1-16　电子商务运营常用工具

1. 即时通信工具

即时通信工具（Instant Messaging，IM）是电子商务运营过程中的必备工具，是进行在线客服、维护客户关系等有效沟通的利器。即时通信工具实现了与客户零距离、无延迟、全方位的沟通，特别是企业网站或电子商务网站。即时通信工具的合理利用，既可以与客户保持密切联系、促进良好关系，又可以有效促进销售、实现商务目的。

以应用方式区分，即时通信工具的分类如下。

1）通用型即时通信工具：以 QQ 等为代表，这类 IM 应用范围广，使用人数多，并且捆绑服务较多，如邮箱、空间等。由于应用人数多，使得用户之间建立的好友关系组成一张庞大的关系网，用户对其依赖性较大。

2）专用型即时通信工具：以阿里旺旺、慧聪发发、移动飞信等为代表，这类即时通信工具的主要特点是，应用于专门的平台和客户群体（如阿里旺旺主要应用于阿里巴巴及淘宝等阿里公司下属网站，移动飞信则限于移动用户之间），与固有平台结合比较紧密，拥有相对稳定的用户群体，在功能方面专用性、特殊性较强，但由于应用人数主要是自身平台的使用者，所以在应用范围、用户总量方面有一定的限制。其主要应用于有稳定客户群体和专业平台，并且有相当实力的大企业。

3）嵌入式即时通信工具：如 53 客服、企业 QQ400 客服等在线客服软件，这类即时通信工具的主要特点是嵌入网页中，并且不需要安装客户端软件，直接通过浏览器就能实现沟通。这类软件适合企业网站使用，配备特定的客服人员满足用户的需求，是传统客服、客服热线功能的延伸和拓展，较多应用于中小企业。

从各类 IM 的特点可以看出其隐含的价值，通用性即时通信工具有利于经营和积累营销关系网，专用型即时通信工具有利于激发有效需求和为交易实现提供功能性服务，嵌入式即时通信工具对中小企业与客户保持良好的关系起到了关键的作用。

2．电子书

电子书（Electronic Books，eBook）是区别于传统纸质媒介的出版物。电子书的内容直接以电子文档的形式发布，但在内容编排上仍然与传统书籍有一定的相似性，如具有封面、目录和页码等。图 1-17 所示为某企业产品的电子书封面。

图 1-17　某企业产品的电子书封面

电子书作为一种网络营销工具，其优势在于以下两个方面。

1）电子书比平面广告（包括传统和网络）更自由、更便宜。电子书对广告的内容和形式基本没有限制，可以完全自由定制文字内容和配图，加强了读者的阅读体验，且电子书费用远低于其他宣传费用。如果与搜索引擎营销相结合，那么效果更好。

2）电子书比电子邮件营销更精准。电子邮件群发造就了垃圾邮件的红火一时，这种漫无目标的群发效果更多的是招来客户的厌恶感，邮件营销的效率也越来越低。而电子书则不同，电子书都是被目标客户主动下载的，而且企业产品信息和电子书内容高度融合，目标客户很容易接受，因此目标客户的转化率远高于邮件营销。

综上所述，电子书传播便利、成本低廉，是一种不必依赖于企业官方网站的信息传播方式。电子书的营销具有以下5个特点。

1）信息完整并可长期保存。电子书与网页不同，不需要一个页面一个页面地逐个打开。一部电子书的内容是一个完整的文件，读者下载后书中所有的信息都将完整地被保留。电子书可以长期保存，随时阅读。

2）可以离线阅读。从网上下载电子书后即可用各种阅读设备离线阅读，这样不必像其他网上信息一样必须在线浏览，毕竟不是所有用户任何时候都可以方便地上网。

3）便于继续传播。获得尽可能多用户阅读是电子书营销的关键，而电子书下载后可以方便地通过电子邮件等方式向别人继续传播。

4）促销和广告信息形式灵活。由于电子书本身具有平面媒体的部分特征，同时又具有网络媒体的部分优点，因此促销和广告信息可以采用多种形式，如文字、图片、多媒体文件等，读者在线阅读时，还可以单击书中的链接直接到达广告目的网页。

5）营销效果可以测量。由于电子书所具有的互联网媒体特征，其中的电子书广告具有网络广告的一般优点，如可以准确地测量每部电子书的下载次数，并可以统计下载者的分布等，这样便于对潜在读者做进一步的研究。

思考与练习

1）简述电子商务的特点及其概念模型。
2）从模式上区分，企业电子商务运营通常可以分为哪几种？
3）电子商务平台的数据统计与分析的意义体现在哪几个方面？
4）中小企业电子商务运营常用的信息发布平台和工具分别有哪些？
5）简述常见电子商务运营指标：PV、UV、IP 数、跳出率、转化率的含义。
6）微博作为社会化媒体的网络运用形式之一，关于它的传播威力有一句广为流传的言论："你的粉丝超过 100 人，你就好像是本内刊；粉丝超过 1000 人，你就好像是个布告栏；粉丝超过 1 万人，你就好像是本杂志；粉丝超过 10 万人，你就是一份都市报；粉丝超过 100 万人，你就是一份全国性报纸；粉丝超过 1000 万人，你就是电视台；粉丝超过 1 亿人，你就是 CCTV 了。"对这个观点你如何理解？微博营销与博客营销相比较，其优势是什么？如何面对"僵尸粉"问题？

技能实训

1）申请百度账号，注册成为百度的会员，举例说明百度会员享有的服务有哪些？查看学习制作百度词条的流程，以便为企业制作词条打好基础。百度百科帮助页面如图 1-18 所示。

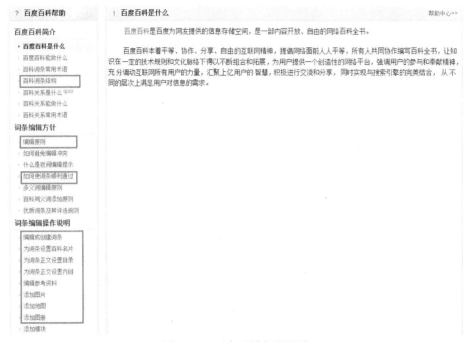

图 1-18　百度百科帮助页面

2）申请新浪博客账号（或阿里巴巴博客、企博网等博客），在博客中载入图片、视频、软文等多媒体。

步骤：

① 将本班同学互加好友。

② 发表博文：根据自己的兴趣爱好联系相关企业，进行主题定位，并发表博文。

③ 浏览朋友、同学的博客，并加关注。

要求：

① 增加博客的关注度。

a）每周定期至少更新一篇博文，博文内容要有吸引力，最好每篇都留有一个小悬念，指引网友时刻关注你的博客。

b）时刻关注别人的博客，通过关注别人的博客导入别人对自己博客的关注度。

c）经常去别人的博客留言——"串门"，尤其是在一些知名博客上，这也是宣传自己的方法。

d）当你的博客有一定的关注度后，就要开始制订营销计划了。

② 载入软文，要有原创文章。

在博文中适当添加一些产品信息、链接、联系方式等，编写成软文形式。建议在这些文章中最好带上一些图片、视频等以增加吸引力。

③ 维护你的博客。

经常给你的博友回复，或听取他们的一些意见。经常与他们互动，必要时在你的博客中组织一些有益的活动，带动他们的积极性，如组织一些团购等，把产品销售出去，从而达到营销目的。

第1章 电子商务运营概述

3）注册新浪微博账号。思考如何围绕一个主题打造个人主题微博。

4）登录前程无忧网（或中华英才网、智联招聘网等相关人才网站）进行电子商务运营相关职位查询，如图1-19所示。

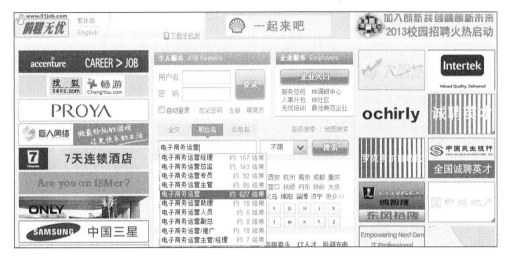

图1-19 使用前程无忧网进行职位查询

职位：

将职位和岗位要求分别进行归纳整理，主要包括以下几个职位。

- 电子商务运营主管（或经理、总监）。
- 电子商务运营专员（或推广专员）。
- 电子商务运营助理。

下面选取了相关职位的某些企业的岗位要求：

① 北京某公司电子商务专员岗位要求（见图1-20）。

```
职位职能：电子商务专员
职位描述：
岗位职责：
1. 负责店铺的整体运营工作，包括网店的选品，按照公司的总体价格体系制订促销价格、
   店铺整体策划、店铺风格定位、店铺布局、活动策划、营销推广、产品上下架，充分利用京东、
   天猫等B2C网站的各种活动资源，完成公司的销售任务。
2. 与各销售平台运营人员接洽沟通，做好各方面配合工作。
3. 参加平台促销活动及公司内部协调。
4. 对竞争对手的品牌、价位进行研究，提出应对措施，做出可行性分析报告。
5. 制订销售推广和库存计划，编制相关计划和预算。
6. 善于发现并解决店铺销售过程中遇到的各种问题。

任职条件：
1. 大专以上学历，有1年以上网站管理和推广经验。
2. 熟悉电子商务各种营销方式，熟悉网络推广的方式方法，具有网络推广操作经验，有独
   立操作淘宝等网站的运作经验，熟悉淘宝、京东、1号店等B2C网店。
3. 能熟练操作计算机及各类办公软件、网络聊天工具，会Photoshop，熟悉网页代码。
4. 有电子商务市场策划或者电商运营等相关工作经验者优先。
5. 具备良好的组织能力，工作认真负责，有较强的沟通能力，有较强的团队合作意识，服
   从工作安排，能承受一定的工作压力。
6. 有食品行业经验者优先。
```

图1-20 北京某公司电子商务专员岗位要求

② 上海某公司电子商务主管岗位要求（见图1-21）。

> 职位描述：
> 岗位职责：
> 1. 依据企业经营方针政策，制订和实施公司的网络销售方案并监督执行，应对市场变化，及时纠正和处理问题，减少网络市场风险，促进销售目标的实现。
> 2. 对网络销售渠道进行梳理与规划，完成收编及授权等工作，对网络销售产品进行规划，并制作销售分析报表。
> 3. 负责带领团队成员完成销售任务的同时促进公司品牌美誉度的提升，并处理销售过程中的问题。
> 4. 负责企业网站的网络商务拓展、品牌营销、网站运营、网站发展战略分析。对市场营销、对话机制、用户体验、团队管理、网络推广、产品策略及设计、供应链管理等领域要有一定了解。
> 5. 有计划地与对外合作网站或其他合作伙伴进行沟通交流，建立商业合作联盟，进行商务洽谈。
> 6. 指导网络销售日常事务的发展，负责部门职位设置、人员选聘、业务培训、绩效考核、奖罚晋升、团队建设等工作。
> 7. 通过各种电子商务营销活动，促进销量提升和客户忠诚度的提高。
>
> 任职资格的具体描述：
> 1. 大专及以上学历，电子商务等相关专业。
> 2. 5年以上电子商务营运经验，其中两年以上团队管理经验。
> 3. 具备良好的市场销售能力，敏锐的市场洞察力与反应力。
> 4. 具备良好的沟通协调能力，抗压性强、有责任感。
> 5. 熟悉电子商务网络营销、网络推广渠道和方式。
> 6. 熟悉网站架构和相关网站，熟悉互联网主流业务

图1-21 上海某公司电子商务主管岗位要求

要求：

① 通过以上查询，对比职位和其岗位要求，分析自己如果从事电子商务运营方面的工作那么还存在哪些差距，应该如何着手解决？

② 通过网络或线下调查，了解当地哪些企业有电子商务运营岗位的需求，这些岗位的职责要求是什么？

5）通过多种方式调查5家身边的企业，询问企业对电子商务运营的认知度、兴趣，以及企业内部电子商务运营架构、运营平台、当前运营效果的现状，撰写一份关于当地中小企业电子商务运营现状的调查报告。

第 2 章

网络商务信息检索、采集与应用

【学习目的】

1) 了解网络商务信息的概念、特点及传递方式。
2) 掌握使用搜索引擎进行网络商务信息的检索、收集的方法和技巧。
3) 掌握使用电子邮件和其他方式进行网络商务信息收集的方法。
4) 能够完成网络商务信息的存储、整理和加工等基本活动。
5) 了解网络商务信息的发布平台与常用的方法。

【导入案例】利用搜索引擎收集竞争对手的商务信息

河北沛然世纪生物食品有限公司是亚洲完整的食品果蔬中间体生产基地,红枣浓缩汁、红枣粉生产基地。但是,随着生产同类产品的企业逐年增多,竞争日趋激烈,形势不容乐观。沧州师范学院"心情蜂巢"团队与河北沛然公司合作,在重新对其电子商务平台运营进行策划和定位市场之前,确定要搜集竞争对手的产品、价格以及在网络平台上运营的信息。

信息的搜集可以从以下几个方面入手。

1) 搜索厂方站点或企业第三方平台的商铺。这种方法的关键是查找到生产商的站点和商铺,找到了这些厂商的站点和商铺也就能找到报价、产品,进而可以分析对手的产品特点和优势。

2) 使用生产商协会站点。这类站点可以通过搜索引擎检索进行查询。通常,在这类网站上都列出了该生产商协会所有会员单位的名称及联系方法,可以向这些机构发出请求帮助的电子邮件,一般都会得到满意的结果。查出生产商的网站之后,一般都能找到具体的产品详细信息。如果厂方站点中没有标明价格,则可以查出其负责销售或者提供信息的 E-mail 地址,然后以进口商的名义向其发送电子邮件进行查询。

3) 使用销售商的站点。找到了销售商的站点,也能找到对手的产品详细信息。

竞争对手平台分析,见表 2-1。

表 2-1 竞争对手平台分析

竞争对手（企业名称）	产品	竞争产品优势	竞争企业的第三方平台
沧州恩际生物制品有限公司	浓缩枣汁	1. 该公司浓缩枣汁采用传统工艺制备，品质卓越，性状优良 2. 公司网站一直持续更新动态，方便消费者了解公司情况与产品信息	慧聪网、阿里巴巴、博才网、万国企业网、中国食品信息网、世界工厂、生意旺铺、中国食品招商网、中国制造网
廊坊市广阳区北旺隆源果蔬粉厂	枣粉	1. 去核后经微波干燥和超微粉碎工艺生产的枣粉营养丰富、流散性好，溶解迅速 2. 该公司在各种有关自己产品相关的网站注册，这样可以更大地扩大商品知名度	阿里巴巴、际通宝、亿商网、肉业行业网、公司网站、中国食品招商网、中国诚信网、食品行业网、首商网
河北欧亚匡食品集团有限公司	枣汁	1. 营养丰富，含有维生素 A、维生素 C，是营养、健康、时尚的首选佳品 2. 该枣汁为小灌装包装，更加方便消费者饮用	一比多、维普网、e 网通、阿里巴巴、007 商务站、农业中国、创易网、网络114、中国河北网、中国供应商、马可波罗网
天津市真如果食品工业有限公司	草莓粉	1. 能最大限度地保持各种原料原有的色泽、风味，可溶性强 2. 该公司对本产品介绍非常详细，能让消费者更好地了解产品	公司主页、阿里巴巴、商虎中国、007 商务站、马可波罗网、食品导航网
淮安市奥斯忒食品有限公司	草莓汁	1. 该草莓汁比较清澈，给人以清新的感觉 2. 该公司网站比较完善，动态一直有更新；每个网站版块都有配图解释	公司主页、阿里巴巴、商虎通、松际农网、食品商务网、世界工厂网、农民网
好想你枣业股份有限公司	袋装枣	1. 精美漂亮的小包装、低热量、爽口清香 2. "好想你"公司分销模式采用地市级代理、区域开发两种模式；严格的区域保护，能让代理商在地级市场内自由发挥 3. 该公司袋装枣产品样式多，让消费者选择的余地也多	淘宝旗舰店、糯米团、1 号店、胜家园、东方财富网、大众点评

思考与分析：

通过对这一案例的分析，可以得出以下两点结论。

1）网络信息与传统信息各有优劣，应互为补充。用传统的方式获得商业资讯，要投入大量的人力和物力。而互联网为商业信息的搜集和传播带来了前所未有的便捷，通过搜索引擎等网络方式来搜集和传播商业资讯是现代企业经营活动不可或缺的重要内容。

2）网络信息的搜集要目标明确，抓住关键。"心情蜂巢"集团从一开始就明确了信息搜集的方向，即主要搜集竞争对手的产品、价格及第三方平台运营信息，从而为下一步制订调研计划、实施调研方案打下了很好的基础。

2.1 网络商务信息基本知识

2.1.1 网络商务信息的概念

信息是指反映客观事实的可传递的知识，是人们对数据进行相应处理后产生的对特定对象有用的结果。

网络商务信息是指存储于网络并在网络上传播的与商务活动有关的各种信息的集合，是各种网上商务活动之间相互联系、相互作用的描述和反映，是对用户有用的网络信息，网络是其依附的载体。根据网络商务信息产生的来源，大致可以分为以下 3 类。

1）电子商务平台发布的商务信息。B2B 平台，如阿里巴巴、环球资源、慧聪网、中国化工；B2C 平台，如京东商城、当当网等；C2C 平台，如淘宝网、拍拍网等。这些网站发布的供求信息是直接为实现商业交易服务的，所以又称为直接商业信息。

2）行业、专业网站发布的商务信息。这些网站从不同行业或专业的角度提供行业产品知识和相关贸易知识，因此也成为学习产品知识、了解行业动态、搜索供求信息的重要场所。

3）企业网站发布的商务信息。不仅海尔、联想这样的大型企业有自己的网络平台，越来越多的中小企业也正在建立和完善自己的企业网站。这些网站可以作为电子商务运营的平台，发布与商业交易相关的信息和资讯，也可以直接发布产品的供求信息，是开展网上贸易的重要信息来源。

网络商务信息限定了商务信息传递的媒体和途径，只有通过计算机网络传递的商务信息（包括文字、数据、表格、图形、影像、声音以及内容能够被人或计算机识别的符号系统），才属于网络商务信息的范畴。信息在网络空间的传递称为网络通信，在网络上的停留称为存储。

2.1.2 网络商务信息的特点

相对于传统商务信息，网络商务信息具有以下显著特点。

（1）时效性强

传统的商务信息由于传递速度慢、传递渠道不畅，经常导致信息获得了但也失效了。网络商务信息则可以有效避免这种情况。由于网络信息更新及时、传递速度快，只要信息收集者及时发现信息，就可以保证信息的时效性。

（2）准确性高

网络信息的收集，绝大部分是通过搜索引擎找到信息发布源获得的。在这个过程中，减少了信息传递的中间环节，从而减少了信息的误传和更改，有效地保证了信息的准确性。

（3）便于存储

网络商务信息可以方便地从互联网下载到本地计算机中，通过本地计算机进行信息管理。而且在原有的各个网站上也有相应的信息存储系统，信息资料遗失后，还可以到原有的信息源中再次查找。

（4）检索难度大

互联网常常把企业营销人员淹没在信息海洋或者垃圾信息中。在海量的信息资源中，迅速地找到自己所需要的信息，经过加工、筛选和整理，把反映商务活动本质的、有用的、适合本企业情况的信息提炼出来，需要相当一段时间的培训和经验积累。网络商务信息除了具有上述特点外，还具有所有信息的共同点，如知识性、可流动性、可处理性、可再生性等。

2.1.3 网络商务信息的传递

在电子商务运营活动中，经常涉及搜索引擎注册、网站推广、E-mail 营销、信息的优化等基本工作。做这些工作的目的主要有两个：一个是为了网站获得更多的访问流量，从而得到更多的商业机会；另一个是给用户更好的体验，提高转化率。

虽然各个企业所采用的手段和方法不同，最终所获得的收益也不同，但是这些企业网络运营手段有一个共同的特征，就是通过合理的方式将网络商务信息有效地传递给潜在用户。同样，企业通过网站或者专业服务商发布信息、通过电子邮件直接向用户传递信息，用户通过搜索引擎检索信息并到网站获取更详细的信息、通过网站下载各种有价值的信息，如电子书、产品使用说明书等，这些都包含着信息的传递和交互。可见网络商务信息传递构成了电子商务运营的核心内容。

1. 网络营销信息传递模型

网络营销信息传递模型，如图 2-1 所示。

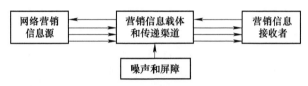

图 2-1 网络营销信息传递模型

1）网络营销信息源：企业通过互联网向用户传递的各种信息，如企业网站上的企业简介、产品介绍、促销信息，以及通过外部网络资源发布的网络广告、供求信息等都属于信息源的内容。

2）营销信息载体和传递渠道：如网络信息可以通过企业网站、电子邮件、搜索引擎等作为信息载体和渠道发布信息，用户也可以通过企业网站、电子邮件等方式向企业传达信息。

3）营销信息接收者：用户或潜在用户。

4）噪声和屏障：影响信息传递的因素。例如，企业发布的信息发布准备工作不力、用户为避免他人的打扰人为设置的障碍或者利用电子邮件传递信息时遭到服务商的屏蔽等，这些都属于噪声和屏障。

明确了网络信息传递原理后，可以更好地了解网络运营中信息传递的特点以及信息交互的本质。

2. 网络营销信息传递的一般原则

从图 2-1 所示的信息传递模型可以看到，建立高效畅通的信息传播渠道、让用户尽可能方便地获取有价值的信息是网络营销最主要的工作。因此，发布网络商务信息应遵循以下原则。

1）提供尽可能详尽、有效的网络营销信息源。因为无论是企业通过各种手段直接向用户传递的信息，还是用户主动获取的信息，归根结底都来源于企业所提供的信息源。只有有效信息尽可能丰富，才能为网络营销信息的有效传递奠定基础。

2）建立尽可能多的网络营销信息传递渠道。在信息传递渠道建设上，应采取完整信息与部分信息传递相结合、主动性和被动性信息传递相结合的策略，通过多渠道发布和传递信息，才能创造尽可能多的被用户发现这些信息的机会。

3）尽可能缩短信息传递渠道。在创建多个信息传递渠道的基础上还应创建尽可能短的信息传递渠道。因为信息渠道越短，信息传递越快，受到噪声的干扰也就越小，信息也就更容易被用户接收。

4）保持信息传递的交互性。其实质是营造企业与用户之间互相传递信息变得更加方便的环境。除了上述建立尽可能多且短的信息传递渠道之外，还应建立多种信息反馈渠道，如论坛、电子邮件、即时信息等以保证信息传递交互性的发挥。

5）充分提高网络营销信息传递的有效性。由于信息传递中的障碍因素，使得一些用户无法获取自己需要的全部信息。提高信息传递的有效性，也就是减少信息传递中噪声和屏障的影响，让信息可以及时、完整地传递给目标用户。网络营销信息传递原则与网络营销策略，见表2-2。

表2-2 网络营销信息传递原则与网络营销策略

网络营销信息传递原则	网络营销策略选择示例
详尽、有效的信息源	● 企业网站上的基本信息全面、及时 ● 网站优化设计 ● 搜索引擎登录和优化设计 ● 电子邮件信息的基本要素完整
多个信息传递渠道	● 建立企业网站并进行必要的推广 ● 登录主要搜索引擎 ● 黄页、博客等多种形式的信息发布 ● 必要的网络广告策略
缩短信息传递渠道	● 搜索引擎优化、关键词广告 ● 内部列表E-mail营销 ● 各种网络营销方法中细节问题的专业化
信息传递的交互性	● 详尽的FAQ和即时的顾客在线咨询服务 ● 利用内部列表E-mail营销方法增强顾客关系 ● 建立以顾客关系和顾客服务为核心的网络社区 ● 充分利用在线市场调研功能
信息传递的有效性	● 提高网页下载速度 ● 降低电子邮件退信率 ● 搜索引擎检索的信息与网页信息保持一致 ● 利用电子书营销方法传递重要信息

说明：表2-2中没有完全列出每一项网络营销信息传递原则所对应的网络营销策略，只是通过这种对比说明每一种网络营销的信息传递原则都可以通过若干具体的手段来体现。

2.2 网络商务信息的收集工具与方法

网络商务信息收集是指在网络上对商务信息的寻找和调取工作。这是一种有目的、有步骤地从各个网络站点查找和获取信息的行为。

2.2.1 网络商务信息收集的要求

网络商务信息也存在诸如检索难度大的问题。在电子商务运营过程中，有效的网络商务信息收集应满足及时、准确、适度、经济等方面的要求。

（1）及时

所谓及时就是迅速、灵敏地反映销售市场发展各方面的最新动态。信息都是有时效性的，其价值与时间成反比。及时性要求信息流与物流尽可能同步。由于信息的识别、记录、传递、反馈都要花费一定的时间，因此信息流与物流之间一般会存在一个时滞。尽可能地减少信息流滞后于物流的时间、提高时效性是网络商务信息收集的主要目标之一。

（2）准确

所谓准确是指信息应真实地反映客观现实，失真度小。在电子商务中，由于买卖双方不直接见面，准确的信息就显得尤为重要。准确的信息才可能导致正确的市场决策。信息失真，轻则会贻误商机，重则会造成重大的损失。信息的失真通常有以下3个方面的原因：①信源提供的信息不完全、不准确；②信息在编码和传递过程中受到干扰；③信宿接受信息出现偏差。为减少网络商务信息的失真，必须在上述3个环节上提高管理水平。

（3）适度

适度是指提供信息要有针对性和目的性，不要无的放矢。没有信息，企业的电子商务运营活动就会完全处于一种盲目的状态。信息过多过滥也会使得运营人员无所适从。在当今信息时代，信息量越来越大，范围越来越广，不同的管理层次又对信息提出了不同的要求。在这种情况下，网络商务信息的收集必须目标明确、方法恰当，信息收集的范围和数量要适度。

（4）经济

这里的"经济"是指如何以最低的费用获得必要的信息。追求经济效益是一切经济活动的中心，也是网络商务信息收集的原则。

2.2.2 利用搜索引擎收集商务信息

1. 搜索引擎工具介绍

（1）搜索引擎的定义与价值

搜索引擎本质上就是一个工具，可以根据一定的策略、运用特定的计算机程序从互联网上搜集信息，在对信息进行组织和处理后，为用户提供检索服务，将用户检索的相关信息展示给用户。

通过搜索引擎在互联网上进行信息资源搜索和定位，可以帮助用户从成千上万个网站中快速有效地查询到所需要的信息。目前最常用的搜索引擎主要是百度，如图2-2所示。在搜索框中输入关键词单击搜索按钮后，就会显示出相关的信息。同一关键词在不同的搜索引擎中得到的结果是不同的，不仅反馈的信息数量不同，排列位置也会有一定差异，这是由于不同搜索引擎的核心算法有着各自的特点。

图2-2　百度搜索引擎

（2）常用的搜索引擎分类

从工作原理上来划分，常用的搜索引擎类检索工具有两类：全文搜索引擎和分类目录。

1)全文搜索引擎。百度、搜狗、必应都属于全文搜索引擎。全文搜索引擎的工作原理是:每隔一段时间,搜索引擎会主动派出"蜘蛛"程序,对一定 IP 地址范围内的互联网站进行检索。一旦发现新的网站内容,它会自动提取网站的信息和网址加入自己的数据库。当用户以关键词查找信息时,搜索引擎会在数据库中进行搜寻。如果找到与用户要求内容相符的网站(通常根据网页中关键词的匹配程度,出现的位置/频次,链接质量),则计算出各网页的相关度及排名等级,然后根据关联度高低,按顺序将这些网页链接返回给用户。

由于搜索引擎的算法在不断发生变化,有时主动提交网址并不能保证网站能进入搜索引擎的数据库,因此目前最好的办法是多获得一些外部链接,让搜索引擎有更多的机会找到网站并自动将网站收录。

2)分类目录。目录搜索引擎虽然有搜索功能,但严格意义上不能称为真正的搜索引擎。它并不采集网站的任何信息,而是将各网站向搜索引擎提交网站信息时填写的关键词和网站描述等资料进行人工编辑,成为一个按目录分类的网站链接列表。用户完全可以按照分类目录找到所需要的信息。该类搜索引擎因为加入了人的智能,所以信息准确、导航质量高;其缺点是需要人工介入、维护量大、信息量少、信息更新不及时。

国内的搜狐、新浪等搜索引擎也是从分类目录发展起来的。分类目录的好处是用户可以根据目录有针对性地逐级查询自己需要的信息,但由于已经收录的网站信息经常无法自动更新,即使分类目录中的一些网站已经关闭,但显示在分类目录网站上的信息仍然是最初登录的内容。因此,造成了分类目录网站信息的有效性降低,使得用户查找信息非常不便。

2. 百度搜索中常用的几个指令

(1) site 指令

意义:搜索范围限定在特定站点。如果知道某个站点中有自己需要的东西,则可以把搜索范围限定在这个站点内查找,以提高查询效率。

格式如下:

关键词 site:站点域名(冒号在英文状态下输入)。

例如,在百度搜索框中输入"大学生网络商务创新大赛 site:newwinner.cn",很快就可以在"大学生网商大赛"网站上找到相关大学生网络商务创新大赛的内容,如图 2-3 所示。

图 2-3 使用 site 指令的搜索结果

另外，利用该指令还可以查看设定的网站在搜索引擎中收录和抓取的页面数量，以便分析站点的优化效果。

例如，在百度搜索框中输入"site：mbaobao.com"就能查询到搜索引擎收录了麦包包多少页内容，如图2-4所示。

图2-4　使用site指令查询搜索引擎收录页数

（2）intitle指令

意义：搜索网页标题中含有的关键词。

格式如下：

关键词intitle：网页标题内容。

例如，在百度搜索框中输入"商业模式intitle：中国好声音"，就会在所有标题中包含"中国好声音"这个词的网页中寻找出现了"商业模式"这个关键词的结果，如图2-5所示。

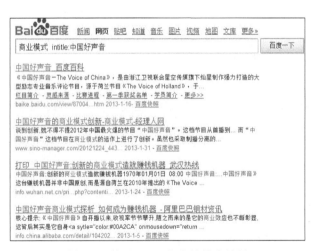

图2-5　使用intitle指令的搜索结果

（3）filetype指令

意义：搜索某种格式的文档。

格式如下：

filetype：文件类型关键词。

如果要查找的资料是Word文档而非普通网页，则可以在搜索关键词后面加上"filetype："文档类型限定即可。返回的值都是指定文件类型的关键词文件。例如，在百度中输入"filetype：doc 营销策划报告"，则返回的都是关于营销策划类的报告，且均为doc文档。

在百度中，filetype支持的文件类型有ppt、xls、doc、rtf、pdf等。

3．利用搜索引擎收集信息

（1）收集客户资料

搜索引擎一般使用关键词搜索，以百度为例进行介绍。

1）进入百度首页，在搜索框里输入"北京 集团 总裁 协会"，这样凡是带有北京、集团、总裁、协会这几个字的公司都会出现在搜索结果中，根据搜索的结果很容易判断出这些公司负责人的相关背景，如图2-6所示。

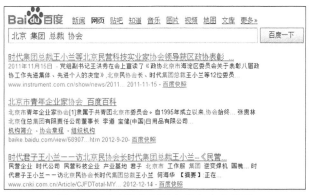

图2-6　通过搜索判断企业负责人背景

2）进入百度首页，在搜索框里输入"地址 北京 分公司 集团"，这样凡是带有地址、北京、分公司、集团这几个字的公司都会出现在搜索结果中，根据结果可以判断出这些公司的规模，如图2-7所示。

图2-7　通过搜索判断企业规模

3）各种评选活动。例如，在百度搜索框中输入"TOP100"，就可以得到各种评选活动中排在前100名的相关企业信息。例如，在百度搜索框中输入"TOP100 电子商务"，就可以得到排在前100名的国内电子商务网站，如图2-8所示。

图2-8　搜索各类评选活动排名

（2）找专业报告

很多情况下，用户需要有权威性的、信息量大的专业报告或者论文。例如，用户要了解中国互联网状况,就需要找一个全面的评估报告,而不是某位记者的一篇文章;用户要对某个学术问题进行深入研究,就需要找这方面的专业论文。找这类资源,除了构建合适的关键词之外,还需要了解一点,那就是:重要文档在互联网上存在的方式往往不是网页格式,而是 Office 文档或者 PDF 文档。

例如,搜索《第 31 次中国互联网络发展状况统计报告》,结果如图 2-9 所示。

图 2-9　搜索 PDF 格式的《第 31 次中国互联网络发展状况统计报告》

(3) 找市场调查报告资料

找市场调查报告的网页的特点如下:①网页标题中通常会有"××调查报告"的字样;②在正文中,通常会有几个特征词,如"市场""需求""消费"等。利用 intitle 指令,就可以快速找到类似范文。

格式:市场 消费 需求 intitle:调查报告,结果如图 2-10 所示。

图 2-10　搜索市场调查报告资料

(4) 找产品信息

对于高价值的产品,用户在购买之前通常会做一个细致的研究,通过对比,择优而购。在研究过程中,会需要很多资料,如产品规格、市场行情、别人对产品的评价等。如何通过搜索引擎获取这些资料呢?

1) 到制造商的官方网站上找第一手产品资料。对于高价值的产品,制造商通常会有详细而且权威的规格说明书。很多公司不但提供网页介绍,还把规格书做成 pdf 文件供大家下载。利用前面谈到的企业网站查找办法找到目标网站,然后利用 site 指令直接在该网站范围内查找需要的产品资料。例如,在某企业网站查找驻车加热器资料:

格式:驻车加热器 site:hbhongye.com。

2) 找产品某个特性的详细信息。有时候,用户可能非常关注特定产品的某个特性。例如,用户想了解耳机拜亚动力 DT231 的音质,就可以直接用产品型号"DT231"和"音质"

这两个特征词搜索媒体或者其他用户对该产品的特性的评价。

格式：DT231 音质。

3）利用需求直接搜索。如果对产品比较熟悉，则可以利用产品名称和提炼的需求组成查询词进行搜索。例如，需要找一台用钻石珑显像管的 19 英寸显示器（特性是 19 英寸和钻石珑显像管），可以这样搜索：19 英寸显示器钻石珑显像管。

上述搜索的关键在于如何把自己的需求用简练的语言描述出来。

4）找一篇综述文章。这类综合评述文章通常有个特点：标题常常出现诸如"选购指南""综合评测"等特征性词汇，用产品名称加上这类特征词汇做查询词，就可以轻松搜到类似文章。

格式：驻车加热器选购指南。

（5）找网上购物信息

1）直接找商品信息。网上商城的页面都具有一定的特点，除了商品名称会被列举出来之外，页面上通常会有一些肯定会出现的特征词，如"价格""购物车"等。所以，用商品名称加上这些特征词，就能迅速地找到相关的网页。

例如，搜索球阀的价格信息，结果如图 2-11 所示。

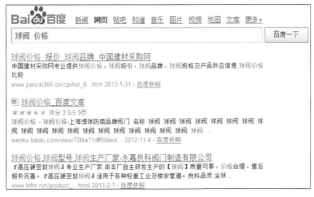

图 2-11 "球阀 价格"的搜索结果

2）找购物网站。除了直接搜商品信息之外，也可以先找一些著名的购物网站，然后在站内进行搜索。

（6）找客户信息

销售人员在网上找客户，可视具体情况选定不同的关键词进行搜索。

1）找某个行业的客户。首先要确认客户的共同点。如果卖的是一种专门用于汽车的零配件，则要找的就是汽车制造商；如果卖的是一种专门针对机械厂的 MRP 软件，那么要找的就是有一定规模的机械厂。销售还有一个特点是有地域限制，因此关键词中还需要加入地区限制。

格式：天津滨海新区化工。

2）找最新投资的客户。刚准备投资或者投产的客户是销售新客户开发的重点。对于某个工业园区的新投资厂商，除了从政府部门中获取资料外，也可以从网上进行搜索。用工业园区的名称加上产品行业名称，再加上这类新投资的特征词，组成关键词进行搜索，往往可以获得很好的效果。

格式：天津滨海新区 化工 投资 奠基，结果如图 2-12 所示。

图 2-12 "天津滨海新区 化工 投资 奠基"的搜索结果

3）找目标客户群体的关键职位变迁。对销售而言，潜在目标客户群的某些关键职位发生变迁通常是业务切入的好时机。关键职位通常是和销售直接打交道的采购经理、物料经理等。用行业名称加上招聘信息的特征词，再把搜索范围局限在当地的人力资源网站上，就可以随时关注最新动态。

格式：化工招聘采购 site：jinmenrc.com。

（7）找企业或者机构的官方网站

很多时候，用户需要到企业或者机构的官方网站上查找资料。如果不知道网站地址，则需要通过搜索引擎获得企业或者机构的网站域名。通过企业或者机构的中文名称查找网站域名是最直接的方式。

4. 常用搜索引擎应用技巧

要完成一个有效检索，首先应当确定要检索的是什么。在确定主题之后，应当列出一个与检索信息有关的单词清单以及一个应当排除的单词清单，然后考虑使用哪一个工具来获得更有效的检索结果。

除了前面介绍的搜索引擎的基本使用方法外，搜索引擎还提供了一些高级搜索的技巧，掌握这些技巧，可以大大提高查找效率。

（1）精确匹配——双引号和书名号

如果输入的查询词很长，百度在经过分析后，给出的搜索结果中的查询词可能是拆分的。如果用户对这种情况不满意，则可以尝试让百度不拆分查询词。给查询词加上双引号，就可以达到这种效果。

例如，搜索上海科技大学，如果不加双引号，则搜索结果被拆分，效果不是很好，但加上双引号后，获得的结果就全是符合要求的了。

书名号是百度独有的一个特殊查询语法。在其他搜索引擎中，书名号会被忽略，而在百度中，中文书名号是可被查询的。加上书名号的查询词有两个特殊功能：一个是书名号会出现在搜索结果中，另一个是被书名号扩起来的内容不会被拆分。书名号在某些情况下特别有效果，如查名字很通俗和常用的那些电影或者小说。例如，查电影《手机》，如果不加书名号，很多情况下出来的是通信工具——手机，而加上书名号后，结果就都是关于电影方面的了，如图 2-13 所示。

a)

b)

图 2-13　搜索《手机》与手机结果比较

（2）要求搜索结果中不含特定查询词——减号

如果在搜索结果中有某一类网页是用户不希望看见的，而且这些网页都包含特定的关键词，那么用减号语法就可以去除所有这些含有特定关键词的网页。

例如，搜神雕侠侣，希望搜到的是关于武侠小说方面的内容，但却发现了很多关于电视剧方面的网页，这时就可以这样查询：神雕侠侣 - 电视剧。

注意，前一个关键词和减号之间必须有空格，否则减号会被当成连字符处理，而失去减号语法功能。减号和后一个关键词之间有无空格均可。

(3) 百度快照

如果无法打开某个搜索结果或者打开速度特别慢，则可以利用百度快照进行查询。每个未被禁止搜索的网页，在百度上都会自动生成临时缓存页面，称为百度快照。当用户遇到网站服务器暂时故障或网络传输堵塞时，可以通过"快照"快速浏览页面文本内容。百度快照只会临时缓存网页的文本内容，那些图片、音乐等非文本信息仍然存储于原网页。当原网页进行了修改、删除或者屏蔽后，百度搜索引擎会根据技术安排自动修改、删除或者屏蔽相应的网页快照。图2-14所示是搜索"浓缩枣汁"的一个结果摘要，可单击右下角的"百度快照"链接，感受百度快照带来的便利。

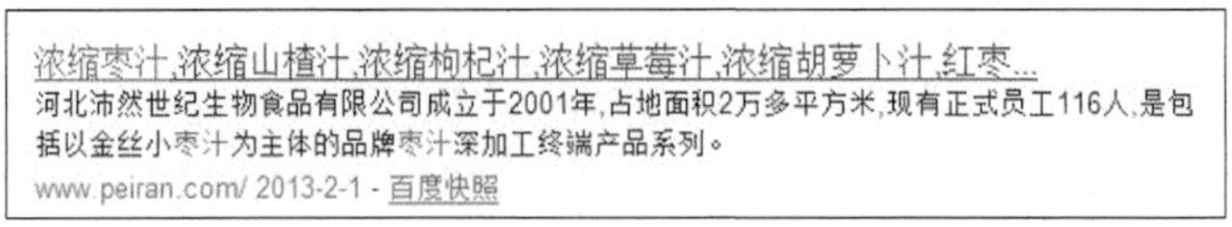

图2-14 百度快照

(4) 相关搜索

搜索结果不佳，有时候是因为选择的查询词不是很妥当。百度的"相关搜索"就是和搜索关键词很相似的一系列查询词。百度相关搜索排布在搜索结果页的下方，按搜索热门度排序。

图2-15所示是"球阀"的相关搜索。点击这些词，可以直接获得它们的搜索结果。

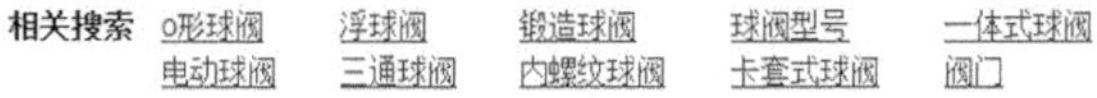

图2-15 百度相关搜索

(5) 利用Google学术搜索

Google搜索引擎具有专门的学术搜索功能，利用学术搜索可以方便地查找某一领域的学术成果。图2-16所示为中小企业电子商务方面的研究文章。

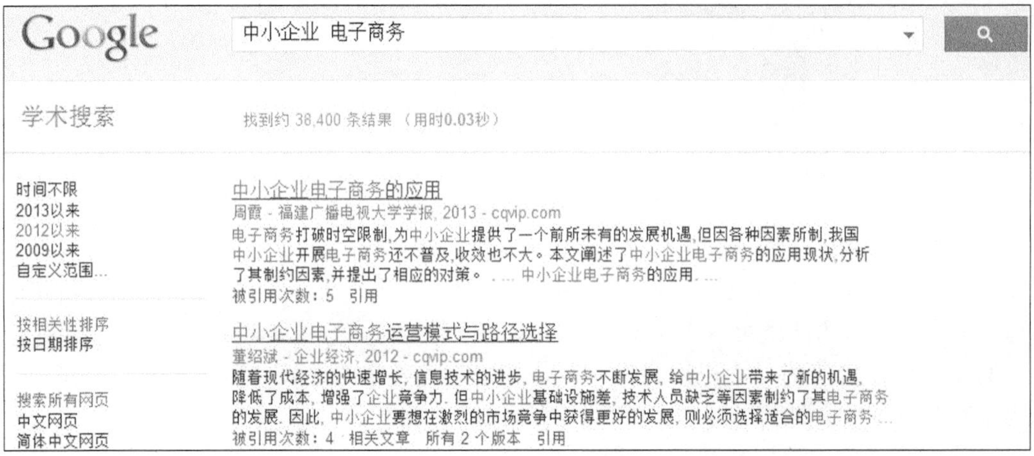

图2-16 Google学术搜索

2.2.3 利用电子邮件收集商务信息

1. 电子邮件

电子邮件（E-mail）又称电子信箱，它是一种用电子手段提供信息交换的通信方式，是互联网应用最广的服务。通过网络的电子邮件系统，用户可以用非常低廉的价格、以非常快捷的方式（几秒之内可以发送到世界上任何指定的目的地）与世界上任何一个角落的网络用户联系，这些电子邮件的内容可以是文字、图像、声音等各种方式。同时，用户可以得到大量免费的新闻、专题邮件，并实现轻松的信息搜索。

2. 利用电子邮件收集商务信息的流程

很多企业为了了解客户需求及满意度，经常采用电子邮件对公司客户进行信息采集。在使用电子邮件与客户沟通之前，首先需要注册一个电子邮件账户，并将要采集的内容以网上调查问卷的形式提前制作好，然后再发送电子邮件、回收并整理客户反馈信息。利用电子邮件收集商务信息的具体流程如下。

1）获得客户的电子邮件地址。获得电子邮件地址是利用电子邮件收集商务信息的第一步。收集邮件地址的方法主要有以下几种。

① 查阅企业所有客户的邮件地址。

② 企业网站上建立留言簿供访问者留言和签名，获得他们的电子邮件地址。

③ 在网站上建立与产品或者服务内容相关联的讨论，以吸引客户参加讨论并留下电子邮件地址。

④ 通过专用的电子邮件地址收集软件，并在特定的范围内收集电子邮件地址。

2）制作网上调查问卷。网上调查问卷可以根据传统的市场调查问卷形式制作。问卷可以由多个问题组成。问卷应清楚地写明企业的通信地址和联系方式。

3）通过电子邮件向各客户派发。一般情况下，调查问卷可以通过电子邮件直接派发。只要写一封短信，告诉客户有关目的并附上调查问卷即可。

4）在自己的信箱中接收客户反馈信息，汇集反馈信件，统计问卷返回比例。

3. 利用电子邮件收集商务信息的技巧

利用电子邮件收集客户信息具有针对性强、费用低廉的特点。它可以针对具体某个人征集特定信息。使用电子邮件收集商务信息时，主要有如下技巧。

1）主动收集。主动收集方法就是想方设法让客户参与进来，如竞赛、评比、猜谜、优惠、售后服务、促销等。

2）准确定位。发送电子邮件要注意受众对象，如果滥发，一是效果差，二是会被当做垃圾邮件，也许会产生相反的效果。所以在发送电子邮件时，首先要对受众进行分析，主要针对潜在客户进行发送。

3）注意发送周期。发送电子邮件也要根据内容注意发送周期，如果发送的是相关新闻信息，那么周期不宜过长；如果是一般信息则不宜过于频繁，否则可能客户刚开始很感兴趣，后来就变成一种负担了。

4）强调管理技巧。使用电子邮件收集信息，应注意整理各种以这种方式收集到的邮件地址，这是有针对性地发送邮件的前提。

5）利用电子邮件收集商务信息的注意事项。
① 避免隐藏发件人姓名。
② 避免邮件内容繁杂。
③ 避免邮件内容采用附件形式。
④ 选择服务好的网站申请电子邮箱地址。
⑤ 不要随便回复垃圾邮件。

2.2.4 利用其他网络方式收集商务信息

1. 收集国内宏观市场信息

企业在电子商务运营中需要了解本国、贸易伙伴国及有关国际组织的贸易政策、金融政策、自然条件、社会风俗以及相关的法律和法规。这类信息一般可在各类政府网站或国家主办的为促进贸易而设的网站上查询。图 2-17 所示为中华人民共和国商务部网站（www.mofcom.gov.cn）主页。

图 2-17 中华人民共和国商务部网站首页

为了促进国内外的贸易合作，商务部开通了中俄经贸合作网（www.crc.mofcom.gov.cn）、中国-新加坡经贸合作网（www.csc.mofcom-mti.gov.cn）、上海合作组织经济合作网（www.sco-ec.gov.cn）等双边或多边贸易网站。利用这些网站，可以及时了解有关国家和地区的贸易动向，提高贸易的成功率。

2. 利用网络收集关税及相关政策信息

关税及相关政策信息在国际营销活动中占有举足轻重的地位。进口关税的高低影响着最终的消费价格，决定了进口产品的竞争力；有关进口配额和许可证的相关政策关系到向这个国家出口的难易程度；海关提供的进出口贸易数据能够说明这个国家每年的进口量,即进口市场空间的大小;人均消费量及其他相关数据则说明了某个国家总的市场容量。除了通过大型数据库检索外,还有以下几种方法可以用来收集关税及相关政策信息。

1)向建立联系的各国进口商询问。这是一种实用、高效的方法,不但考察了进口商的业务水平,确认其身份,而且可以收集到最有效的信息。查询者可以发送E-mail给对方,请对方给予答复。这种询问的前提是双方已经彼此了解,建立起了相互信任的关系。如果没有这种关系,国外的进口商一般是不愿意回答的,因为这种方式有恶意收集信息之嫌。

2)查询各国相关政府机构的站点。随着互联网的高速发展,很多政府机构都已经建立了独立的网站。用户可以针对不同的问题去访问不同机构的站点,许多问题都可以得到非常详尽的解答。对于没有查询到的内容,还可以发送E-mail请求相关的部门或咨询部门给予答复。

3)通过新闻机构的站点查询。世界各大新闻机构(如BBC、CNN、Reuter等)的站点是宝贵的信息库。另外,一些关键的贸易数据、关税或人均的消费量在某些新闻稿中也可以查到。

3. 通过企业官网与B2B平台收集信息

B2B平台聚集了大量与企业相关行业以及上下游有价值的商务信息,能很好地利用和挖掘客户的企业官网的信息,对电子商务的运营具有很高的利用价值。

【例2-1】利用网盛生意宝平台寻找潜在客户。

河北沛然公司的主要产品之一"浓缩枣汁"是很多食品和乳制品的原料。打开网盛生意宝主页,进入生意宝分类页面,然后单击进入小门户食品行业。例如,进入食品配料网,单击详细行业进入。

也可以直接在生意宝首页输入关键词"乳制品",找到潜在的客户公司页面和他们的联系方式,如图2-18和图2-19所示。

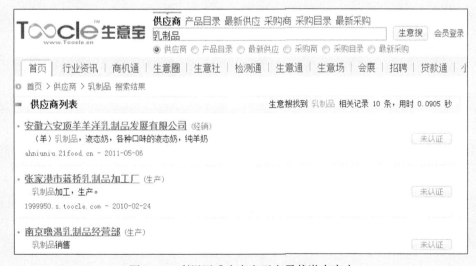

图2-18 利用网盛生意宝平台寻找潜在客户

图 2-19　利用网盛生意宝平台寻找潜在客户的联系方式

此外，依靠企业网站本身的互动应用也可以获得大量的客户信息。通过网站提供的反馈表、会员注册登记、论坛等应用，客户可以就其感兴趣的内容与企业进行交流，企业可以获得客户的资料和兴趣点。

总之，收集商务信息的方式和手段是多种多样的，以上仅是常用的通过网络方法和手段进行收集。除此之外，还可以充分利用线下的机会，如产品展览会、人才招聘会，收集到企业的宣传册、名片等信息。

2.3　网络商务信息的处理

互联网是信息的海洋，而企业之间的竞争在很大程度上体现为信息的竞争。信息资源的占有率、发布的信息质量、可见度以及企业内部信息的管理都决定着企业电子商务运营的水平。因此，掌握必要的信息处理技能是必要的，也是必须的。

2.3.1　网络商务信息的存储

信息存储就是把获得的大量信息用适当的方法保存起来。信息存储的方法主要是根据信息提取频率和数量，建立一套适合需要的信息库系统。信息库系统由大小不等、相互联系的信息库组成。信息库的容量越大，信息存储越多，对决策越有帮助。大信息库的缺点是提取和整理比较麻烦，虽然有些信息库很大，但却从未有人提取过信息，甚至已经无法提取，这样的信息就是死信息，浪费信息库的空间。

1. 网页保存

对网页进行保存，可以执行"文件"→"另存为"命令，在弹出的"另存为"对话框中输入新的文件名，并选择要保存成为何种类型的目标文件，在"保存类型"下拉列表中能够看到 4 种可以保存的文件类型，如图 2-20 所示。

图2-20 网页保存类型

1)网页,全部(.htm,.html):包括上面的图片和许多格式文件。保存的结果分为两个部分:一部分是网页本身,另一部分是它附带的图片、Flash和各种源码等组成的文件夹。它可以最大限度地保存整个网页。如果想下载该网页上数量很多的图片,则可以选择此项。

2)Web档案,单个文件(.mht):可以编辑的单个文件,包含网页上的文本和图片。

3)网页,仅HTML(.htm,.html):只有这个网页的文字和格式不保存上面的图片。

4)文本文件(.txt):保存的仅是网页的文字。如果需要保存网页上的一篇文章,那就保存为txt格式。

2. 选中复制

如果只对网页上的部分文字内容感兴趣,那么在正常情况下用鼠标选中该部分文字后,可以用"复制"的办法将所要的内容"粘贴"到相应位置。

3. 使用邮件功能

在浏览器快捷工具栏中有一个邮件工具,单击后选择"发送网页",会启动Outlook,并自动创建一个新邮件,邮电内容即为网页内容,这时候就可以在里面选择后复制所需要的内容了。执行"文件"→"发送"→"电子邮件页面"命令,同样可以在Outlook中打开所需要的页面,并进行复制、编辑。

4. 使用网页编辑软件

浏览器有默认的网页编辑软件(一般为FrontPage或者Word),只要在快捷工具栏中单击相应的按钮,或者执行"文件"→"使用Microsoft FrontPage(或者Microsoft Word)编辑"命令,即可在相应软件的编辑窗口中显示网页的全部内容,此时就可以进行复制或修改了。

5. 使用软件的"打开"命令

1)Microsoft FrontPage或者Microsoft Word:打开Microsoft FrontPage,执行"文件"→"打开"命令,或者直接单击快捷工具栏上的"打开"图标,然后在"打开文件"对话框中的"文件名"文本框中填写该网页完整的地址,单击"确定"按钮,就可以打开该网页的内容并进行编辑、复制。

2）使用记事本查看网页的源代码：打开记事本，在"打开文件"对话框中填写完整的网页地址，单击"确定"按钮，就可以看到该页面的源代码了。对于那些不允许查看源文件的网页，这种方法很实用。

6．针对无法保存的网页

（1）针对无法保存的网页

某些网页为了防止别人引用网页内容，禁止使用页面菜单中的"另存为"命令，这时最简单的办法就是用 Word 打开并输入要保存的网址，然后保存下来。

（2）针对部分限制鼠标右键的网站

当遇到网页文字无法用鼠标拖动复制的情况时，可以执行 IE 的"工具"→"Internet 选项"命令，在弹出的"Internet 选项"对话框中单击"安全选项卡"，进入"安全"标签，再单击"自定义级别"按钮，将所有脚本全部禁用，刷新之后，就可以用鼠标拖动进行复制了。

2.3.2 网络商务信息的整理

信息整理是将获取或存储的信息条理化和有序化，其目的在于提高信息的价值和提取效率，防止数据库中的信息滞留，发现所储存信息的内部联系，为信息加工做好准备。

通常收集到的和存储的信息是零零散散的，不能反映系统的全貌，甚至其中可能还有一些是过时的甚至无用的信息。通过信息的合理分类、组合、整理，就可以使片面的信息转变为较为系统的信息，这项工作一般分为以下几个步骤。

1．明确信息来源

对于所有市场的调研，都要以实际信息作为基础。下载信息时，由于各种原因而没有将网址准确记录下来，首先应查看前后下载的文件中是否有同时下载或域名接近的文件，然后用这些接近的文件域名作为原文件的信息来源。如果没有域名接近的文件，那么应尽量回忆下载站点，以便以后有机会还可以再次查询。对于重要的信息，一定要有准确的信息来源，没有下载信息来源的，一定要重新检索。

2．浏览信息，添加文件名

从网上下载的文件由于时间的限制，一般都沿用原网站提供的文件名，这些文件名很多是由数字或字母构成的，使用起来很不方便。因此，从网上下载文件后，需要将文件重新浏览一遍，添加适当的文件名。

3．分类

从网上收集到的信息往往非常零乱，必须通过整理才能够使用。分类的办法可以采用专题分类，也可以建立自己的查询系统。将各种信息进行分类，必须明确所定义的类特征。有了清晰的类特征定义，信息分类的问题就变成类特征的识别与比较的问题：把具有相同类特征的信息分为同一类，把具有不同类特征的信息分为不同的类。除了分类处理之外，往往还需要进一步做信息排序处理：各类之间要有类的排序，每个类的内部要有类内事项的排序。在分类和排序的基础上，还应当编制信息的存储索引，这样用户就可以按照索引的引导快速查询出所需要的信息，如图 2-21 所示。

图 2-21 文档分类

4．初步筛选

在浏览和分类过程中，对大量的信息应进行初步筛选，确定完全没有用的信息应当及时删除。

2.3.3 信息加工处理

在信息筛选过程中，有些信息单独看起来是没有用的，但是综合许多单独信息，就可能发现其价值。例如，市场销售趋势必定在数据的长期积累和一定程度的整理后才能表现出来。还有一些信息表面上是相互矛盾的。例如，一家开发商公司的经理想了解钢材的市场行情，检索到的结果可能会出现两种情况：一类信息是钢材供大于求，而另一类信息是钢材供不应求，这时就要把这些信息进行科学的分类整理，然后进入加工处理环节。

网络信息的加工处理是指将各种有关信息进行比较、分析，并以自己的初衷为基本出发点，发挥个人的才智，进行综合设计，形成新的有价值的个人信息资源，如市场调查报告、营销规划、销售决策、个人专业资源信息表等。信息加工的目的是要进一步改变或改进信息利用的效率，使其向着最优化发展。因此，信息加工处理是一个信息再创造的过程，它并不是停留在原有信息的水平上，而是通过智慧的参与，加工出能帮助人们了解和控制下一步计划的程序、方法、模型等信息产品。

如果收集到的信息出现自相矛盾的情况，则要对这些信息的发源地、发布时间等进行比较，如果发源地和时间都基本相同，就要参考其他信息来进行比较，最终获得真正有价值的信息。

2.4 网络商务信息的发布工具与方法

在电子商务运营过程中，对商务信息的处理包括两个方面：一个是收集对本企业有用的商务信息，另一个是将本企业的相关商务信息在网上进行发布。

到目前为止，网络商务信息的发布工具与方法归纳起来主要有以下几种。

1. 邮件列表

邮件列表是为了解决一组用户通过电子邮件互相通信的要求而发展起来的，是一种通过电子邮件进行专题信息交流的网络服务。它一般是按照专题组织的，目的是为从事同样工作或有共同志趣的人提供信息，以便开展讨论、相互交流或寻求帮助。大家根据自己的兴趣和需要加入不同主题的邮件列表，每个列表由专人进行管理，所有成员都可以看到发给这个列表的所有信件。每一个邮件系统的用户都可以加入任何一个邮件列表，订阅由别人提供的分类多样、内容齐全的邮件列表，成为信息的接收者，同时也可以创建邮件列表，成为一个邮件列表的拥有者，管理并发布信息，向其订阅用户提供邮件列表服务，并可授权其他用户一起参与管理和发布。一般电子邮件的发送都是"一对一"或"一对多"，邮件列表中可以实现"多对多"通信。

【例2-2】QQ邮件列表的使用。

QQ邮件列表是一项免费的群发邮件服务。通过它，可以在网站上加入订阅入口，来获取订户。用户订阅后，就能方便地给他们群发邮件了。

- 如果写博客，则它能自动将最新的博客文章发送给读者，如图2-22所示。

图2-22 将博客文章发送给订户

- 如果开网店，则可以用它批量通知顾客店铺的最新优惠，如图2-23所示。

图2-23 将店铺信息发送给订户

- 如果管理一个组织，则通过它能快速向组织成员发布公告，如图2-24所示。

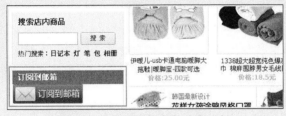

图2-24 将组织信息发布给各成员

2．邮件群发

邮件群发是指个人或者组织通过对邮件地址的收集，使用邮件群发器（也可以是少量但持续不停地发送）发送邮件的过程。要注意的是，发送过程并不一定取得了邮件接收者的许可。如果得到了接收者的许可，则可以视为是合法的邮件营销，否则被视为垃圾邮件。

3．企业网站

企业网站的建设实际上就是创建官方信息源，是网络运营与网络营销信息传播的基础，也是企业可自主控制的、最有价值的网络运营工具。企业网站的优势主要体现在成本低、自主性大、不利影响小、宣传效果直接。

4．专业信息发布网站

很多 B2B 平台和分类信息平台都给企业提供了独立的二级域名网站（旺铺）功能，通过这个平台可以发布企业介绍、企业动态、招聘信息以及产品展示等内容。其优势主要体现在以下两个方面。

1）网络营销成本低。

2）针对性强、人流量大，交易信息充分。

对于没有官方网站的小型企业，完全可以在多个 B2B 平台上建立的独立域名商铺或分类信息平台上发布信息，从而提升企业形象、提高企业产品信息在网络上的可见度，达到推广企业网站的目的。

除以上介绍的平台之外，可以用来进行网络商务信息发布的工具还有新闻组、BBS、博客、论坛与微博等。

思考与练习

1）网络商务信息具有哪些显著特点？

2）什么是搜索引擎？搜索引擎有哪些种类？分别有什么优缺点？

3）百度搜索引擎常用的指令有哪些？

4）总结归纳常用的发布商务信息的工具。

5）发布网络商务信息时要注意哪些方面的问题？

技能实训

1）搜索引擎的基本使用与操作。

①2013 年 1 月，雾霾天气在全国频发，如图 2-25 所示。很多人开始谈论雾霾与 PM2.5 的话题。请利用搜索引擎查询 PM2.5 与“雾霾”是不是一回事，两者有何联系？

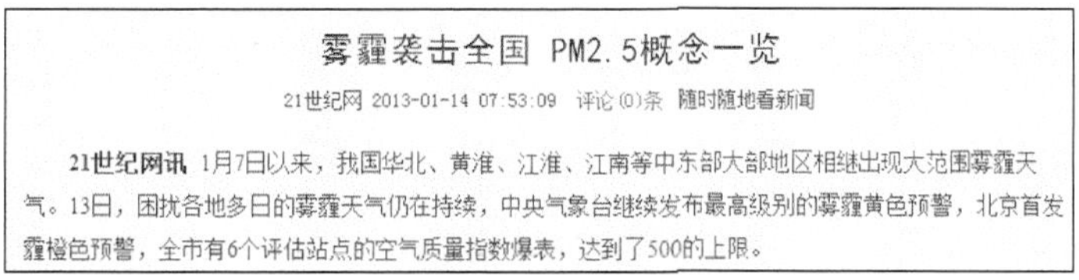

雾霾袭击全国 PM2.5概念一览

21世纪网 2013-01-14 07:53:09 评论(0)条 随时随地看新闻

21世纪网讯 1月7日以来，我国华北、黄淮、江淮、江南等中东部大部地区相继出现大范围雾霾天气。13日，困扰各地多日的雾霾天气仍在持续，中央气象台继续发布最高级别的雾霾黄色预警，北京首发霾橙色预警，全市有6个评估站点的空气质量指数爆表，达到了500的上限。

图 2-25　雾霾袭击全国新闻报道

②利用百度检索“第五届网络商务创新大赛”中的冠军和亚军分别是哪些团队。

③利用百度搜索引擎查找 PV、PR、客单价等名词的含义。

④查询并下载第 31 次、第 32 次"中国互联网络发展状况统计报告"（格式要求为 pdf），并将有关数据记录下来。

a）我国网民规模、手机网民规模是多少？

b）我国互联网普及率是多少？

c）我国网民网络应用主要有哪些？

2）中航河北安吉宏业机械有限公司是国内生产"驻车加热器"系列产品大型企业之一，请设计不同的关键词组合，利用搜索引擎检索国内有哪些企业生产同类产品，各自的规模和价格如何，以及营销手段和渠道是怎样的？

3）设置自己的 Google 搜索引擎，完成所有页面设置。

① 登录 Google 网站 HK 版，完成 Google 账户的注册，以注册好的会员名称登录 Google，单击"我的账号"，选择"产品"，单击"自定义搜索"。或者直接进入 Google 自定义搜索页面，选择创建自定义搜索引擎。

② 进入"Google 账号页面"，进入 Google 自定义搜索第一步"设置您的搜索引擎"，完成"描述您的搜索引擎""定义您的搜索引擎""选择标准版"的相关设置，最后选择"我已阅读并同意接受服务条款"，单击"下一步"按钮。

③ 进入 Google 自定义搜索第二步试用的设置"选择或自定义样式"，选择其中一种样式或自定义样式，单击"下一步"按钮。进入 Google 自定义搜索"获取代码"，可自行设置代码或不用设置，然后进入自己注册的邮箱收取 Google 自定义搜索的邮件，即完成所有的 Google 自定义搜索。

注意：如果还没有注册 Google 成为其会员，则需要注册完成后才可以使用自定义的搜索引擎。

4）练习使用 Google 的学术搜索。

检索"中小企业电子商务发展的现状和趋势"中文参考文献 3 篇，注意搜索结果的格式。

5）利用电子邮件收集网络商务信息。

以小组为单位，利用电子邮件收集网络商务信息，每小组人数 5 名，设组长一名，负责小组统筹规划。策划小组经讨论调查完成邮件申请、问卷设计等任务。

①确定商务调查主题。

②注册一个电子邮件账户。

③根据主题设计网络问卷。

④撰写并发送电子邮件。

⑤接收反馈的电子邮件，并根据调查结果进行信息分析。

第3章 网络市场调研

【学习目的】

1）了解网络市场调研的特点。
2）能够根据企业经营需求制订适合的市场调研计划。
3）根据调研任务，选择合适的调查方法和步骤，设计和制作问卷。
4）熟练地实施网上市场调研活动，掌握在线调研工具的使用。
5）能够撰写网络市场调研分析报告。

【导入案例】 中国互联网络发展状况统计调查

CNNIC是经国务院主管部门批准授权，于1997年6月3日组建的非赢利性的管理和服务机构，行使国家互联网络信息中心的职责。CNNIC在业务上接受信息产业部领导，在行政上接受中国科学院领导。中国科学院计算机网络信息中心承担CNNIC的运行和管理工作。由国内知名专家、各大互联网络单位代表组成的CNNIC工作委员会对CNNIC的建设、运行和管理进行监督和评定。

1997年，经原国务院信息化工作领导小组办公室和CNNIC工作委员会研究，决定由CNNIC联合4个互联网络单位来实施中国互联网络发展状况的统计工作。在统计报告发表后，受到了各个方面的重视，被国内外用户广泛引用，并不断有用户要求CNNIC提供最新的统计报告。

为了使这项工作制度化、正规化，从1998年起CNNIC决定于每年1月和7月推出该统计报告，其即时性和权威性已得到了业界的公认。截至2018年1月，共进行了41次中国互联网络发展状况统计报告，所提供的有关我国互联网上网计算机数、用户人数、信息流量分布、域名注册等方面情况的统计信息，对我国政府和企业动态掌握互联网在我国的发展情况、提供决策依据有着十分重要的意义。

调查的主要内容分为两大部分：一部分是中国互联网络发展的宏观概况，包括我国网民人数、我国上网计算机数、我国域名数及其地域分布、我国网站数及其地域分布、我国IP地址总量及其地域分布、我国国际出口带宽总量；另一部分是中国网民的相关情况，包括网民基本特征（如性别、年龄、婚姻状况、文化程度、职业、收入状况等）、网民对互联网的使用情况及满意度、网民对互联网热点问题的回答。

依据统计学理论和国际惯例，调查采用了计算机网上自动搜寻、网上联机、电话抽样、相关单位上报数据等调查方法。调查协助单位包括中国网络通信集团公司、中国电信集团公司、中国联合通信有限公司、中国移动通信集团公司、中国教育与科研计算机网网络中心等19家单位。分析报告撰写过程中主要采用了趋势对比、横向对比、纵向对比、分组、频数分析、相关分析、交叉分析等分析方法。兼顾重点和全面，分析报告在内容上包括中国互联网络宏观概况、网民的结构特征、网民的上网途径、网民的上网行为、非网民状况等几个部分。

分析： 市场调研是企业营销中不可或缺的内容，有助于企业快速把握市场。互联网的出现以及网络人口的不断增加，为企业利用网络手段开展市场调研提供了一个很好的条件。CNNIC每半年举行一次的中国互联网发展状况调查是网络营销市场调研的一个典型案例。通过上面的案例内容，至少可以认识到以下几点。

1）网上市场调研具有时效性强、成本低、不受地域限制等诸多优点。

2）网络营销调研和传统营销调研在特定情况下各有优势和劣势，二者配合使用可以取长补短从而取得最佳的调研效果。

本章将主要介绍网络市场调研的概述、市场调研计划的制订、市场调研的组织和实施、调研问卷表的设计、利用在线调研工具收集网络商务信息的方法、网络调研报告的撰写格式和步骤等。

3.1　制订网络调研计划

蓬勃发展的互联网为人们提供了一个巨大的信息库，这个信息库几乎涉及人类社会各方面的信息资源，而且这个信息库每天都在补充、添加大量新的信息。对于利用网络从事营销活动的企业来说，无疑要比其他企业处于更有利的竞争地位。但是，要利用好这个信息库，却不是一件容易的事。为此，在网络上进行市场调研之前必须制订相应的调研计划，按计划进行网络调研。

3.1.1　网络调研

互联网为高效开展市场调研提供了良好的基础条件，因此开展网上市场调研也就成为电子商务运营的基本内容之一。由于网上市场调研具有成本低、问卷回收率高、调查周期短等方面的优势，合理利用网上市场调研手段对于把握电子商务运营策略具有重要价值。

1. 网络调研的含义

市场调研是指以科学的方法，系统地、有目的地收集、整理、分析和研究所有与市场有关的信息，特别是有关消费者的需求、购买动机和购买行为等方面的信息，从而把握市场现状和发展态势，有针对性地制订营销策略，取得良好的营销效益。

网上调研就是利用互联网发掘和了解消费者、目标市场、竞争对手、合作伙伴等方面的情况，从而促使企业生产适销对路的产品，及时调整营销策略。

2. 网络调研的特点

随着网络技术的发展和使用者的增加，使得越来越多的企业开始利用网络开展市场调查活动。作为一种崭新的媒体，互联网优于传统媒体的特性在于其方便及时的交互功能，这

第 3 章 网络市场调研

一特性是通过 Web 站点收集市场信息的有效手段。

网络作为信息沟通渠道具有开放性、交互性、自由性、及时性、广泛性和直接性等特性，使得网上市场调研具有传统的市场调研手段和方法所不具备的一些独特的特点和优势。

（1）网络信息的及时性和共享性

1）网络的传输速度非常快，网络信息能迅速传递给上网的任何用户。

2）网上调研是开放的，任何网民都可以参加投票和查看结果，这保证了网络信息的及时性和共享性。

3）网上投票信息经过统计分析软件初步处理后，可以看到阶段性结果，而传统的市场调研得出的结论需要经过很长的一段时间。例如，人口抽样调查统计分析需 3 个月，而 CNNIC（中国互联网络信息中心）在对互联网进行调查时，从设计问卷到实施网上调查和发布统计结果，总共只有 1 个月。

（2）便捷性和低费用

1）网上市场调研可以节省传统的市场调研中所耗费的大量人力和物力。

2）在网络上进行调研，只需要一台能上网的计算机即可。

3）调查者在企业站点上发出电子调研问卷，网民自愿填写，然后通过统计分析软件对访问者反馈回来的信息进行整理和分析。

4）网上市场调研在收集过程中不需要派出调查人员，不受天气和距离的限制，不需要印刷调研问卷，调查过程中最繁重、最关键的信息收集和录入工作将分布到众多网上用户的终端上完成。

5）网上调研可以是无人值守和不间接地接受调查填表，信息检验和信息处理工作均由计算机自动完成。

（3）交互性

网络的最大优势是交互性。这种交互性在网上市场调研中体现在以下两点。

1）在网上调研时，被访问者可以及时就问卷相关的问题提出自己的看法和建议，可以减少因问卷设计不合理而导致的调研结论出现偏差等问题。

2）被访问者可以自由地在网上发表自己的看法，同时没有时间限制。

（4）调研结果的可靠性和客观性

由于企业站点的访问者一般都对企业产品有一定的兴趣，所以这种基于顾客和潜在顾客的市场调研结果是客观和真实的，它在很大程度上反映了消费者的消费心态和市场发展的趋向。

1）被调查者在完全自愿的原则下参与调查，调查的针对性更强。而传统的市场调查的面谈法中的拦截询问法，实质上是带有一定的"强制性"的。

2）调查问卷的填写是自愿的，不是传统调查中的"强迫式"，填写者一般对调查内容有一定的兴趣，回答问题相对认真，所以问卷填写可靠性高。

3）网上市场调研可以避免传统市场调研中人为因素所导致的调查结论的偏差，被访问者是在完全独立思考的环境中接受调查的，能最大限度地保证调研结果的客观性。

（5）无时空和地域的限制

网上市场调研可以 24 小时全天候进行，这与受区域和时间制约的传统的市场调研方式有很大的不同。

（6）可检验性和可控制性

利用互联网进行网上调研收集信息，可以有效地对采集信息的质量实施系统的检验和控制。

1）网上市场调研问卷可以附加全面规范的指标解释，有利于消除因对指标理解不清或调查员解释口径不一而造成的调查偏差。

2）问卷的复核检验由计算机依据设定的检验条件和控制措施自动实施，可以有效地保证对调查问卷的100%复核检验，保证检验与控制的客观公正性。

3）通过对被调查者的身份验证技术可以有效地防止信息采集过程中的舞弊行为。

当然，网络调研也有其局限性，如难以了解被调查者的态度和特征，以及受访者的真实身份。

3.1.2 网络调研计划

1．明确问题与调研目标

明确企业当前存在的主要问题，从而确定网络调研的目标。整个调研项目所投入的时间和资金都是为了实现既定的调研目标。互联网的信息是海量的，当用户开始搜索时，可能无法精确地找到所需要的重要数据，一些似乎有价值又没有价值的信息可能会扰乱视线，这时设定目标就显得更为重要，例如：

- 谁有可能成为我们的产品或服务的消费者？
- 在这个行业，哪些竞争对手已经上网？他们在干什么？
- 在公司运营中，可能受哪些法律或政策的约束？
- 客户和员工的满意度如何？
- 网站的体验怎么样？

2．确定市场调研的对象

网络市场调研的对象主要分为以下3大类。

- 企业产品的购买者。
- 企业的竞争者。
- 企业的合作者和行业内的中立者。

3．制订调研计划

网络市场调研的第三步是制订有效的调研计划，包括以下5个部分：资料来源、调研方法、调研手段、抽样方案、联系方法。

4．收集信息

利用互联网进行市场调研，不管是一手资料还是二手资料，可同时在全国或全球进行，收集的方法也很简单，直接在网上递交或下载即可，这与受区域制约的传统调研方式有很大的不同。

5．分析信息

信息收集结束后，接下来的工作是信息分析。信息分析的能力相当重要，是把握商机、战胜竞争对手、取得经营成果的一个制胜法宝。利用互联网，企业在获取商情、处理商务的速度方面是传统商业无法比拟的。

6. 提交报告

调研报告的填写是整个调研活动的最后一个阶段。报告不是数据和资料的简单堆砌,调查员不能把大量的数字和复杂的统计技术直接给管理人员,而应把与市场营销关键决策有关的主要调查结果写出来,并以调查报告正规格式书写。

3.1.3 确定调研对象、调研方法

1. 网络营销对象分析

网络消费者是一群与众不同的消费群体,他们不是在有物资形态的商店、商城中通过对实物商品的比较、鉴别、挑选,最后作出购买决策。网络消费者的购物场所是无形的网络世界,他们的购物工具是计算机、互联网,他们以遨游网络世界的方式,在网络中充分收集各种消费品的信息,随后将各种信息进行对比、分析,最后作出购买决策,一旦购买决策作出以后,只需单击鼠标就可以完成整个购买过程和货款的交付过程。可见,网络营销的对象就是这些遨游网络世界的"网民"。

企业在确定网络调研对象时,一般可以分为以下 3 类。

1) 企业产品的消费者:他们可以通过网上购物的方式来访问公司站点。营销人员可以通过互联网来跟踪消费者,了解他们对产品的意见及建议。

市场竞争的激烈和消费者需求的不同导致企业不可能抓住所有的消费者,因此必然需要市场细分。对现有的消费者根据其消费习惯、所处区域和生活形态等进行进一步细分,是企业进行深度服务和延长产品生命力的策略。因为只有研究好细分市场,企业才能够提供专业化和个性化的服务,而不是眉毛胡子一把抓。企业在年底需要研究本年度消费者的变化情况,确定出未来一年要大力开拓的细分市场,预先制订好市场调研计划。

2) 企业的竞争者:营销人员可以进入互联网上竞争者的站点来查询面向公众的所有信息,如公司决策、年度/季度报告、产品信息、决策人员个人简历、公司简介以及公司公开招聘职位等。对竞争对手的调查有助于企业作出合理而及时的营销决策。了解对手在以什么形式、何种价格提供何种产品,对手采取了什么促销策略和分销渠道,在产品开发和营销活动中有何创新等,这些是企业在竞争中立于不败之地的有效保证。图 3-1 所示是某公司通过竞争对手的网站查询到的经销商联系方式。

省份	城市	经销商名称	电话	地址	E-mail
黑龙江省	哈尔滨市	哈尔滨华鑫联汽车服务有限公司	0451-84318918	黑龙江省哈尔滨市道里区埃德蒙顿路7号	zjmwebastoharbin@163.com
	大庆市	大庆市鑫华联汽车用品商店	0459-6137165	大庆市北方汽配城12栋6门	zsbin@189.cn
	大庆市	大庆市福润兴茂有限公司	0459-5882233	大庆萨尔图区中五路18号	1580740887@qq.com
	大庆市	凯富轮胎商行	0459-4629682	万宝万峰大市场8号楼3门	
	大庆市	鑫盟汽车用品商店	0459-8151878	大庆市高新开发区祥阁汽配城3号楼3门	
	大庆市	久胜源汽配	0459-6137165	让胡路区西泰商服南三楼4门	
	齐齐哈尔市	铁锋区北极兴汽车轮胎商行	0452-5979277	齐齐哈尔市铁锋区龙南街12号楼81号	554535094@qq.com
	黑河市	双龙汽车音响装饰用品商行	0456-8234577	黑河市环城商路85号	
	佳木斯市	四海棚翡汽车装饰专营店	0454-8090777	佳木斯市前进区四海汽车装饰用品商行	652215483@qq.com
	加格达奇市	鑫华通汽车装饰	0457-2139379	加格达奇红旗大街石油公司对面	
	牡丹江	鑫顺通汽车修配厂	0453-6323388	牡丹江市阳明区东平安街阳明新路民大小区	
	建三江	王东汽车修理部	0454-5789126	黑龙江农垦总局建三江分局佳抚路综合服务小区2号楼东1门	
	宝清县	祥源汽车美容服务行	0469-5159289	宝清县盛泰家园西侧	
	鹤岗	胖子电器修理部	0468-3415880	鹤岗市工农区西解放路四号楼	
	绥化市	绥化市北林区保通汽车修配厂	0455-8364222	绥化市北林区南五东路19号	877764171@qq.com

图 3-1 某公司的竞争对手的经销商联系方式

通过分析这些信息，营销人员可以准确把握本公司的优势和劣势，并及时调整营销策略。在市场激烈竞争的今天，对竞争者的调研显得格外重要，竞争者的一举一动都应引起营销人员的高度重视。互联网为营销人员及时调研提供了方便。

3）企业合作者和行业内的中立者：营销人员在市场调研过程中，要兼顾到这两类对象，但也必须有所侧重。

以经销商为例，对企业而言，经销商在产品销售中发挥着越来越重要的作用。他们直接面对市场，更了解顾客的需求和营销策略的效果，对产品的特色、优势与不足有更深刻的认识，并且中间商在对多家企业产品的代理、销售中，更能全面认识整个产品市场的竞争与合作态势。因此，从对经销商的调查中也能获得一定的有价值的信息。

2．调研的思路

（1）对购买行为的调查

通过理论分析来把握潜在的和现实的顾客消费心理及购买行为是不客观的，因此有必要对购买行为进行调查。在调查中应着重调查以下问题。

1）消费者的需求。通过对这个问题的调查，管理者不仅要确定顾客需要的服务内容，而且要了解他们希望从服务中获得的好处。此外，还要明确不同地理区域的需求有什么区别，以及这些区别是如何变化和发展的。

对于一些具有品牌地位的企业，需要定期对竞争对手的消费者和自己的消费者进行研究，以摸清消费者动向，挖掘潜在需求，以采取更好的服务策略，并为产品和服务的创新奠定基础。通常普通的快速消费品（如食品、饮料等）和部分耐用消费品（如手机、电信服务等）每年都应该进行 1～2 次大规模的消费者研究，才能满足营销策略的需要。

2）消费者的购买时间、购买频率。取得这些答案对服务企业而言是非常重要的，至少它们将帮助企业确定适当的生产规模和弹性。另外，不同的购买频率也是制订服务促销和选址策略的重要参考依据。

3）购买决策。只了解服务消费者是不够的，因为很多服务消费者虽然是服务的受益者，但他们在购买决策过程中并不起主导作用。例如，对于旅游、看演出、逛公园等服务项目，尽管丈夫也享受了服务，但作出购买决策的往往是妻子。

4）公众对企业形象的评价。企业形象对于消费者，尤其是对于潜在消费者的购买决策具有很强的说服作用。了解顾客理想化的服务形象，将是企业在制订促销宣传和有形展示策略时的重要参考。

（2）新产品开发

新产品的开发也需要关注消费者的需要。新产品开发前，需要将模拟的产品给消费者来进行评价，如其需求状况、购买可能性、价格接受程度等，对于下一年度要开发新产品的企业来说，这就需要花点时间在目标消费者身上了。

（3）对销售过程及售后的调查

对销售服务过程开展细致全面的调查是非常重要的，因为它直接影响营销效果。在销售过程中消费者会得到两个重要的服务感受：服务质量和满意程度。这两个感受将进一步转化为正面或负面的口碑，在更大的范围内影响潜在顾客——对服务品牌是放弃还是购买。所以，对销售服务过程的调查应围绕这两个中心展开。

1）了解消费者如何评价销售服务质量，可以直接通过消费者对销售服务质量的褒贬评价进行调查，也可以通过收到的顾客投诉和服务建议获得侧面的信息。值得注意的是，销售服务质量调查的目的并不在于使现有服务获得一个事后的评价，而应着眼于为未来的销售服务质量的改进提供思路和启迪。

2）了解顾客对销售服务的满意程度如何，即对顾客满意度的调查，其基本方法是找出顾客对销售服务的预期和实际感受之间的差距。

对于市场上品牌繁多，并且消费者转移成本较低或者竞争非常激烈的产品和服务，需要认真研究顾客满意度。就好像购买洗发水一样，如果买了 A 产品消费者觉得不满意，下一次就会转而购买 B 产品，而消费者所进行的这个行动过程并不会被企业所发现。因此，顾客满意度可以很好地评估出企业所提供的产品和服务是否让消费者感觉到实现了企业对他的承诺，同时企业可以在一年当中看出消费者的变动趋势，从而发掘出有价值的顾客群体，进行细心的维护。顾客满意度是一个连续性的跟踪性调查，仅靠一次市场研究并不能解决所有问题，因为市场在变。通常会是每个季度或者每半年进行一次，因此年度的顾客满意度研究计划能够更有效指导企业的顾客忠诚度计划的成功。

3．网络调研的方法

（1）网络市场直接调研的方法

网络市场直接调研是指为当前特定的目的在互联网上收集一手资料或原始信息的过程。直接调研的方法有 4 种：观察法、专题讨论法、在线问卷法和实验法。但网上使用最多的是专题讨论法和在线问卷法。

调研过程中具体采用哪一种方法要根据实际调查的目的和需要而定。需注意一点，应遵循网络规范和礼仪。下面重点介绍两种方法。

1）专题讨论法。专题讨论法可通过 Usenet（新闻组）、BBS 讨论组或邮件列表讨论组进行。其步骤如下：

- 确定要调研的目标市场。
- 识别目标市场中要加以调研的讨论组。
- 确定可以讨论或准备讨论的具体话题。
- 登录相应的讨论组，通过过滤系统发现有用的信息或创建新的话题，让大家讨论，从而获得有用的信息。

具体地说，目标市场的确定可以根据 Usenet、BBS 讨论组或邮件列表讨论组的分层话题选择，也可向讨论组的参与者查询其他相关名录。还应注意查阅讨论组上的 FAQ（常见问题解答），以便确定能否根据名录来进行市场调研。

2）在线问卷法。在线问卷法即请求浏览其网站的每个人参与企业的各种调研。方法如下：

- 向相关的讨论组发送简略的问卷。
- 在自己的网站上放置简略的问卷。
- 向讨论组送去相关信息，并把链接指向放在自己网站上的问卷。
- 利用专业的在线问卷调研平台，自助式在线设计问卷。

注意，在线问卷不能过于复杂、详细，否则会使被调查者产生厌烦情绪，从而影响调查问卷所收集数据的质量。可以采取一定的激励措施，如提供免费礼品、抽奖送礼等。

（2）网络市场间接调研的方法

网络市场间接调研是指网上二手资料的收集。二手资料的来源有很多，如政府出版物、公共图书馆、大学图书馆、贸易协会、市场调查公司、广告代理公司和媒体、专业团体、企业情报室等。其中许多单位和机构都已在互联网上建立了自己的网站，各种各样的信息都可以通过访问其网站获得。再加上众多综合型 ICP（互联网内容提供商）、专业型 ICP，以及成千上万个搜索引擎网站，使得在互联网上进行二手资料的收集非常方便。

互联网上虽有海量的二手资料，但要找到自己需要的信息，首先必须熟悉搜索引擎（Search Engine）的使用，其次要掌握专题型网络信息资源的分布。归纳一下，网上查找资料主要通过以下 3 种方法：利用搜索引擎；访问相关的网站，如各种专题性或综合性网站；利用相关的网上数据库。

1）利用搜索引擎查找资料。搜索引擎使用自动索引软件来发现、收集并标引网页，建立数据库，以 Web 形式提供给用户一个检索界面，供用户以关键词、词组或短语等检索项查询与提问匹配的记录。

2）访问相关的网站收集资料。如果知道某一专题的信息主要集中在哪些网站，则可以直接访问这些网站，获得所需的资料。

3）利用相关的网上数据库查找资料。网上数据库有付费和免费两种。在国外，市场调研用的数据库一般都是付费的。我国近几年也出现了几个 Web 版的数据库，但它们都是文献信息型的数据库。

（3）网上调研样本的选择

样本选择一般可分为随机抽样和非随机抽样。

1）随机抽样。随机抽样包括简单（单纯）随机抽样、分层抽样（又称分类或类型抽样）、整群（分群）抽样、等距（系统）抽样。

①简单（单纯）随机抽样：指总体中的每个基本单位（子体）都有相等的被选中的机会。即对总体不经任何分组、排列，完全客观地从中抽取调查单位。简单随机抽样包括抽签法和随机号码表法。

②分层抽样（又称分类或类型抽样）：就是先将总体按一定的标志分层（分类），然后在各层（类）中采用简单随机抽样，综合成一个调查样本。分层抽样可分成分层比例抽样和分层最佳抽样。

③整群（分群）抽样：依据总体的特征，将其按一定标志分成若干不同的群（组），然后对抽中的群（组）中的单位进行调查的方法。

④等距（系统）抽样：将总体各单位按一定标志排列起来，然后按照固定和一定间隔抽取样本单位的一种方法。

上述 4 种方法各自有其独特的地方，但其共同点是事先能够计算抽样误差，不致出现倾向性偏差。

例如，网站自身发展的需求调研可以采用随机抽样，以所有网民的注册地址为样本总体进行随机抽样，以保证网站经营者可以了解来自各方面的关于网站的需求详情。

2）非随机抽样。非随机抽样包括任意抽样、判断抽样和配额抽样。网上进行的关于产品或服务等方面的调研常常用到非随机抽样。

①任意抽样：在偶然的机会或方便的情况下，由调查者根据自身的需要或兴趣任意选

取样本。

例如，许多企业设立了 BBS 以供访问者对企业产品进行讨论，或者参与某些专题新闻组的讨论，以便更深入地获取有关资料。如果调查部门对某个用户的问题或观点有兴趣，那么就可以随时联系该用户进行个案调查。虽然新闻组和 BBS 信息不够规范，需要专业人员进行整理和归纳，但由于是用户自发的感受和体会，因此传达的信息也是最接近市场和最客观的，有助于企业获取一些问卷调查无法发现的信息，要特别引起注意。

② 判断抽样：根据调查者的主观判断来抽取样本。

③ 配额抽样：将总体中的所有单位按其属性或特征，以一定的分类标准划分成若干层次或类型，然后在各层中由调查者主观确定各层中抽样的样本，并且保持适当的比例。其特点是简便易行，快速灵活。在正式市场调查开始时，可以从不同的总体中按照一定的比例选取样本（即进行配额），只有那些符合调查条件的被调查者才能填写适合该类特殊群体的问卷。

3.2 在线调研问卷设计

调研问卷又称调查表，是调查者根据一定的调查目的和要求，按照一定的理论假设设计出来的，由一系列问题、调查项目、备选答案及说明所组成的，向被调查者收集资料的一种工具。

【例 3-1】下面是"心情蜂巢"在网络商务创新大赛过程中制作的"五一"校园产品销售、推广调查问卷。详细内容如下。

一、时间安排

活动进程安排：4 月 18 号～4 月 22 号。

4 月 18 号：给经理汇报调查结果和详细方案，取得公司支持。
　　　　　和学校领导沟通，争取得到更多的支持。
　　　　　设计宣传海报和电话网店订购的名片。

4 月 19 号：实地调查外场场地。
　　　　　海报、名片制作完毕。

4 月 20 号：和公司沟通商量产品支持数量和具体销售价格。
　　　　　打扫好学校提供的专用"仓库"。

4 月 21 号：海报张贴 QQ 微博进行宣传。
　　　　　产品以及出外场需要的帐篷、桌子准备好。

4 月 22 号：零钱、账本到位，场地设计好。
　　　　　外场地面打扫干净。
　　　　　开始销售前最后一次开会。

4 月 23 号～4 月 30 号

4 月 23 号：上午 11:50 外场搭建完毕，12:00 准时销售。
　　　　　分两个外场，由男女生分别负责。

4 月 23 号～4 月 26 号只利用课余时间（如中午和傍晚）出外场。

4 月 27 号～4 月 30 号：上午九点至晚上八点，可以根据实际情况适当调整出外场时间。

二、调研内容

1. 五一长假您会为父母朋友带些什么？

A. 金丝小枣　　　　B. 精品枣汁　　　　C. 红心鸭蛋　　　　D. 黄骅冬枣
2. 影响您购买特产的因素是什么？
　　A. 价格　　　　　　B. 跟风　　　　　　C. 品牌
3. 购买特产能接受的价格是多少元？
　　A. 10～20　　　　　B. 20～30　　　　　C. 30～50　　　　　D. 50以上
4. 您希望在什么购买环境下进行购买？
　　A. 大型超市　　　　　　　　　　　　　B. 精心组织的销售现场
　　C. 学校超市　　　　　　　　　　　　　D. 电话送货
5. 您希望购买的包装是什么？
　　A. 小包装　　　　　B. 中包装　　　　　C. 大包装　　　　　D. 礼品装
6. 您会因为物美价廉而买几包？
　　A. 一包　　　　　　B. 两包　　　　　　C. 三包　　　　　　D. 四包以上
7. 您会因为销售现场人多而不好意思购买？
　　A. 会　　　　　　　B. 不会
8. 如果不好意思购买，您会怎么做？
　　A. 商品再好也不购买　　　　　　　　　B. 结伴再来购买
　　C. 打电话订购　　　　　　　　　　　　D. 到网店购买

请您耐心地读完我们的内心旁白：

感谢您对本次问卷调查的参与，因为有您的鼓励与支持，沧州师院代表队"心情蜂巢"会在第五届全国大学生网商大赛中走得更远。

三、问卷数据分析

本次在学校发放问卷共400份，采用随机调查法，共收回400份，去除部分无效问卷，问卷统计结果见表3-1。具体数据分析如下。

表3-1　问卷统计结果

	1题	2题	3题	4题	5题	6题	7题	8题
A	290	208	36	210	34	12	46	30
B	60	64	120	130	234	138	348	222
C	21	130	148	42	50	128		68
D	5		98	20	60	96		68

　　1. 有近90%的人选择购买金丝小枣作为礼品给父母朋友带回去。另外有一部分人选择了精品枣汁，但是枣汁的价格相对较高，从这一部分人选择的能接受的价格来看，购买的希望不大。

　　2. 有近50%的人认为购买特产受价格影响，也有很大一部分人受品牌影响。这次我们在学校销售时厂家直接供货免去了很多中间环节，价格和品牌有一定的优势。

　　3. 有近60%的人能接受的价格区间是20～30元，我们可以选择多种包装分层销售。

　　4. 大型超市是学生最喜欢的购买场所。我们的校园销售也有很大一部分人选择支持，只要做好卫生和宣传好品牌优势就能吸引更多的人购买。

5. 有近60%的人选择购买中包装，我们可以适当侧重中包装的销售和供应。

6. 保证质量，做好品牌宣传，厂家直供低于其他超市价格，选择购买2～3包的人占到了60%。

7. 本以为有学生会因为销售现场人多而不去购买，但是随机调查显示有87%的人不会不好意思去购买。

8. 对于那些害羞购买的人，有55%的人选择结伴再来购买，电话购买和到网店购买占到了近34%，说明电话销售和淘宝销售在这次校园推广活动中还是可以大做文章的。

3.2.1 设计在线调研问卷的过程

网上市场调研最好的方式是通过网站实现在线调研，在线调研看起来很简单，用户填写/选择一些选项，单击"提交"按钮，一个在线调查表就完成了，但在实际从事网上调研的工作中并不是这样轻松的，有时甚至无法顺利完成在线调研任务。例如，获得的调查数据与实际状况有较大的差别，调查结果的可信度也就大打折扣了。

通过网站实现网上调研所需要具备的两个基本条件如下：一个是网站具有在线调查的技术功能支持，另一个是设计专业的在线调研问卷。只有在具备这两个基本条件的前提下，通过在线调查表的合理投放、回收和统计，才能完成高质量的调研结果。

一个功能完善的企业网站通常都有各种形式的在线调查，最常见的如用户对新产品的意见调查、顾客满意度调查等。在网站上设置调查表，访问者在线回答问题并提交到网站服务器，从服务器上即可看到调查的结果。在线调查表广泛地应用于各种调查活动，这实际上也就是传统问卷调查方法在互联网上的表现形式。最简单的调查表可能只有几个问题需要回答或者几个答案供选择，一个复杂的在线调查可能有几十个甚至更多的问题。

1. **准确界定调研问题**

调研问卷要求的是如实、有效、简洁和完备。如实就是要客观地反映调研主题和访问事实；有效就是要求每个问句都必须有助于调研结果的实现，不能出现任何无关的问句；简洁是问句用语和问卷结构的必然特征，但简洁并不表示可以遗漏；有效性的重要条件是完备的问题项和必备的答案项。

2. **在线调研问卷的结构**

（1）问卷标题

问卷标题即概括说明调研的主题，使被调研者对回答的问题有一个大致的了解。标题要简明扼要，点明调查对象或调查项目，而不是简单地写"市场调查问卷"之类的内容。

（2）开场白

开场白是问卷上的调研情况的说明部分（介绍），一般包括问候语、调研目的与意义、调研组织者、调研用途、访问请求以及其他信息（如承诺对调研的保密性）。其主要功效是使被调研者认识到正在进行的调研是合理的、合法的，是值得他们花时间和精力来认真填写的。开场白虽不是问卷的主体部分，但它的作用不容忽视，利用得好可以消除顾虑、取得信任，所以一定要注上明确的单位名称、地址、网址和联系电话。

推荐格式如下：

尊敬的朋友，您好！

我们是××公司的调研人员。为充分利用网络平台推广××产品信息，更好地服务于广大喜爱××产品的网络用户，我们特开展本次调研活动。本次调研可以不署名，希望您在填写时不要有任何顾虑。

希望您能协助我们做好以下问题的调研，谢谢！

（3）填表说明

填表说明是向被调研者解释怎样正确地填写问卷的语句。目的在于规范和帮助被调研者回答问卷，可以集中放在问卷前面，也可以分散在需要做出说明的各个问题之前。

例如：以下填表说明适合放在问卷前面。

a. 请在每一个所给的备选答案中选择符合您的情况或您同意的答案，并在所选取答案前的□内打"√"，或在问题的_____处填上适当的内容。

b. 若无特殊说明，每一个问题只能选择一个答案；若要求选择多项答案，题目后面都有注明；若还要求对所选多项答案排序，则请按题后说明填写。

c. 问卷内容较多，涉及面广，请在填写前认真阅读一遍，然后按要求仔细填写。

（4）问卷主体部分

问卷主体包括问题和备选答案，是问卷的核心部分。问题的类型可以分为开放题和封闭题。

开放题是由被调查者用自己的话自己回答，自己决定回答的角度、形式、长度和细节，而非在固定选项中选择。

> 【例3-2】您对污染怎样看，您认为有必要增加反污染法规吗？
>
> 分析：这是一个开放题，优点如下。
> ① 充分表达自己的意见和看法。
> ② 调动积极性。
> ③ 防止诱导。
> ④ 从回答中可以检查被调查者是否误解了问题。
>
> 缺点如下。
> ① 标准化低，调查结果不易处理，无法深入定量分析。
> ② 要求被调查者有一定的文字表达能力。
> ③ 回答率比较低。
> ④ 回答占用较多的时间。

封闭题给出固定选项，要求被调查者从中选择或由调查员根据被调查者的回答选择。封闭题的主要形式有选择题、多选择题、排序题以及量表等。

> 【例3-3】您认为中国需要增加还是减少反污染法规？
> A. 需要增加　　　　　　　　B. 需要减少
> C. 既不增加也不减少　　　　D. 无所谓
>
> 分析：这是一个封闭题，优点如下。
> ① 标准化高，调查结果易处理，便于定量分析。
> ② 对文化程度较低的被调查者也可以使用。

③回答率较高。
④节省调查时间。
缺点如下。
①被调查者的选项不能准确表达自己的意见和看法。
②产生诱导。
③答案难以辨别。

(5) 结束语

例如,邮寄问卷结束语"再次感谢您参与访问,麻烦您检查一下是否还有尚未回答的问题,然后将问卷放入随附的回邮信封并投入信箱。"

3．检验可靠性

可靠性是指在问卷调查中,被调查者对问卷题目的理解是否就是问卷题目所要表达的。可靠性通过对初始设计的问卷实施测试来确定。

(1) 偏差的检查

由于偏差的出现有时会导致问卷调查达不到预期的目标。随机偏差是最常见的使问卷调查可靠性丢失的原因,常发生于问卷问题糟糕的措辞或会引起误解及回答不准确的情况。

例如,一个小企业主的问卷调查中,问到"在去年我们的商业活动是怎样改变的？"回答的选项如下：

　A．成长了许多
　B．成长了一些
　C．有一点儿成长
　D．下滑

更好的表达可以是这样：

去年,我们的销售额是

　A．大幅增长
　B．稍有下降
　C．稍有增长
　D．大幅下降

可以看出,第二种方法比较具体。回答是针对公司对销售额的评估而不是业务活动,因为商业活动涉及销售收入、利润、投资等很多方面。第二个问题的选项范围比第一个选项范围分布均匀,第一个问题的选项倾向于乐观。

(2) 措辞的检查

措辞经常出现的问题如下：

1) 词不达意,问题的措辞没有准确反映问题的内容。

造成这类问题的原因一般有措辞错误,无法表达原意；模棱两可,令人产生歧义；缺少重要句子成分等。

2) 被调查者无法正确理解问题,其原因主要是缺少必要的定义说明。

【例3-4】
某VCD光盘生产厂就市场潜力派人员访问调查"请问您是否使用过VCD 2.0版本技术?"

  A. 使用过   B. 没有使用过   C. 不知道

又如:某保险公司调查顾客对本公司业务的印象"请问您对本公司的理赔时效是否满意?请问您对本公司的展业方式是否满意?"

分析:

VCD 2.0、"理赔时效""展业方式"是专业术语,不同人的理解也可能不同。

(3)修改、定稿

调查问卷初步完成后请主管领导审核修改,同时进行调试,请一些客户先行回答,再由相关部门提出意见,然后听取领导、调研对象和处理部门的修改意见,之后根据建议进行修改、最后定稿。

3.2.2 设计调研问卷的技巧

1. 调研问卷的设计要求

在设计调研问卷时,设计者应该注意遵循以下基本要求:

1)问卷不宜过长,问题不能过多,一般控制在20分钟左右回答完毕。

2)能够得到被调查者的密切合作,充分考虑被调查者的身份背景,不要提出对方不感兴趣的问题。

3)要有利于使被调查者作出真实的选择,因此答案切忌模棱两可,使对方难以选择。

4)不能使用专业术语,也不能将两个问题合并为一个,以至于得不到明确的答案。

5)问题的排列顺序要合理,一般先提出概括性的问题,逐步启发被调查者,做到循序渐进。

6)将比较难回答的问题和涉及被调查者个人隐私的问题放在最后。

7)提问不能有任何暗示,措辞要恰当。

8)为了有利于数据统计和处理,调查问卷最好能直接被计算机读入,以节省时间,提高统计的准确性。

2. 问卷调查设计需要注意的事项

(1)问卷必须与调查主题紧密相关

所谓问卷体现调查主题其实质是在问卷设计之初要找出与"调查主题相关的要素"。违背了这一点,再漂亮或精美的问卷都是没有意义的。

例如,调查某化妆品的用户消费感受,这里并没有一个现成的选择要素的法则。但从问题出发,特别是结合一定的行业经验与商业知识,要素是能够被寻找出来的。

1)使用者(可认定为购买者):包括她(他)的基本情况(自然状况:如性别、年龄、皮肤性质等),使用化妆品的情况(是否使用过该化妆品、使用周期、使用化妆品的日常习惯等)。

2)购买力和购买欲:包括她(他)的收入水平、受教育程度、职业等,化妆品消费特点(品牌、包装、价位、产品外观等),使用该化妆品的效果。

3）产品本身：包括对包装与商标的评价、广告等促销手段的影响力、与市场上同类产品的横向比较等。应该说，具有了这样几个要素，对于调查主题的结果是有直接帮助的，被访问者也相对容易了解调查员的意图，从而予以配合。

（2）问题的设置要具有普遍意义

这是问卷设计的一个基本要求，但仍然能够在问卷中发现这类带有一定常识性的错误。这一错误不仅不利于调查成果的整理分析，而且会使调查委托方轻视调查者的水平。例如，做一个"居民广告接受度"的调查。

问题：你通常选择哪一种广告媒体：

答案：a. 报纸；b. 电视；c. 杂志；d. 广播；e. 其他

而如果答案是另一种形式：

a. 报纸；b. 车票；c. 电视；d. 墙幕广告；e. 气球；f. 大巴士；g. 广告衫；h. ……

如果统计指标没有那么细（或根本没必要），那么就犯了一个"特殊性"的错误，从而导致某些问题的回答实际上对调查是没有帮助的。

在一般性的问卷技巧中，不能犯问题内容上的错误。

问题：你经常在哪个网上商城购物？

答案：a. 京东商城；b. 天猫；c. 苏宁易购；d. 阿里巴巴

其中"d"的设置是错误的，应该避免。

（3）问卷的设计要有整体感

这种整体感就是问题与问题之间要具有逻辑性，从而使问卷成为一个相对完善的小系统。

问题：

1. 你通常每天读几份报纸？

a. 不读报；b. 1份；c. 2份；d. 3份以上

2. 你通常用多长时间读报？

a. 10分钟以内；b. 半小时左右；c. 1小时；d. 1小时以上

3. 你经常读的是下面哪类（或几类）报纸？

a. ×市晚报；b. ×省日报；c. 人民日报；d. 参考消息；e. 中国广播电视报；f. 足球……

在以上几个问题中，由于问题设置紧密相关，因而能够获得比较完整的信息。调查对象也会感到问题集中、提问有章法。相反，假如问题是发散的，问卷就会给人以随意而不是严谨的感觉。

因此，逻辑性的要求与问卷的条理性、程序性是分不开的。在一个综合性的问卷中，调查者将差异较大的问卷分块设置，从而保证了每个"分块"的问题都密切相关。

（4）所问问题要清晰明确、便于回答

例如，上面问题中的"10分钟""半小时""1小时"等设计即是十分明确的。统计后会告诉我们：用时极短的概率是多少；用时一般（粗阅）的概率是多少；用时较长（详阅）的概率是多少。反之，答案若设置为"10～60分钟"或"1小时以内"等，则不仅不明确、难以说明问题，而且令被访问者也很难作答。

问卷中常有"是"或"否"一类的是非式命题。

问题：您的婚姻状况是_____。
答案：a. 已婚；b. 未婚

显而易见，此题还有第三种答案（离婚/丧偶/分居）。如果按照以上方式设置，则不可避免地会发生选择上的困难和有效信息的流失，其症结即在于问卷违背了"明确性"的原则。

（5）问题要设置在中性位置

不参与提示或主观臆断，完全将被访问者的独立性与客观性摆在问卷操作的限制条件的位置上。

问题：你认为这种化妆品对你的吸引力在哪里？
答案：a. 色泽；b. 气味；c. 使用效果；d. 包装；e. 价格；f. ……

这种设置是客观的。若换一种答案设置：

a. 迷人的色泽；b. 芳香的气味；c. 满意的效果；d. 精美的包装……

这样一种设置则具有了诱导和提示性，从而在不自觉中掩盖了事物的真实性。

（6）便于整理、分析

成功的问卷设计除了考虑到紧密结合调查主题与方便信息收集外，还要考虑到调查结果得出的容易性以及说服力。这就需要考虑到问卷在调查后的整理与分析工作。

3. 安排问题的顺序

问题排列顺序和结构的不同可能引起回答上的差异，主要会产生以下问题：

- 引起被调查者的反感和厌烦。
- 造成调查员提问和被调查者回答错误。
- 问题排列顺序不当可能产生诱导。

针对以上问题，相应的解决方法如下：

1）为满足问卷设计功能性原则的准确要求，按问题所能提供的信息及被调查者能够感觉到的逻辑性对问题分组。从被调查者感兴趣的方面入手，由熟悉到生疏，由易到难，由浅到深，由表及里，层层深入、细化，尽量减少由调查员和被调查者引起的计量误差。

2）先一般后特殊，避免诱导。将敏感问题放在最后，由于调查后期气氛比较融洽，被调查者的警惕性比较低，有助于提高回答率。

3）问题或选项排列顺序不同，可能会影响被调查者的回答。实践证明，面对多个问题或选项，被调查者对前面的问题或选项比较认真。

【例3-5】
从高中教育目的出发，您认为应该注重对学生进行哪些能力的培养，请按重要程度选出3项：
最重要（　　）其次（　　）再次（　　）
①抽象思维能力　②形象思维能力　③表达能力　④综合分析能力　⑤记忆能力　⑥理解能力　⑦应用能力　⑧自学能力　⑨实验能力　⑩社会适应能力　⑪其他（请在括号内注明何种能力）

将以上问卷问题选项重新排列，顺序相反，得出的结论必然不尽相同。

3.3 在线调研工具介绍与使用

3.3.1 在线调研工具介绍

1. **问卷星**（www.sojump.com）

问卷星是一个专业的在线问卷调查、测评、投票平台，专注于为用户提供功能强大、人性化的在线设计问卷，采集数据，自定义报表，调查结果分析等服务。与传统调查方式和其他调查网站或调查系统相比，问卷星具有快捷、易用、低成本的明显优势，已经被大量企业和个人广泛使用。其典型应用如下。

企业：客户满意度调查、市场调查、员工满意度调查、需求登记、人才测评。

高校：学术调研、社会调查、在线报名、在线投票、信息采集。

个人：讨论投票、公益调查、博客调查、趣味测试。

2. **爱调研**（www.idiaoyan.com）

爱调研是网络调查及用户反馈管理系统提供商，为企业提供 SaaS（SoftwareasaService）方式网络调研在线服务，利用互联网技术提高企业市场调研、管理用户反馈的效率。

3. **调查派**（www.diaochapai.com）

调查派是拥有强大数据分析功能的免费在线调查问卷设计和发布系统。其提供的免费在线设计调查表、分析调查数据、在线查看调查结果等功能，可以帮助用户设计调查表在互联网上发布，所得调查结果以多种方式直观展示。

3.3.2 在线调研工具的使用

利用问卷星制作在线问卷，然后邀请符合条件的目标人群填写问卷，可以以最低成本在最短时间内回收到所需的宝贵数据，是企业进行网络市场调研的利器。下面以"问卷星"为例说明在线调研工具的使用流程。

1. **问卷星的使用流程**

（1）在线设计问卷

问卷星提供了所见即所得的设计问卷界面，支持多种题型以及信息栏和分页栏，并可以给选项设置分数（可用于量表题或者测试问卷），可以设置跳转逻辑，同时还提供了多种专业问卷模板供用户选择。

1）模板方式，如图 3-2 所示。

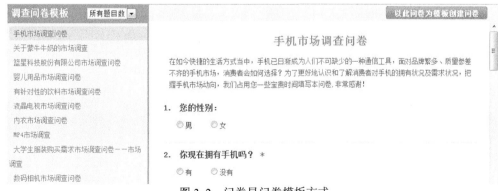

图 3-2 问卷星问卷模板方式

2）文本方式，如图 3-3 所示。

图 3-3　问卷星问卷文本方式

3）使用空模板。设置问卷名称和问卷说明，如图 3-4 所示。根据问卷设置，选择题目类型，并编辑题目内容，如图 3-5 所示。

图 3-4　设置问卷基本信息

图 3-5　编辑题目内容

（2）发布问卷并设置属性

问卷设计好后可以直接发布并设置相关属性，如问卷分类、说明、公开级别、访问密码等。

第3章　网络市场调研

（3）发送问卷

通过发送邀请邮件或者用 Flash 等方式嵌入到公司网站或者通过 QQ、微博、邮件等方式将问卷链接发给好友填写，如图 3-6 所示。

通过在问卷星网页页面的推荐位上进行推荐邀请受众填写问卷，如图 3-7 所示。

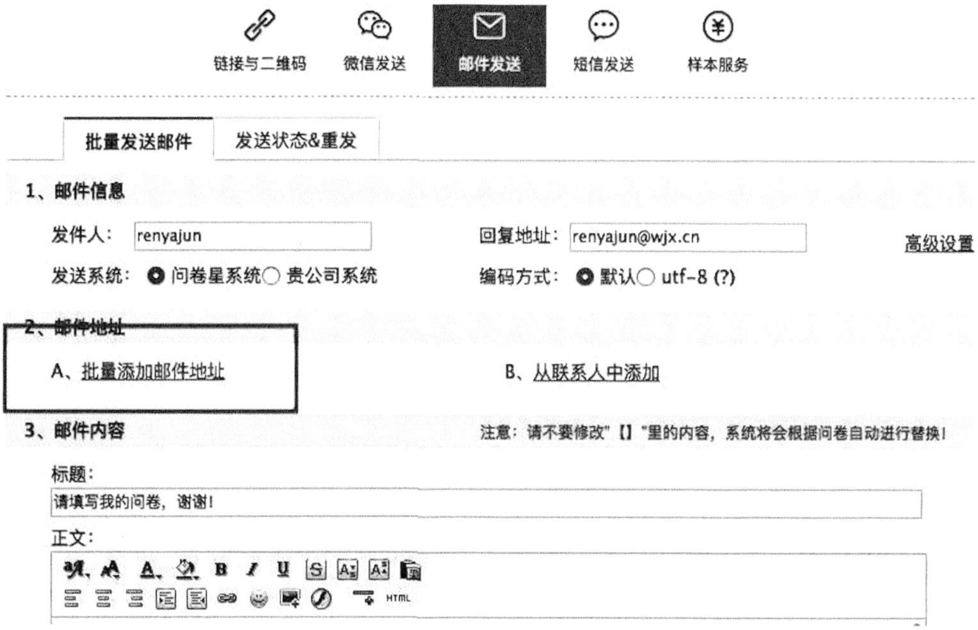

图 3-6　发送邀请邮件

图 3-7　页面推荐邀请

（4）查看调查结果

可以通过表格和图形查看统计结果，分析答卷来源的时间段、地区和网站，如图3-8和图3-9所示。

选项	小计	比例	
习惯性购买	59		39.07%
仅仅没穿的	66		43.71%
受身边人影响	30		19.87%
心情影响	47		31.13%
逛街时没计划购买	45		29.8%
其他	5		3.31%
本题有效填写人次	151		

图3-8　查看表格形式调查结果

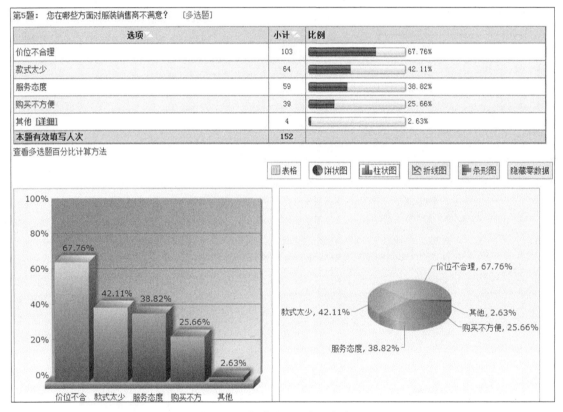

图3-9　查看图形形式调查结果

（5）创建自定义报表

自定义报表中可以设置一系列筛选条件做交叉分析和分类统计，如图3-10所示。

（6）下载调查数据

调查完成后，可以下载统计图表到Word文件中进行保存、打印，或者下载原始数据到Excel、导入SPSS（统计产品与服务解决方案）等调查分析软件做进一步的分析。

第 3 章 网络市场调研

价格/元	外观好、款式新	用起来更方便	消费能力高	身份地位的象征	别人有了，我也要有	尝尝鲜	其他	(空)	小计	平均分
1000以下	177 (28.46%)	198 (31.83%)	14 (2.25%)	30 (4.82%)	11 (1.77%)	21 (3.38%)	114 (18.33%)	57 (9.16%)	622	1.47
1000~1500	267 (22.67%)	517 (43.89%)	30 (2.55%)	22 (1.87%)	16 (1.36%)	71 (6.03%)	227 (19.27%)	28 (2.38%)	1178	1.69
1500~2000	186 (28.83%)	284 (43.56%)	25 (3.83%)	12 (1.84%)	7 (1.07%)	31 (4.75%)	94 (14.42%)	11 (1.69%)	652	1.69
2000~2500	138 (32.94%)	151 (36.04%)	14 (3.34%)	30 (7.16%)	10 (2.39%)	24 (5.73%)	47 (11.22%)	5 (1.19%)	419	1.9
2500~3000	81 (33.06%)	87 (35.51%)	11 (4.49%)	14 (5.71%)	9 (3.67%)	16 (6.53%)	23 (9.39%)	4 (1.63%)	245	1.98
3000以上	67 (31.90%)	64 (30.48%)	15 (7.14%)	15 (7.14%)	9 (4.29%)	26 (12.38%)	12 (5.71%)	2 (0.95%)	210	2.39
其他	13 (13.98%)	15 (16.13%)	1 (1.08%)	4 (4.30%)	1 (1.08%)	6 (6.45%)	45 (48.39%)	8 (8.60%)	93	1.11

图 3-10 交叉分析和分类统计结果

2．数据统计和整理

通过问卷星统计分析功能可以对答卷进行分类统计、交叉分析，还可以根据填写问卷所用的时间、来源地区和来源渠道等筛选出符合条件的答卷集合，并且能以数据表格、饼状图、柱状图、条形图、折线图等形式来呈现。

3.3.3 网络调研报告撰写

调研报告是市场调研成果的集中体现，它是经过对信息资料的整理和分析，对所调研的问题作出的结论，并对实现调研目的提出建设性意见，供决策者参考。调研人员从互联网上收集到信息后，必须对这些信息进行整理和分析。下面将学习如何提交一份图文并茂的网络市场调研报告，以便决策者针对公司的情况及时调整营销策略。

1．市场调研报告的作用和特点

市场调研报告是在对调研得到的资料进行分析整理、筛选加工的基础上，记述和反映市场调研成果的一种文书。它可以是书面形式，也可以是口头形式，或者是其他形式，如电子媒介形式。

市场调研报告的作用如下：

1）完成调研工作后对调研结果的表述。
2）委托方签订项目合同希望获取的结果。
3）衡量一项市场调研项目质量水平的重要标志。

2. 市场调研报告的结构

市场调研报告的结构主要包括题目版面、内容提要版面、调研报告正文、序言（调研报告的目的）、主要结论（一系列简短的陈述）、调研采用的详细细节、调研结果（正文、表格、图表）、调研结果小结、总的结论和建议、参考资料、附录，见表3-2。

表 3-2 市场调研报告的结构

结 构	内 容
开头	题目版面
	内容提要版面
调研报告正文	序言（调研报告的目的）
	主要结论（一系列简短的陈述）
	调研采用的详细细节
	调研结果（正文、表格、图表）
	调研结果小结
	总的结论和建议
结尾	参考资料
	附录

3. 调研报告的撰写

（1）行文立场

调研人员要有严格的职业操守，尊重事实，反映事实。无论是介绍调研方法，还是作出调研结论和建议、提出问题，都要体现客观性。要做到不歪曲调查事实，不迎合他人意志。在书写报告之前或是书写过程中，调研人员始终要围绕自己的调研目标，做到调研报告有的放矢。

（2）语言要求

调研报告的语言应该精确、简洁，提倡使用能够加强文章可读性的写作方法和技巧，杜绝晦涩难懂的语句。

（3）文法要求

1）市场调研报告常用的叙述技巧有概括叙述、按时间顺序叙述、叙述主体的省略。

2）市场调研报告的叙述主体是写报告的单位，叙述中用第一人称"我们"。

3）市场调研报告常用的说明方法有数字说明、分类说明、对比说明、举例说明等。数字说明可以增强调研报告的精确性和可信度；分类说明可以将市场调研中所获材料规范化；对比说明可以在同标准的前提下，将事物作出切合实际的比较；举例说明可以生动形象地说明市场的发展变化情况。

4）市场调研报告常用的议论方法有归纳论证和局部论证。

（4）形式要求

在报告中适当地插入图、表、画片及其他可视性较强的表现形式，但数量不应过多。

（5）逻辑要求

调研报告应该结构合理、逻辑性强、环环相扣、前后呼应。有必要恰当地设立标题、副标题或小标题，并且明示项目等级的符号。

（6）外观要求

报告中所用字体、字号、颜色、字间距等应该细心地选择和设计，文章的编排要大方、美观、有助于阅读。报告应该使用质地好的纸张打印、装订，封面应选择专门的封面用纸。印刷格式应有变化，字体的大小、空白位置的应用等对报告的外观及可读性都会有很大的影响。

【例3-6】 2018年中国网络直播营销市场研究报告

根据艾瑞用户调研的结果来看，观看直播的用户普遍对于直播过程中的营销行为持有正面态度，其中甚至有64%的用户观看直播时带有消费目的性。现今，将直播与营销结合起来的模式已经开始普及并逐渐得到大众的接受。作为一种新生的广告形式，直播营销对于用户最大的价值在于依附于直播这种双向交互的传播形式为用户带来更多有质量的内容信息，制作精良的直播内容、受关注的明星主播、直播营销过程中提供的品牌优惠活动等因素都能吸引更多流量，调动用户的积极性。2017年网络直播用户对直播营销的态度分布如图3-11所示。

2017年网络直播用户对直播营销的态度分布

图3-11　2017年网络直播用户对直播营销的态度分布

在受到观看直播用户关注的营销模式TOP4中，只有中插贴片广告一类作为"硬广"出现，其余三种都是较为创新的内容植入"软广"类型，说明目前包含直播内容营销、直播互动营销和电商直播的创新广告类型更受用户关注。另一方面，在用户所关注的营销商品类型中，3C数码、服饰箱包、生活类产品作为线上电商常售产品类型占据前三，表明围绕此类产品进行的直播营销能够覆盖到更多的用户。直播营销受众用户的态度及偏好如图3-12所示。

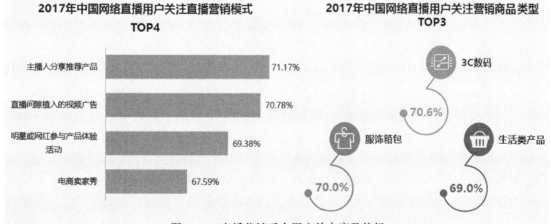

图3-12　直播营销受众用户的态度及偏好

结论:"软广"优于"硬广",特定商品更引关注。

综合来看,直播为营销所带来最显著的优势在于可实时互动的环境,能够即时收集用户反馈,以便达到最有效率的营销水平。其次,在网络环境下,视频媒介的传播变得更加广泛和高效,录制好的直播还可以再次进行观看,因此形成二次营销。伴随着网络直播的迅速发展,2016年直播内容逐渐被细分,形成如游戏、美妆、健身、旅行类等多种垂直领域,直播内容和观看的用户群体均带有显著特点,便于广告主进行精准定位。最后,直播营销的发展紧贴着网络广告市场移动化、视频化的趋势,能够迎合越来越多用户和广告主的需求。

直播营销市场规模的增长主要来源于直播平台和广告主对于直播营销的逐渐重视。对于直播平台来说,当流量增长进入瓶颈期时,它们需要开拓除打赏和增值服务之外的商业化变现渠道,因此会更加倚重由营销所带来的收入。另一方面,对于广告主来说,随着技术的进步和直播平台内创新营销玩法的开发,直播营销这种能够以相对较低的成本换取在集中流量下多次曝光的营销方式将会获得越来越多的关注。

以上内容来自艾瑞咨询发布的《2018中国网络直播营销市场研究报告》。

思考与练习

1)网上市场研究与一般市场研究无论在技术、调查方法、数据收集和处理等方面都有很大的差异,这些差异将会对调查研究结果产生什么样的影响?是如何影响的?

2)网上调查使调查对象可以避免调查人员的诱导和提示,在相对轻松的环境中从容答卷,从这个角度看,提高了调查结果的客观性;但从另一方面看,调查对象在无任何压力和责任的情况下答卷,也很容易导致其在回答问题上的随意性,甚至弄虚作假。如何看待这两种结果?怎样才能进一步提高网上市场调查的效果?

3)简述网上市场调研的步骤和方法。

4)如何设计在线调查表?

技能实训

任务 1

以当地附近企业为背景,利用多种网络工具进行"用户对产品忠诚度"为目的的网上市场调研工作,并整理调研结果,撰写网络调研报告。

任务 2

利用多种网络工具进行网络市场调研,并撰写企业产品的消费意向的商情分析报告。

背景资料:中航工业河北安吉宏业机械股份有限公司始建于1947年,是目前国内大型综合性机械产品生产型高新技术企业之一。公司以机械制造为主导,集研发、制造、贸易、服务于一体,专业生产车用采暖及空气净化系统(汽车加热器、散热器、除霜器等),可应用于车辆驻车加热,发动机低温起动,室内采暖、除霜、除雾等。

为明确主要的竞争对手、提高自身竞争力、发现潜在的目标客户,公司想通过互联网对汽车加热器市场现状作一次市场调研。要求从行业背景分析、行业现状、竞争对手分析、

第 3 章　网络市场调研

潜在客户基础几个方面进行调研，将调研过程所采用的方法填入"调研过程记录"表中，各方面信息资料整理成相应文档或填入相应表格。最后将所有调研结果按"行业动态、行业网站现状、主要竞争对手、潜在客户资料"汇总到一个文件名为"调研结果.doc"的文档中，并将"调研过程记录"（见表 3-3）也复制保存到"调研结果.doc"的文档中。

表 3-3　调研过程记录

调研内容	使用的搜索引擎或某行业网站域名	使用的关键字或方法
（1）搜索行业动态和政策信息		
（2）访问汽车行业/专业网站		
（3）搜集竞争对手详细资料		
（4）搜集潜在客户详细资料		

注意：在填表过程中，如果某项调研内容需要多行可以自己添加，最后的调研过程记录也需要复制到"调研结果.doc"文档中。

（1）搜索行业动态和政策信息

资料整理：摘录和整理汽车加热器行业有关资料，形成一篇 300～500 字汽车加热器行业动态简讯，将动态简讯内容添加到"调研结果.doc"文档中，作为调研结果文档中"行业动态"的内容。

（2）搜集竞争对手详细资料

利用搜索引擎定位竞争对手，通过行业网站找到竞争对手站点，通过阿里巴巴、慧聪等第三方 B2B 电子商务平台找竞争对手，填写表 3-4（表格中至少应填入 3 行信息），将表 3-4 复制到"调研结果.doc"文档中，作为调研结果文档中"主要竞争对手"的内容。

表 3-4　国内汽车加热器生产企业信息资源库

序号	企业概况	经营范围	规模特色	主要品牌	价格信息	更新时间
1						
2						
3						
4						
5						

（3）搜集潜在客户详细资料

在互联网上对潜在目标客户调研的方法和步骤与对竞争对手的调研大体相同，只是调研对象由竞争对手变成了消费者和目标客户，他们主要是一些贸易公司、加工企业、组织消费者、个人等。任务是找到这些目标对象，并记录他们的详细信息，包括客户概况、规模实力、经营范围、联系方法、信誉评价等（表格中至少应填入 2 行信息）。将表 3-5 复制到"调研结果.doc"文档中,作为调研结果文档中"潜在客户详细资料"的内容。

表3-5 潜在客户详细资料

序　号	客户概况	规模实力	经营范围	联系方法	信誉评价
1					
2					
3					
4					
5					

任务 3

登录问卷星网站,利用问卷星在线问卷设计如下调查问卷,并进行在线发布、数据统计和分析。

《关于大学生旅游调查问卷》

您好!我们是××大学的学生。为了进一步了解我校广大学生的旅游现状,我们特地展开此次调查,征求您的意见。本次调查采用无记名,希望您能抽出宝贵的三分钟配合我们的工作。请将答案填写到题目后的括号中,谢谢!

1. 您的年级?(　　)
 A．大一　　　　B．大二　　　　C．大三　　　　D．大四
2. 您是否参加过旅游活动?(　　)
 A．是　　　　B．否
3. 您参加旅游的时间?(　　)(可多选)
 A．寒假　　　　B．暑假　　　　C．双休日　　　　D．空余时间
 E．其他时间
4. 通过旅行社参团和自助游,您会选择哪一个?(　　)
 A．自助游　　　　　　　　　　B．参加旅行社组团
 C．两者均可
5. 您参加旅游的次数?(　　)
 A．一周一次　　B．一月一次　　C．一季度一次　　D．其他
6. 您通常选择什么样的景观旅游?(　　)
 A．人文景观　　B．自然景观　　C．人文景观和自然景观相结合
7. 您出于什么样的想法而进行旅游?(　　)
 A．观光度假　　B．跟风旅游　　C．消遣娱乐　　D．其他
8. 您通常采取什么样的方法进行旅游?(　　)
 A．自助游　　　　B．组团游　　　　C．其他
9. 一般旅游,您选择的旅游距离是(　　)
 A．市内游　　　　B．省内市外游　　C．国内省外游　　D．国外游
10. 外出旅游,您通常的旅游消费在以下哪个范围?(　　)
 A．100元以下　　B．100～400元　　C．400～800元　　D．800元以上

11．您对近期的一次旅游满意吗？在此次旅游当中，您觉得旅行社的服务在哪些方面可以再进行完善？

_____

_____

谢谢您的配合！祝您学业进步，生活愉快！

任务 4

自己拟定题目，设计问卷，调查本地区果汁饮料市场消费动机和消费行为。具体内容包括以下几点。

① 主要品牌果汁饮料知名度。

② 消费者的购买倾向、时间、场合、频率、数量。

③ 消费者的使用倾向、时间、场合、频率、数量。

④ 消费者对果汁饮料的特性评价、主要满意点和未被满足的需求。

⑤ 各主要品牌的竞争态势。

⑥ 开发果汁饮料新品的探索等。

要求：

1）题目符合调查目标，调查的结果能比较完整地反映出本地区果汁饮料市场消费动机和消费行为特征。

2）问卷篇幅适当，结构完整，问句形式恰当、多样，编排合理。问句措辞准确、明白易懂。

第 4 章

利用第三方 B2B 平台运营

【学习目的】

1）熟悉常见的第三方 B2B 电子商务平台及其各自的特点。
2）熟练应用第三方 B2B 平台发布企业和产品信息。
3）掌握常见询盘的分析与接洽。
4）能够利用 B2B 平台内部资源进行推广。
5）掌握主动寻找客户信息的方法。
6）掌握信息的优化和商铺的优化,提高转化率。

【导入案例】 河北安吉宏业生产型企业 B2B 推广策划

河北安吉宏业机械股份有限公司始建于 1947 年,是目前国内大型综合性机械产品生产型高新技术企业之一。公司占地 25 万 m^2,以机械制造为主导,集研发、制造、贸易、服务于一体,专业生产车用采暖及空气净化系统(汽车加热器、散热器、除霜器等)、流量计量仪表、泵阀产品和铸件等。产品远销欧、美、日、韩等多个国家及地区。公司率先通过 TS 16949、ISO 9001 国际质量体系认证、GJB 9001B 军工产品质量管理体系认证、保密认证、挪威船级社 CE 认证及多种产品 E-mark 认证。公司结合自身发展特点采用独特的自动化绩效管理系统,将管理自动化与信息化完美融合,提高了生产效率和管理水平,增强了产品的市场竞争力。公司产品设计、生产、检验的每个环节都有先进的现代化技术设备作支持,以实现设计最优化、生产集约化、检测精准化,从而确保产品的低成本、高质量。

受世界经济增长放缓的影响,国内部分生产同类型产品的企业倒闭,宏业部分产品销售也出现不畅。面对此逆境,企业除了在生产和管理上降低成本就是开拓新的市场,电子商务也被企业提到运营层面。2012 年,企业成立了独立的网络营销部,主要是用来完善企业信息化进程,通过网络开拓公司新的市场。网络营销部初成立时,针对企业现状分别从以下几个方面着手:

1）建立新的营销型企业网站(从单纯地介绍公司产品型的网站向研究客户应用,以客户需求为中心的营销型网站转变),主要是重新整理了企业现有的内部资料,包括产品介绍、样品、行业解决方案、对外宣传文档等工作,建立了能通过后台生成静态网页的动态网站(考虑到后期 SEO、SEM 等优化工作），如图 4-1 所示。

图 4-1　中航工业河北安吉宏业机械股份有限公司首页

2）从国内大量 B2B 网站中选择合适的平台，成为付费会员，发布产品信息、供求信息。主要是购买了阿里巴巴、慧聪网、马可波罗等账号，并且让网络部成员每人操作至少一个平台，保证每个人每天的工作量。

3）选择 B2B 免费平台进行电子商务运营与推广，网络营销实现全网覆盖，从信息源头保证了企业产品的可见度，提高了产品对于搜索引擎的曝光率。

4）优化平台信息，设置关键词和标题，体现企业实力、服务信息。使企业内部采购、研发、生产、品质、技术支持、库存等信息让客户看得到，保证公司整个订单生产流程的企业内部可视化。

5）不断完善企业中文网站、B2B 平台、英文网站，坚持以免费推广为主（外部链接、软文、友情链接、行业网站推广、网站 SEO 优化），付费 B2B 平台和免费 B2B 平台并重。

6）考虑到公司业务部分是针对国外客户，并且结合国外电子商务发展的程度，制订了和国内营销不一样的策略，国内是以营销为主，推广的企业网站、B2B 平台与行业网站上的产品信息均没有直接标注价格，而是让客户在知道公司产品的情况下，打电话联系公司客服和销售。在国外业务中，公司采取主动标价的策略，并且开展在线 12 小时客服、24 小时 E-mail 服务、网上自由下订单、PayPal、信用卡在线直接支付、UPS 等在线物流的同步，真正实现一站式服务。

经过近一年的电子商务运营，河北安吉宏业的网络营销团队也不断充实与壮大，网络营销业绩不断提高。

思考与分析：以上只是一个制造业生产型企业的电子商务运营过程的部分策划，根据搜索引擎的收录、抓取、预处理和排名机制，分析行业网站、信息发布平台，通过合理地排布关键词，达到搜索某关键词时产品信息出现在搜索引擎前列，使得客户在搜索时找到的全部是信息优化的结果。策划方案目前仍在实施过程中，但效果已经初步显现，对于其他制造型企业开展电子商务同样具有参考价值和借鉴意义。通过这个企业案例，思考如下问题。

1）为什么企业网站建立了多年，但都未收到明显的效果，问题出在什么地方？

2）在 B2B 平台上的企业成千上万，发布的信息浩如烟海，如何让本企业的信息能脱颖而出？

3）国内 B2B 平台众多，粗略估计有 6000 多家，应该从哪个做起？付费平台与免费平台如何做起？

4）在 B2B 平台上发布信息有哪些技巧，B2B 平台上的企业商铺如何运营？

本章旨在探索如何提升信息发布效果，研究理论与实战相结合的模式，使 B2B 平台上发布的信息进一步优化，总结在 B2B 平台发布信息的实际操作标准，从而更好地指导和应用 B2B 平台开展电子商务运营。

4.1 第三方 B2B 电子商务平台概述

B2B 是指企业间的电子商务，即企业与企业之间通过互联网进行产品、服务及信息的交换。B2B 电子商务的主要作用不仅体现在采购、销售、广告、在线沟通等方面，从长期来看它也是企业塑造品牌形象、建立口碑信誉的一种好方式。

据中国电子商务研究中心监测数据显示，2017 年，中国电子商务市场交易额达 29.16 万亿元，其中 B2B 电子商务市场交易规模近 20 万亿，占整个电子商务交易额的 60% 以上。从电子商务市场结构来看，企业间电子商务仍然是电子商务市场的主体。尽管国内目前在企业对消费者的网上购物方面热热闹闹，从网站的宣传和各种媒体的报道都表现了极大的热情和关注，但大多数的交易额仍是在企业之间发生的。

B2B 平台为企业开展电子商务提供了极大的方便。借助于 B2B 电子商务平台，企业不需要太多的专业知识和大量的资金投入，同样有可能获得可观的收益。

一般来说，基于 B2B 平台的企业电子商务应用能否成功主要在于以下几个方面。

1）选择有价值的 B2B 电子商务平台。

2）充分利用电子商务平台提供的各项功能和服务，如信息的发布、询盘的管理等。

3）电子商务平台推广之外的其他推广手段。除了电子商务平台的推广，企业也必须采用其他各种必要的推广手段，以获得更多顾客。

4）需要会员企业不断提高网络运营的专业知识水平。

B2B 电子商务平台模式尽管很容易被企业所掌握和使用，但真正利用这种模式来成功地开展电子商务仍然需要付出一定的努力。例如，平台的选择、发布的信息数量、如何发布高质量的产品信息等，这些细节问题能否做好直接影响企业电子商务运营的效果。

4.1.1 B2B 平台应用现状

1. 国内企业应用 B2B 平台的现状

目前，B2B 平台的应用呈现以下特点：

（1）中小企业电子商务意识日渐成熟

随着市场竞争的加剧，很多中小企业都面临发展壮大甚至生存的困境，而 B2B 电子商务能打破地域时空和国界的限制，帮助中小企业迅速成长。在沿海发达地区，电子商务已经成为不少企业不可缺少的业务工具，中小企业的电子商务意识也日渐成熟。

（2）中小企业外贸 B2B 电子商务市场发展稳定

受欧美经济发展黯淡的影响，国内外贸出口呈现出增速放缓的态势。但与此形成鲜明对比的是，电子商务领域却保持着快速增长的态势，尤其是小额外贸电子商务发展迅速，充满活力。阿里巴巴、环球市场、环球资源、敦煌网等 B2B 外贸平台为国内不少外贸企业带来了订单、效益，也使得这些外贸平台较早地进入稳定盈利期。相信随着国际 B2B 电子商务平台数量和服务水平的提高，外贸 B2B 电子商务也必将迎来高速增长期。

（3）第三方 B2B 电子商务平台将成为未来中小企业网络营销的主要渠道

现阶段，中小企业更多地依赖线下的展会、印刷期刊来进行推广营销，随着中小企业信息化进程的推进，网络营销的比重将越来越大。中小企业将更多地选择第三方 B2B 电子商务平台为其提供打包的 IT 信息及商务服务。

2．第三方 B2B 电子商务平台的优势

当前，利用第三方 B2B 电子商务平台已经成为我国中小企业电子商务运营的主要模式之一。据艾瑞咨询统计，2011 年国内使用第三方 B2B 电子商务平台的中小企业数量已经超过 4800 万家。

第三方 B2B 电子商务平台得到了众多企业认可的主要原因在于第三方 B2B 电子商务平台天生的优势。

（1）网络营销成本低

相对于大多数企业通过其他形式开展的营销活动而言，通过 B2B 第三方平台交易最为直接的特点就是成本相对较低。在传统营销活动中：人员促销、营业推广、参加电博会、中博会等一次性活动可能要花费企业几十万元；而其他网络营销形式：网站建设、网站维护、搜索引擎营销动辄一年费用就要几万，但利用第三方 B2B 电子商务平台费用才要千余元，且应用简洁。

（2）针对性强、人流量大，交易信息充分

市场的价值在于其中的买卖力量，买卖力量越强大，市场价值越突出。与其他形式的网络营销（如企业网站、搜索引擎）相比，通过第三方 B2B 电子商务平台交易最为突出的特点就是针对性强、流量大、权重高、交易信息充分，发布的信息能够很快被收录，营销效果明显。第三方 B2B 电子商务平台拥有大量已注册有买卖意向会员以及这些会员发布的买卖交易信息，而正是因为这些，第三方 B2B 电子商务平台蕴藏了无限商机。

（3）解决了交易双方的身份认证问题，使交易更加安全

网络交易的特点就是虚拟性，然而恰恰由于这种虚拟性使买卖双方在交易过程中容易产生不信任，网络欺诈、网络犯罪制约了网上交易的开展。第三方 B2B 电子商务平台都会对所属会员企业的身份进行认证、对会员所发布的信息进行核实，只有资质具备、信息属实才能通过，这样使得双方在交易的时候消除了一定的安全顾虑，为快速达成交易奠定了坚实的基础。

（4）第三方平台极具生态性的附加服务

通过第三方 B2B 电子商务平台开展网络营销，不但具有成本低、见效快、安全性高的特点，更值得一提的是第三方平台提供的附加服务，包括资讯服务、博客、论坛、竞价、广告等。这些附加服务的存在不仅扩展了平台的功能性，而且增强了客户凝聚力，为市场平台聚集了人气，强化了平台原有的市场销售功能，使平台更具生态性。

基于 B2B 平台的二级域名企业网站（企业商铺）与企业官方网站相辅相成，发挥着与官方网站互相促进的作用，甚至在一定程度上对官方网站具有替代作用（尤其对于暂时没有官方网站的小型企业）。在 B2B 平台上建立的独立域名商铺完全可以像推广企业网站一样

推广。例如，竞价排名、SEO 优化、论坛推广、邮件推广、微博推广、SNS 推广等推广手段都可以用在阿里巴巴、慧聪网等平台所建立的独立域名商铺上。

3. 第三方 B2B 平台运营过程中存在的问题

尽管很多企业在利用各种 B2B 电子商务平台开展不同层次的网络营销及网络贸易活动，但实际上大部分企业仍处于低层面的应用，面对看似简单的信息发布和推广，往往难以从中找到深层次的规律和操作技巧，很多业务只能是蜻蜓点水、浅尝辄止，企业信息被淹没在大量同质化信息中，难以被潜在用户发现。其结果是，企业很难从 B2B 平台获得实际的推广效果。很多 B2B 平台会员抱怨自己发了很多产品供应信息，结果收到的询盘却寥寥无几，其实这就是推广不给力的原因。

中小企业利用 B2B 平台进行网络推广，主要问题表现为对基于 B2B 平台的二级域名网站（下面统称为企业商铺）的应用不足，以及对平台内推广资源利用不足。具体表现在以下方面。

1）对企业商铺内容优化水平低：B2B 平台企业商铺内容优化主要包括商铺首页有效信息、公司介绍、产品信息标题、产品分类、产品描述等。大量企业商铺产品描述文本过短或不包含关键词，部分企业甚至没有产品描述。

2）企业商铺中，企业标识缺失：调查数据显示，无论是阿里巴巴平台还是其他 B2B 平台上，很多企业没有自己的 Logo，不利于企业品牌意识的建立。

3）产品图片不够清晰：大量模糊的图片达不到产品展示的目的，也无法赢得客户的信任。

4）企业对平台内推广资源应用程度低：如阿里巴巴平台内，博客、论坛、资讯等都是可以利用的推广资源，但很多企业却无人打理。

4.1.2 国内主要 B2B 平台特点分析

在国内 B2B 电子商务运营商营收份额中，阿里巴巴仍然处于行业垄断地位，环球资源、慧聪网、中国制造网等依次紧随其后，如图 4-2 所示。从图 4-2 可以看出，不同的 B2B 网站所占市场份额有着比较大的差异。

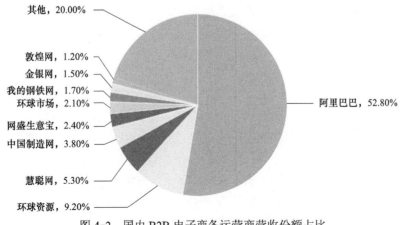

图 4-2 国内 B2B 电子商务运营商营收份额占比

1．阿里巴巴

（1）简介

阿里巴巴是国内领先的 B2B 电子商务平台，现在主要通过旗下 3 个交易市场协助世界各地数以百万计的买家和供应商从事网上生意，包括集中服务全球进出口商的国际交易市场（www.alibaba.com）、集中国内贸易的中国交易市场（www.1688.com）以及全球消费者零售市场（www.aliexpress.com）。所有交易市场形成一个拥有来自 240 多个国家和地区接近 7630 万名注册用户的网上社区。阿里巴巴网站 Logo，如图 4-3 所示。

图 4-3　阿里巴巴网站 Logo

（2）优势

1）在会员管理、信息管理、网站互动性以及市场宣传推广方面都比其他电子商务网站做得到位。平台上的中国供应商以中小企业为主，大多数供应商投这样的平台是划算的，其续签率也非常高。

2）阿里巴巴网站负责将贸易机会、产品及企业信息进行过滤，按照 27 个行业类别及 1000 多个小类产品分类进行整理发布，还提供多个行业咨询、价格行情和相关贸易服务。阿里巴巴的产品分类十分明确，首先分为工业品、消费品、原材料三个大类，然后在每一类中又进行了细分，如工业品又细分为机械、电子、五金、灯具、行业设备、安防、仪表等。

3）通过阿里巴巴多方面的资源整合后，阿里巴巴现在拥有 Yahoo 中国的资源以及淘宝等大批中小批发商，对于企业加入阿里巴巴，有很大的帮助。阿里巴巴前期主要是以服装、机械、电子、工艺礼品等为网站的主要行业，最近几年随着阿里巴巴与淘宝之间的整合，阿里巴巴的重点行业在服装、礼品、家居等一些快速消费类产品。

4）阿里巴巴网站已经成功运营多年，积累了一定的会员和良好口碑，再加上最近阿里巴巴的广告投入和技术以及各方面资源的投入，其在吸引新会员以及维护老会员方面做得相当不错，网站每天的人流量和信息发布量都处于国内电子商务网站的前列。拥有庞大的客户数据量，使得阿里巴巴的会员发布信息后取得的营销效果明显比其他电子商务网站好。

（3）劣势

1）阿里巴巴的国内卖家太多，加之平台允许买家群发询盘，导致价格竞争激烈，因此阿里巴巴成交的单子利润都偏低。从某种角度来说，阿里巴巴还是一个国外用户衡量中国供应商价格的平台。某些特定的行业收费用户过多，这种分类下的供应商的营销效果就不太好。

2）从会员数量来讲，阿里巴巴会员较多，好客户与差客户的效果悬殊。

3）阿里巴巴因为战略转移，将大量资金投放到 C2C 个人交易平台淘宝网上，阿里巴巴将面临 B2B 老客户锐减，而新客户补充不足的尴尬境地。

总之，阿里巴巴一直被公认为电子商务的标杆，经过多年的市场沉淀，阿里巴巴已经积累了丰富的网站运营经验，形成了为中小企业服务的核心模式。

2．慧聪网

（1）简介

慧聪网是国内领先的 B2B 电子商务服务提供商，依托其核心互联网产品买卖通以及雄厚的传统营销渠道——慧聪商情广告与中国资讯大全、研究院行业分析报告为客户提供线上、线下的全方位服务，这种优势互补、纵横立体的架构，已成为中国 B2B 行业的典范，对电子商务的发展具有重要影响。慧聪网拥有注册企业用户超过 1500 万，买家资源达到 1120 万，覆盖行业超过 70 余个。慧聪网 Logo，如图 4-4 所示。

图 4-4　慧聪网 Logo

（2）特色

1）慧聪网完成全国 30 多个城市渠道布局，并设立分销网点和服务体系。慧聪网在阿里巴巴将办事处逐步撤销的同时却完成了在全国 30 多个城市的布点。除此以外，慧聪网还谋求代理商代理买卖通产品的销售，进行渠道的扩张。

2）对于慧聪网的老用户而言，这些企业是慧聪网的核心用户，他们对慧聪网十分了解，对买卖通也十分了解，因此转化率非常高；对于阿里巴巴的用户而言，慧聪网希望这些用户既用阿里巴巴的平台，也用慧聪网的平台，因为这部分用户对 B2B 电子商务的理解最为深入，几乎不需要进行培训工作；最重要的是那些尚未应用 B2B 电子商务的企业，由于企业对互联网陌生或技术原因，阿里巴巴的触须无法抵达，从而给慧聪网造就了一个巨大的发展机会。从 B2B 电子商务的发展趋势来看，慧聪网一旦在中小企业集中地立足，就将源源不断地吸纳新客户的加盟。

3）慧聪网行业专属服务。慧聪网的行业专属服务走的是"差异化"道路，在平台加行业垂直策略下，以信息覆盖的全面和精准度、广泛的互动性等胜出。

慧聪网行业专属服务的平台加行业垂直策略的优势体现在以下几个方面。

① 精准的求购信息。慧聪网买家专员通过技术辅以人工的方式为行业客户精选求购信息，包括最新的求购、采购会、招标信息，随后通过邮件、商务中心、短信、IM 等多渠道第一时间发给客户，一条最多只匹配给 10 个供应商。

② 一对一的专家咨询服务。据统计，慧聪网目前拥有广电、电子、教育、酒店、制鞋、塑料、汽保、安防等多行业的多位专家，造就了企业与专家的交流平台。

③ 新闻营销。通过平台发布企业新闻信息，深度打造企业品牌。

④ 线上、线下结合的推广方式。一方面，可以被收录入行业大全的企业名录；另一方面，产品信息将定向、定时地以邮件、电话、IM 等形式发送给符合购买企业产品的优质买家。

⑤ 免费的"买卖通"。在定位、用途和功能上，买卖通与诚信通几乎一模一样，双方只是在某些细节上有所差别。

⑥ 慧聪网的行业覆盖面极广和针对性强是一大优势。慧聪网的服务涉及 60 多个行业，是目前国内行业细分最广的资讯门户网站，客户可以轻松查找所需信息。慧聪网的浏览者都是商人和管理者，对企业的采购和决策有极强的决定权；同时这部分人群都是高收入阶层，有极强的消费能力。

3．环球资源

（1）简介

环球资源（Global Sources）是一个多渠道的国际贸易平台，致力于对外贸易。环球资源网包括产品行业网站、地区出口网站、技术管理及其他网站。环球资源以外贸见长，主要为专业买家提供采购信息，并为供货商提供综合的市场推广服务。环球资源 Logo，如图 4-5 所示。

图 4-5 环球资源 Logo

（2）优势

环球资源主要为国内供应商做出口服务，以杂志和展会进行推广。

1）会员。从企业会员来讲，环球资源只接纳大型企业高端会员。从会员数量来讲，环球资源数量不多，主要是一些老的大客户。

2）历史较长。环球资源成立于 1970 年，于 2000 年在美国 NASDAQ 上市，其在国外的知名度比较高，是进入国内最早做采购目录的、B2B 网站建设开展得比较早的公司，累计了一定客户量。

3）环球资源为其所服务的行业提供媒体及出口市场推广服务，供应商采用 4 项基本服务，包括网站、专业杂志、展览会和网上直销服务进行出口市场推广。环球资源同时提供广告创作、教育项目和网上内容管理等支援服务。

4）环球资源买家社群通过 Global Sources Online 向供应商发出信息查询。

5）环球通（Global Sources Direct）是最新推出的服务，协助供应商通过 eBay 网站行销。

6）免费网上广告是相对于其他网站比较特殊的一个优势。

7）环球资源推出包含全网搜索在内的 2.0 商务平台。环球资源网的用户可以在"认证供应商""未认证供应商""全网" 3 个范畴内进行搜索。其全网搜索采用的是商业垂直搜索模式，用户只需登录环球资源即可以搜索出包括阿里巴巴等在内的来自全网的供应商信息。为买家提供更多的供应商选择、从而吸引更多的买家，达到"卖家吸引买家、买家带来卖家"的局面；并依靠全网垂直搜索打造 B2B 电子商务入口，降低用户对其他 B2B 平台的依赖，增强自身的用户黏度。

（3）劣势

1）环球资源侧重于杂志、海外的展会，传统性占很大一部分，而电子商务平台并不是其重点。

2）相对价格比较贵。环球资源将网络的推广和展会相结合，并配备企业光盘、杂志和全球的展会，效果还是不错的，只可惜价格太高。

3）环球资源以外贸见长，基本没有涉足内贸。

B2B 电子商务平台是企业与企业之间展开的一系列商务活动的载体，其功能已涵盖到企业商务体系，包括信息流、物流、资金流的各个过程中。随着第三方 B2B 电子商务交易平台的逐步成熟，电子商务成本已大大降低。越来越多的中小企业开始接受并加入 B2B 电子商务平台，获得了良好的收益，但也要看到，要真正地实施和运营好 B2B 电子商务并获得持续性竞争优势，还有不少问题需要解决。

4.1.3　第三方 B2B 平台的选择

目前国内的 B2B 网站数量有 6000 多家，有行业的、综合的；有内贸的、外贸的。如此庞大的数量，对于企业来讲，选择所有的平台进行注册、运营是不现实的，也是没必要的。一方面，运营成本会随着平台数量的增加而增加；另一方面，太多数量的平台需要动用大量的人力和时间，运营维护的质量也不能很好地保证。因此根据企业自身所处行业、产品竞争的激烈程度等因素来精心选择一定数量的第三方 B2B 平台就显得至关重要。仅以机械行业为例，平台数量就数以百计，如图 4-6 所示。

图 4-6　机械行业 B2B 平台部分截图

1．选择符合自己企业产品特点的电子商务平台

每个平台都有其利弊所在。从平台性质来说，公司选择同时投放国内的几家大平台并非明智之举。这些平台本身都十分优秀，但是性质相近，几乎都是综合性平台：如阿里平台面面俱到，足迹几乎遍布各行各业；环球资源涉足电子、礼品、工艺品，甚至珠宝行业；慧聪网和中国制造网也是五花八门，同时投放只意味着资金的浪费，选择其中一到两家便恰到好处。

作为企业来讲，首先要清楚企业自身产品的状况适合什么样的平台。通常来讲，很多产品具有行业特征，不一定要选择综合类平台。例如，化工类产品，选择中国化工网的效果要比综合类平台好得多。网络不是万能的，第三方 B2B 电子商务也不是万能的，企业应结合自己的情况、目标来作出最佳的选择，才能发挥最大效用。

2．企业应根据自身的业务方向、资金实力及品牌定位进行选择

根据企业业务方向的不同，认真调研分析，特别是在一定时间内评测投入与产出的性价比，选择实力雄厚或者专业性强的平台有更大的保障。例如，做外贸出口类可以选择阿里巴巴、环球资源等有实力的服务商，做内贸可选择 B2B 供求信息搜索"一呼百应"平台，会有更专业的服务。这样，企业是选择中低价位的服务商产品还是选择高端产品就会有依有据，从而做到有的放矢。

3．企业在选择平台时考虑的其他因素

除了以上几点外，平台本身的知名度和影响力、Alexa 排名、平台饱和度、网站流量、PR 值、订单成交率及平台对于搜索引擎的优化效果等也是企业在选择平台时考虑的因素。

4.2 B2B 平台企业信息的发布

4.2.1 高质量信息介绍

B2B 平台上集聚着海量信息，但其中大量的信息由于发布的质量不高，很难有曝光的机会，就更不用说转化为询单和订单了。

1. 高质量信息的定义

通常来讲，高质量信息是指介绍详尽、内容充实、有助于让买家作出采购决定的优质信息。例如，产品介绍的标题能否吸引人、产品的介绍是否详尽，甚至一个图片清晰与否都可能会影响信息质量的等级，从而影响到买家对企业的信任度。

其实评价信息是否为高质量并不困难，只需要换位思考一下，把自己当成客户就可以了。

在买家选择跟卖家交易的整个过程中，买家通过卖家发布的信息来认识卖家。所以，作为卖家来讲，在 B2B 平台发布高质量的信息，不仅可以让买家搜索产品时更容易找到该条信息，而且也会提高买家选择合作和交易的意愿和几率。

2. 高质量信息的优势

1）高质量的信息体现企业专业、用心的形象，更容易赢得买家信任。
2）高质量的信息更易受买家的青睐，吸引买家眼球，提高买家下单订购的几率。
3）高质量的信息将使自己的企业产品有更多机会被网站抽取做专题页面的推广或推荐。

由于目前国内 B2B 电子商务平台中阿里巴巴市场份额最高，因此本章主要以阿里巴巴中文网站为例，讲述 B2B 电子商务平台的注册及发布企业和产品信息的相关技巧，其他平台的使用方法大同小异。

4.2.2 会员注册

随着越来越多的企业通过 B2B 电子商务平台进行推广，如何更有效地利用 B2B 网站平台进行推广，并且将基于 B2B 电子商务平台的网络营销方法与其他网络营销手段相结合，也是企业网络营销不得不考虑的问题。

1. 会员注册的方法

1）登录阿里巴巴中文网站 www.1688.com（http://china.alibaba.com），单击上方的"免费注册"，填写注册信息。
2）进行手机验证和邮箱验证。
3）验证成功后，注册完成即成为普通会员，可以单击登录阿里巴巴享受其提供的各项免费服务，如图 4-7 所示。

如果想使用阿里巴巴更多的服务，可以开通阿里巴巴诚信通会员，流程如下：
①登录阿里巴巴网站→登录店铺→点开诚信通。
②联系阿里巴巴后台工作人员，开通诚信通。
③上传营业执照，缴纳相关费用。
④后台审核通过后即完成开通。

诚信通会员享受的服务包括以下几个方面：
① 网站空间权限提高，可以任意修改产品资料。
② 发布供应产品在阿里巴巴的关键词搜索中更靠前。
③ 商标使用权、专业的认证机构做认证，使店铺可信度更高。
④ 可以使用支付宝交易，在网络交易中更安全。
⑤ 提供采购会、展会等行业信息。

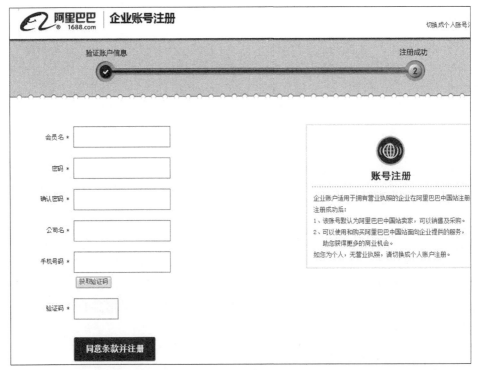

图 4-7　阿里巴巴会员注册页面

2. 会员的权限

在 B2B 平台中，会员通常分为两类：免费会员和付费会员。就免费会员来讲，有些平台可能会对发布信息及功能有所限制，如发布的信息条数、所发信息在平台中的排名等。

对于阿里巴巴来说，付费会员即诚信通会员，年费 3688 元 / 年，如图 4-8 所示。

图 4-8　阿里巴巴付费会员的特权

1）一年 365 天都可以向客户报价，只要审核通过就可以查看阿里巴巴上的买家联系方式，主动与他们进行商业往来，谈生意。

2）超级旺铺。免费享有集"无限展示空间、企业在线、运营维护"于一体的企业网站。

第 4 章 利用第三方 B2B 平台运营

网站空间没有限制,后台交给自己管理,可以随时上传或者更改资料。如果已经有了自己的网站,还可以把自己的网站链接到阿里巴巴网站做推广宣传。

3)发布供应信息排名靠前。阿里巴巴每天有上千万的浏览量,市场繁荣,诚信通会员就相当于在目前最大的网上市场建立起自己的销售店铺,当买家来采购时能够方便看到信息。诚信通会员排名优先于普通会员,并且每发布一条信息可以带 3 张图片,充分展示产品情况,做好网络广告。

4)可信度认证。阿里巴巴是国内率先推出必须要通过专业的认证机构认证才能合作的商务平台,从而确保双方在网上的真实可靠性,且诚信通会员所发布的信息都是已核实信息,让买家更放心,轻松地让上门的生意成为有效的订单。

2013 年,阿里巴巴取消原来的两个诚信通版本,同时在 3688 版本的基础上面添加了实地认证、企业官网、移动旺铺等新的产品及功能,让企业的产品及企业形象覆盖更全面。实地认证是阿里巴巴委托认证公司到自己的企业实地考察拍摄,核实公司的情况,让想和公司合作的客户能够在没有来到工厂或者公司时就能了解工厂或公司的真实情况,这样会促进成交。

4.2.3 发布企业介绍信息

一个企业在 B2B 平台上注册以后,接下来最重要的工作之一就是将公司信息发布出去。一条高质量的公司介绍不仅能彰显公司实力,而且它也是赢得客户信赖的因素之一。事实上,线下做生意也存在着相互信任的问题。例如,订购大件设备或进货前通常要到对方厂里实地考察一下。在互联网这个虚拟的世界里,买卖双方未曾谋面,想取得人的信任就更不容易了。

先来看一个案例,两条同样产品的公司介绍信息,假如你是一个买家,你更青睐哪一家呢?

【例 4-1】A 公司与 B 公司的介绍对比,如图 4-9 和图 4-10 所示。

A 公司介绍如下:

图 4-9 A 公司介绍

B 公司介绍如下:

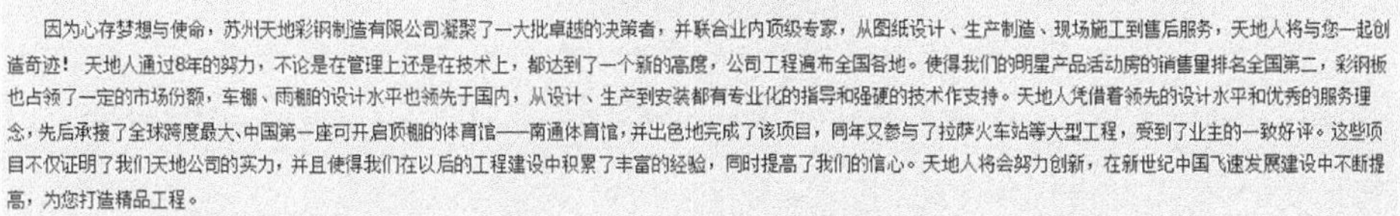

图 4-10 B 公司介绍

很显然,B 公司的介绍更详细,更值得大家信任。

1. 公司介绍的作用

公司介绍的作用也不容忽视，体现在以下几个方面。

1）彰显实力，有利于树立企业形象，提高企业的知名度。

2）展示效果，提高产品的口碑，建立品牌知名度。

3）吸引客户，有利于留住买家，如图4-11所示。

2. 高质量的公司介绍

高质量的公司介绍可以展现企业实力，具体操作方法如下。

1）公司信息尽量如实填写，这样才能更快通过审核。图片、公司地址、公司动态、资格认证、各类证书、营业执照等信息要一一填写。公司动态、公司新闻也尽量持续发布，从网站优化角度来看，它们的作用都会慢慢显现，追求数量的同时一定要注重质量，这样也会更容易被搜索引擎抓取收录。

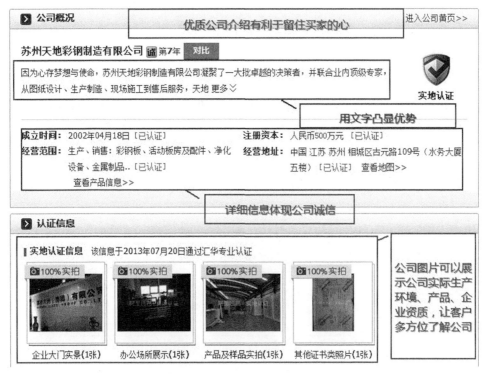

图4-11 优质公司的介绍信息

2）公司简介的信息中要包括体现实力的文字，如成立时间、企业规模、生产实力与优势、主营行业与产品、经营理念及公司资质。

3）公司网址一定要填写，友情链接一定要做。大部分平台对友情链接有限制，所以首先把网站链接添加上，然后各个平台相互链接，链接成一个网络，最终都指向这个网络的核心，即公司官网。

4）把公司的详细联系方式填好并保证准确无误，如电话、QQ、邮箱等都要填好，因为客户喜欢用哪种方式我们是不清楚的。图4-12所示为浙江某公司的简介，这是一个比较好的范本。

第4章 利用第三方B2B平台运营

图 4-12 浙江某公司简介

4.2.4 发布企业产品信息

在实体店中卖产品,需要先把东西摆在货架上,让买家先看后买;同样,在网上销售,也需要把产品信息先发出来,让买家通过图片和文字介绍了解产品,并产生成交的机会。

以阿里巴巴平台为例,每天在阿里巴巴上有1000多万的买家来寻找供应商,绝大多数买家是通过查看供应产品来寻找供应商的。

1. 发布产品信息的步骤

首先登录阿里巴巴中文网站,单击最上方的"我的阿里"。

1)执行"供应产品"→"发布供应产品"命令,如图4-13所示。

图 4-13 发布供应产品

2)进入产品发布页面,在出现的如下界面中单击"我要发布"按钮,如图4-14所示。

图4-14 发布供应产品

3)选择产品类目。如图4-15所示,选择准确的类目是供应信息能够被成功展示的基础;无论客户是使用点击网站类目的方法还是使用搜索的方法查找供应信息,正确的类目信息都会比错误的类目信息被展示的机会多,正确的类目信息有利于搜索引擎收录(类目名就是关键词)。

图4-15 选择产品类目

① 可以自主"查找类目"。在搜索框中输入产品关键词可以在所有类目中查找类目。
② 也可以根据发布产品类型"供应产品""加工定制""商务服务"选择类目。
③ "服务信息""代理加盟信息"和"合作信息"类目都在"商务服务"下面。
4)详细填写产品属性。尽可能完整地填写产品属性,如图4-16所示。完整、正确地

填写产品属性可以提高信息在搜索时的命中率，大大提高曝光率，也能够让买家在第一时间更全面地了解产品。

图 4-16　详细填写产品属性

5）填写交易条件，如图 4-17 所示。

图 4-17　填写交易条件

6）填写产品标题、说明与上传图片，如图 4-18 所示。标题是信息内容的核心浓缩，表述清晰并且包含产品关键信息的标题能够让用户更容易了解产品，从而吸引买家更多的兴趣。

7）填写物流运费信息及其他信息后，单击"同意服务条款，我要发布"按钮。

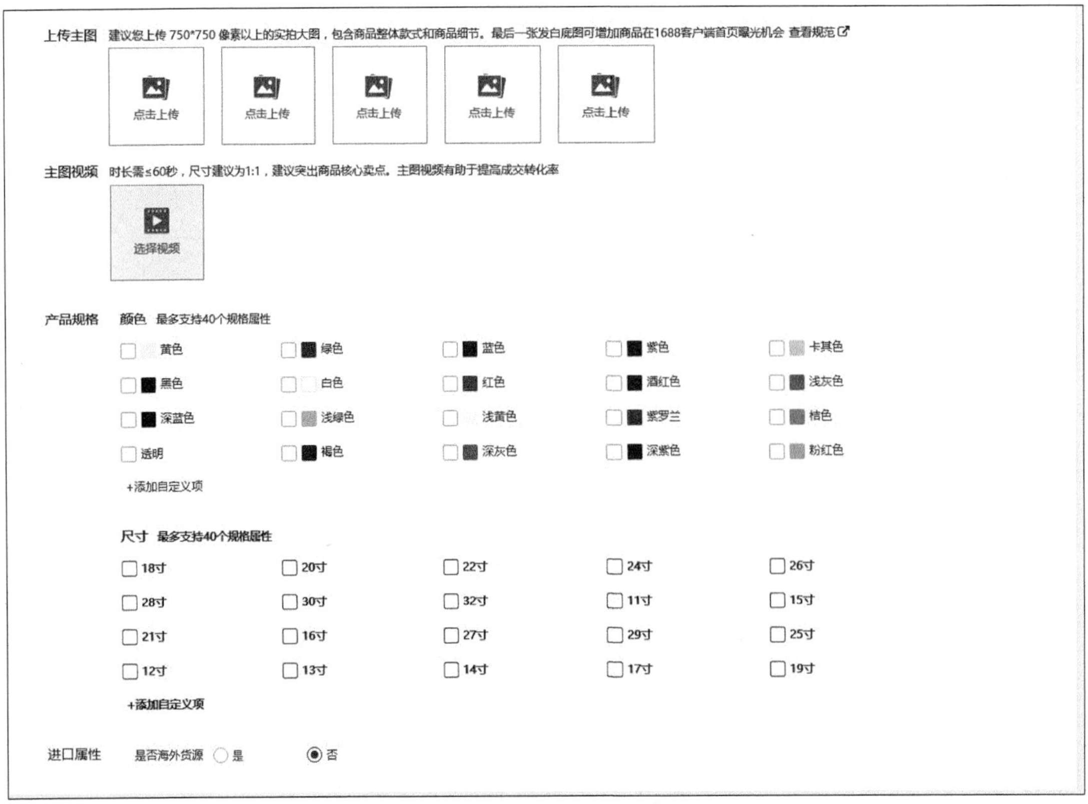

图 4-18　填写产品标题、说明与上传图片

2．提高精度，让信息排名靠前

（1）信息的质量得分因素

在第三方 B2B 电子商务平台上能不能获得客户，关键是客户能不能找到发布的产品。要发布高质量的产品信息，做到发得精、发得准。

第三方 B2B 电子商务平台搜索结果是按照一定规律进行排名的，一般情况下，付费会员的信息排名要比免费会员排名靠前。另外，发布的产品信息质量的高低也是决定结果排名的重要因素，质量高的信息排名靠前。

这里说的高质量信息是指供应产品的信息质量，不涉及供应商质量及实物产品的具体质量。信息是由多个信息要素组成的，供应产品信息的质量很大程度上取决于信息要素的质量。下面具体介绍供应产品中的主要信息要素。

信息的质量得分在计算时取决于很多因素，核心的因素主要包括以下几个方面。

1）信息填写的详细和完整性。

2）信息与用户搜索关键词的相关性。

3）信息与所在类目的相关性。

4）信息的新鲜程度。

5）其他相关因素。

一般来说，产品信息能否被客户找到关键取决于客户找这个产品时所输入的关键词是否和发布的关键词相吻合。

(2) 提高发布信息质量的方法

1) 信息标题包含产品关键词,一条信息对应一个关键词,并有适量的修饰词以增加产品卖点。一个标题只发布一个产品。标题中适当重复关键词,根据每个 B2B 平台要求的不同,可以有不同的方案。例如,垃圾桶、玻璃钢垃圾桶、钢木垃圾桶、垃圾箱、垃圾桶厂家。

2) 橱窗必须含有 1 张图片,在详细说明中插入产品细节图至少 3 张,有助于产品多维度展示。

3) 填写详细产品介绍说明、产品属性、参数表格、包装、后期服务等相关信息。

4) 适量重发,以保证信息的新鲜度。

(3) 图片上传的要求和方法

在上传图片之前需要先用数字照相机拍摄好数字图片。诚信通独有的优势是每发布一条供求信息可以带上 3 张图片。产品图片要从不同的角度进行立体展示。图片格式要求为 JPG(JPEG)或 GIF 格式,图片大小不能超过 200KB(可以单击图片属性查看)。图片上传不成功的主要原因就是图片的格式不对或大小不符。

3. 让产品介绍更加吸引买家,获得更多询盘

产品介绍中吸引买家的因素有很多,主要包括以下内容。

1) 产品的名称、型号、应用。

2) 产品的独特卖点(包括折扣、特点、功能及证书等)。

3) 产品完整的规格参数(包括材料等)。参数功能尽量详细并有条理地描述清楚。很多 B2B 平台主要是靠 SEO 效果来吸引采购商。

4) 产品详细说明,以及可供选择的颜色、尺寸、款式及包装。详细说明承载了整个产品的详细介绍,包括产品细节图、产品性能、材料、参数表、型号、用途、包装、使用说明、售后服务等方面,图文并茂,突出产品的优势和特点。它是买家进行下单交易决策的重要组成部分之一。

根据不同的行业,详细说明可能存在的不同的介绍方式及侧重点。

在工业品类行业中,特别是门、窗、地板等,除了详细的产品文字说明外(如产品原料、具体参数、适合企业、包装、运费、服务保障等),还需要有多维度的产品细节图,让买家更全面地了解产品。

原材料类的行业更侧重填写全面的产品介绍、参数表格、技术文档、售前售后服务、退换货问题等,建议上传部分产品细节图。

例如,加工类的行业,则需要说明加工的产品,产品参数表格、包装、后期服务、运输及公司加工能力等。

5) 交易条件包括付款方式、最少订购量、包装尺寸等,这些细节往往也很重要,不能忽视。

6) 售中售后服务。由于是网上交易,客户最担心的也是服务问题,因此要求卖家必须做好售中和售后服务。

7) 产品图片清晰,好图胜千言。清晰、美观、专业的图片更能吸引买家关注。客户浏览信息的同时,图片是否能突出产品优势就显得至关重要。

8) 企业视频。网络视频形式类似于电视视频短片,平台却在互联网上。它具有电视短片的种种特征,如感染力强、形式内容多样、创意丰富等,又具有互联网营销的优势,如主动传播性、传播速度快、成本低廉等。某企业视频展示如图 4-19 所示。

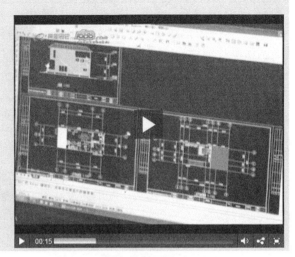

图 4-19　某企业视频展示

【例 4-2】高低质量的标题比较。

优质案例，如图 4-20 和图 4-21 所示。

图 4-20　高质量的标题（1）

图 4-21　高质量的标题（2）

图 4-20 和图 4-21 所示的标题的质量都比较高，表现在以下几个方面。

- 标题清晰描述商品种类为"牛仔裤"。
- 标题要有能引起买家兴趣点的产品细节，如"低腰"。
- 标题包含诱惑点，如"韩版""特价"等。

再看一个反面案例，如图 4-22 所示。标题中除了"牛仔裤"产品名称外，没有任何修饰词语，其排名和吸引买家的可能性都不会太好。

图 4-22　低质量的标题

再看一组工业原料案例。

优质案例，如图 4-23 所示。

- 标题清晰描述商品种类为"钛白粉"。
- 标题清晰地传达了产品的品牌、种类、型号。

反面案例，如图 4-24 所示。

图 4-23　高质量的工业品标题 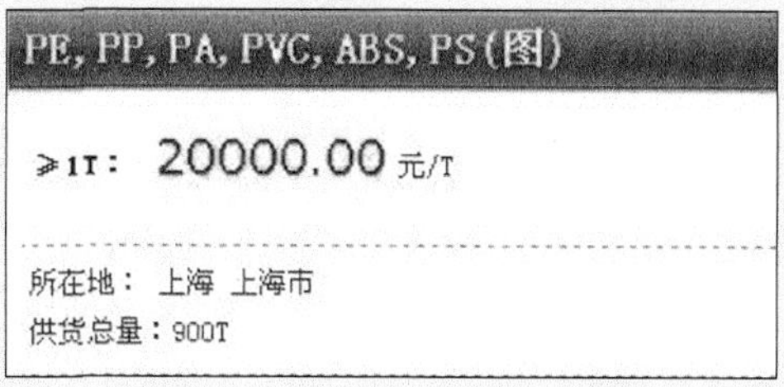　　　　图 4-24　低质量的工业品标题

分析：一个标题发布多个产品，买家无法了解产品的品牌、型号，也无法定位产品的价格，显然这是一条低质量的信息。

4.2.5　其他功能与技巧应用

（1）如何让发布的信息在前几页出现

每一个供应商都希望自己发布的信息排在前面几页，但是前面几页就只有几个位置，信息排列的依据是什么呢？一般来说，阿里巴巴平台是根据发布时间、活跃度和诚信指数进行综合排名的。

要想获得更多机会，除了注意发布高质量的信息外，一般可将产品的发布时间定为 10 天，然后发布信息分段发布，如今天发 20 条，明天发 20 条，后天发 20 条，保证每天都有新信息发布，这样才有更多的机会。对于已发布通过的信息，还可以通过重发来提高在阿里巴巴搜索引擎中的排名。

尽量使用产品报价（产品价格可以公开的情况下），因为有些人的搜索习惯可能是搜索只带报价的产品。还要保持经常在线，因为有的顾客只选择搜索在线的用户。

（2）多添加潜在商友

很多询盘的用户都是潜在客户，当客户咨询后没有音信时，一定记得把他们添加为好友，最好进行分组，叫做潜在客户组。以后，如果有更新的信息可以用群发的方式告诉他们。

（3）多加入一些和行业相关的群

群里可以认识更多同行业的朋友，社交面广了，客户资源也就越来越多了。

（4）推荐供应信息

从已发布成功的供应信息中选择最有代表性的产品并将其展示在旺铺的耀眼位置，引起买家关注。

（5）推荐相册

从已发布成功的相册中选择最有代表性的产品并将其展示在旺铺的突出位置，引起买家关注。

（6）商机参谋

商机参谋显示在我的阿里生意参谋中，可以帮助用户有效地分析展示量、点击量、询盘量，对营销效果进行监测。

4.3 询盘转化为订单

4.3.1 询盘的方式

1．询盘的来源

询盘也叫询价，是指交易的一方准备购买或出售某种商品，向对方询问买卖该商品的有关交易条件。

询盘通常来自于两个方面：一是营销推广，包括付费推广和免费推广，可以让产品信息提高曝光率，从而获得客户的询盘；二是通过人脉关系，如论坛和社区的朋友介绍、客户口碑介绍等。

2．常见的询盘方式

常见的询盘方式包括以下几种。

（1）电话

由于电话所需费用相对高，因此可以看出客户需要的迫切程度也相对要高。例如，如果客户来自于机械行业，通过电话询盘，基本可以推断出客户有比较急的需求。因此，如果买家通过电话这种方式询盘，则一定要重视，他们的需求迫切度最高。从时间上来讲，下单的速度也最快。当然，给他的承诺时间与回复也应是电话形式，不能用QQ和阿里旺旺回复。

（2）即时通信工具

客户通过QQ、阿里旺旺等即时通信工具询盘，虽然所需工具无需费用，但回复时间也应及时。如果客户通过阿里旺旺询盘，过了半小时都没有及时回复，生意很有可能做不成。需要指出的是，对于小商品行业的客户，回复应以阿里旺旺为主。

（3）邮件、网站留言或论坛回复

客户若通过邮件、网站留言或论坛回复询盘，相对于前面的询盘方式来讲，产品的需求度和紧迫度不一定高，这种情况下，优先层次可以降一下。

4.3.2 询盘分析与筛选

通过第三方B2B平台或者其他宣传方式，每天都能收到各种各样的询盘。这些询盘中有许多商业机会，但并不是所有的询盘最终都能转化成订单。有的人由于长时间接不到询盘，一旦接到询盘，就急于回复，结果发现效果并不好，白白浪费时间和精力。

事实上，接到询盘后，第一个步骤不是急于去回复，而是要搞清楚是真询盘，还是假询盘。因为并非所有的询盘都是真的，有的可能是询问价格，有的可能只是要样品等。

1．如何分析询盘

接到询盘后，首先需要做的是对询盘进行具体分析，进而按照优先级别进行分类。分

第4章 利用第三方B2B平台运营

析方法和步骤如下。

（1）看联系方式

买家信息是否完整、电话号码是否正确、电话号码是座机还是手机号码、联系方式的完整性都可以体现买家的专业度。

（2）看询盘需求的产品的针对性

如果询盘中有具体某款产品的规格、参数等，一般这种询盘质量很高；如果只写报价单，而没有其他详细资料，可做次要询盘。

【例4-3】比较下面两个询盘。

A询盘详细需求内容

本公司需要PP平口袋、PP自粘袋、OPP包装袋、收缩包装膜。

B询盘详细需求内容

紧急采购超市卷筒连续塑料袋，尺寸大小为356（长）mm×245（宽）mm，要求袋子右侧距边45mm正面压一条虚线。材质为高密度PE（聚乙烯），双面9丝；请报实价（含增值税发票）；后期需要打样；一旦确认，长期订单。

分析：前者的需求并不明确，规格也没有。后者的需求比较详细，包括了如何打印、如何包装，属于需求明确的询盘，是很好的询盘。

（3）看买家询盘的邮箱

一般有实力的买家都会有自己的企业邮箱，发展中国家的买家或发达国家的小买家通常是用免费邮箱。

（4）查询盘有无公司网址

可以在百度上进行搜索，通过网页了解该买家的情况，分析其资信度。

（5）查企业信用

登录红盾网，即各地方工商局的门户网站，查企业的资质及信用。

（6）看询盘来源是否是主打目标市场。

一般对主打目标市场出口的经验通常比其他市场多一些，成交几率也会更大。

2．询盘的分类

根据客户的需求动机，询盘大体可以分成以下几大类。

（1）目标明确专业型（重点客户）

这类询盘有如下特点。

1）买家信息全面，包括国家（地区）、公司名称、地址、电话、传真联系人。

2）需要的产品目标明确，有具体的品名、数量、交货条件、交货期等。

3）询问的问题专业，问题详细，但是内容简明扼要。

这类询盘是要高度注意的，这类买家是比较专业的，而且他们有采购此类产品的计划，所以针对这样的询盘要在第一时间专业、准确、全面细致地回复。

（2）目标明确非专业型（潜在客户）

这类询盘的特点只比目标明确型少了一些专业的问题，说明买家无此类产品的采购经验，对产品不了解，但是可以通过邮件判断对方对产品的需求程度，这类客户是潜在客户，要耐心专业地回答，及时跟进以建立和客户的融洽关系，为拿到订单打下基础。

这类询盘的客户要不断培养信任，需要耐心、专业地回答和跟进，可以根据客户的市场定位以及客户的能力推荐合适的产品。

（3）信息收集型

这类客户目前有自己稳定的供应商，但希望搜集更多的供应商信息或产品信息便于备用。若询盘的问题专业度超过业务的范围，对具体的参数问得很细致，则也有可能是竞争对手。

（4）技术信息收集型

发出询盘的可能是某公司的技术员，对方是想学习公司的产品技术。特点是非常专业，但会询问技术上的核心问题。他们会购买样品，但永远都不会成为最终客户。对于此类询盘，要把握专业尺度，超出销售相关的问题，要礼貌回绝。

（5）索要样品型

这类询盘的目的是获得免费样品。不关心产品、价格、质量等因素，只希望获得赠送样品。对于此类询盘客户，一般来说要收取样品费，就算是免费样品，也需要对方承担运费。如此回复，对方会自动消失。

4.3.3 询盘接洽

一个询盘并不是一个订单，要多了解客户，多跟客户联系，让对方始终记得有这个供应商存在。同时，这个印象要尽量为积极正面的形象。询盘要及时、有效，部分顾客会同时给许多供应商发询盘，第一时间回复能够让客户感受到业务员的认真态度和敬业精神，而且会减少客户筛选的机会。

询盘接洽的流程如图4-25所示。

图4-25　询盘接洽的流程

1．挖掘需求

客户的需求要通过挖掘得到。例如，客户询盘的第一句话是：请问×××这款产品多少钱？很多人直接报价，报价后发现效果并不好，无法转换为订单。通过顾问式提问引导客户，效果会更好一些，看下面的例子。

【例4-4】
问：我想要一批广告扇，请问什么价位？
答：你好，你要告诉我你要的是哪一款扇柄，尺寸多大？多少数量？什么印刷？
【说明：通过问题挖掘客户需求】
问：扇面是14×14，双面彩印，2万把，什么价位？
答：我们一般是60cm厚的PP片材，彩色印刷UV上光的，你有特殊要求吗？
【说明：体现专业】
问：没有。就照你说的做，就是货比较急。
答：稍等，马上算一下报价给你。

一般来讲,当客户询盘以价格开始的时候(90%)并不一定意味着他的需求一定就是这个价格,而只是作为开场白而已,他们的需求需要去挖掘。

2. 呈现价值

接下来,可以利用 FAB 法则进一步向客户呈现价值。

FAB 法则即属性、作用、益处的法则。FAB 对应的是 3 个英文单词:Feature、Advantage 和 Benefit。FAB 是销售技巧中最常用的一种说服技巧。

1)Feature:属性,即产品所包含的客观现实所具有的属性。例如,讲台是木头做的,木头做的就是产品所包含的某项客观现实、属性。这里要注意不应把 Feature 翻译成特征或特点。特征就是区别于竞争对手的地方。当你介绍产品且与竞争对手的产品进行比较时,就会让客户产生一定的抵触情绪。

2)Advantage:作用,产品能够给顾客带来的用处。很多人把它翻译成了优点,优点就是你们比竞争对手好的方面。现实中的每一个产品都有各自的特征,当说产品的某个功能比竞争对手的好时,客户也会产生非常大的抵触情绪。

3)Benefit:益处,就是给客户带来的利益。

当然,使用 FAB 有前提条件:客户一定要有需求!

【例 4-5】 FAB 使用两例。

1)丝光棉的 FAB 描述,见表 4-1。

表 4-1 丝光棉的 FAB 描述

产品 品类/款号	Feature 产品的属性 (因为……)	Advantage 产品的作用 (所以……)	Benefit 产品的益处 (对您而言……)
丝光棉	采用纯天然的优等长绒棉为原料 烧毛丝光等工艺处理后的高档面料 使用世界知名品牌德国雷马素染料 使用瑞士桑德森预缩机及三次预缩水技术	具备纯棉良好的透气性和吸汗功能 面料手感爽滑,光泽度高 颜色纯正、不易褪色 不易变形、不易缩水	夏天穿着非常清爽,出汗也不会沾在身上 穿着档次高,体现身份 衣服的保鲜度强,穿着时间长 便利性强,易洗、快干、易打理,出差旅游的最佳选择

2)一般描述和 FAB 描述的对比,见表 4-2。

表 4-2 一般描述和 FAB 描述的对比

一般说法	FAB 说法
这种衬衣是由纯麻纱织成的	因为这件衬衣是纯麻纱制成的,在炎热的夏天穿会格外地清爽
这款裤子穿着很舒服	此款所用面料是纯棉的,容易吸汗,夏天穿上特别舒适
这款衣服的设计版型很好	因为此款采用贴身的版型设计,可以充分体现身材

FAB 的精髓在于：常人看在眼里的往往是 F（属性），专业人员看到的会更深入一步，他们看到了 A（作用）；而作为销售人员，需要看到 F，也需要看到 A，但更重要的是能看到 B（益处），即落脚点一定是给顾客带来的好处。所谓卖点，不仅是产品跟顾客的接触点，更是产品能够给顾客带来的利益点。

所以在使用 FAB 法则之前，必须要知道顾客购买产品的原因，也就是客户需要产品解决什么问题，只有这样才能真正说到顾客心里面，给客户带来益处。图 4-26 所示的产品展示和说明就利用了 FAB 法则。

图 4-26　产品的 FAB 展示和说明

3．处理异议

当客户感觉产品不好，如价格没有同行便宜，或者有其他异议时，我们要冷静对待，因为不管什么样的产品总是会有异议的，属于正常情况。有的人总与客户辩论，强调自己的理由，事实证明，这些回复方式都是错误的。

看下面的案例：

【例4-6】当客户质疑价格时。

回复方式一：

问：你们同行的价格可比你便宜多了！
答：我不能和他们比，因为产品的质量不同啊！市场上有比他们价格还低的产品，可是质量不能保证，你敢买吗？而且，现在外面有很多产品是回收翻新的，同样一个产品价格还不到我们生产的成本。

回复方式二：

问：贵了！能不能便宜点？
答：当然可以，比如说用薄一点的PP扇面，但扇不了风，或者彩印里上不了UV，这样容易刮花图案。还有就是扇面尺寸做小一点，成本也能降低。

显然，第二种回复方式没有与客户辩论，而是一开始就站在了客户的立场，巧妙地化解了异议，一般来说，客户此时也会给予充分的理解。

总之，当客户质疑价格时，不要站在客户的对立面去反驳，而是要站在客户的立场，解决疑义。

4．主动跟进

（1）要不要寄样品

如果样品成本低，则可以免费寄，但邮费可由对方付。如果他不愿意，则说明他不一定是真正的客户。

如果样品成本高，不能成交，则样本费用算客户的。如果能够成交，则样本费用可以由自己所在的公司负担。

（2）建立客户档案

1）有价值的询盘保持定期跟进。有QQ的及时加上，并在邮件中告诉客户已加客户为好友。买家采购需求中有些属于战略性采购，通常供应链正常，但是买家为了增加核心产品竞争力，还是会寻找供应商作为储备；有些是建立新产品档案，对产品不熟悉，但是希望介入，所以前期会向供应商了解，建立档案，便于今后采购。这两种采购买家一般回复比较慢，有可能我们回复之后一两个月买家才再回复，针对这些询盘需要持续跟进，让买家对我们加深印象。

2）重在前期与客户的沟通。如果在同一个城市，则可以亲自上门沟通。前期与客户的沟通很重要，很多订单不可能一次就成功。往往询盘一次，需要跟进很多次以后才可能将询盘转化为订单。因此，要及时建立客户档案。

4.3.4 询盘回复

1．情况不明的询盘

【例4-7】回复情况不明的询盘。

你好，你店铺的产品怎么卖，能给我一份详细的产品目录及报价吗？

分析：

1）没有介绍自己，可能是小公司。

2）没有产品，可能是外行。

3）没有问及其他细节，可能采购意向不高。

建议：

首次回复不提供详细产品信息，不报价，可以提出简单的问题引导客户。等了解客户更多真实情况后，再决定是否跟进。

回复样例1：您具体对我公司的哪款产品感兴趣，以便我给您准确的报价。

回复样例2：我公司主要生产××产品，请问您对哪种感兴趣，以便我给您报价。

2．开始就谈价格的询盘

【例4-8】开始就谈价格的询盘

我是××公司的，对你们店铺××系列产品比较感兴趣，但价格也是我们考虑的重要因素，能给我一个详细报价吗？

分析：给人感觉价格是最关键因素，似乎不是一个优质买家的特点，但会开门见山表达价格门槛的，实力也许有限但意向是真实的。

回复样例：你觉得什么样的价格档次是比较合适的？你之前是否采购过该类产品？

3．大买家的询盘

【例4-9】大买家的询盘。

你好，我是××公司（大公司）的采购员，需要采购一批××产品，请给我一份包含产品图片及描述的详细报价。

分析：大公司对价格的苛求不如小公司，只要能抓住买家真正的需求点和关注点，就可以和大买家合作。

建议：大买家其实也有好的切入口，只要向他展示出专业性，谈判比小公司会轻松许多。

回复样例：可以采用邮件回复。具体内容如下。

××您好！价格单您可以见下面（或见附件）。我们的产品在××中非常受欢迎。请问您最感兴趣的是哪款产品及您的数量要求，是否有其他要求？我会根据您反馈的情况再给您一些更为准确详尽的信息。

补充附上公司介绍及联系方式等。

4．采购意向明确的询盘

【例4-10】采购意向明确的询盘。

你好王总，我厂主要生产压力容器及工程管道，现需求购大口径管件配套，产品规格型号如下：材质3161不锈钢，90°弯头数量130个，等径三通数量100个。表面处理要求酸洗，无负公差，请报价。——长沙××机械设备制造有限公司

分析：详尽的产品信息和要求反映出此询盘的真实度。这类询盘通常会报较大的期望值，但也要清楚同行也在努力。

建议：产品对口，有信心拿下的，要一次到位发出一份有煽动力的报价。如果产品并不是特别强，不一定着眼于眼前这一单，能和此客户维系长远的关系，也会是一个大收获。

4.4　B2B平台内部推广资源的利用

一般的B2B电子商务平台不仅能提供产品信息发布的功能，而且不同的平台还可能有自己独特的功能。这些功能对于运营都有一定的价值。因此，当选择合适的平台后，不仅是对自己的二级域名网站（旺铺）进行信息发布和维护，还要充分了解平台提供的所有推广机会，充分利用第三方平台的功能和服务获得最大的推广效果。以阿里巴巴为例，在阿里巴巴平台上可以作为内部推广资源利用的工具和渠道包括以下几种。

（1）论坛

经常在对你有用的行业论坛里看有用的帖子并同网友交流沟通，让别人认识你，认可你，增加自己的人气。

（2）博客

经常在博客里面发表专业、有吸引力的文章以及公司产品动态。增强博客中内容的新鲜感和吸引力，这样就可以提升人气，进而提高自己公司的知名度以及接单的可能性。

(3)商机订阅

主动订阅商业资讯和商业机会,增加贸易机会。

(4)阿里旺旺

即时为客户提供服务,不错过任何商机。

本节重点讨论论坛和博客。在论坛和博客区发帖子、写原创文章虽然不能直接提高信息在 B2B 平台的排名,但其作用也是不容小视的。

4.4.1 博客推广

【例 4-11】博文《傲立罗茨鼓风机制造用上了全球顶级军工级数控加工中心》。

中国机械制造业已经在 2012 年 2 月翻开了新的一页,21 日上午我从上海飞往济南,怀着期待与激动的心情,飞驰一般来到了章丘的傲立罗茨鼓风机生产基地,在最新的厂房里已经安装好了多套从日本进口的森精机制作所的 SOODAN 军工级数控加工中心,人们概念中的罗茨鼓风机"粗大笨"的形象将一去不复返了,中国的罗茨鼓风机制造与质量水平从此登上世界领先的舞台。

曾几何时,处于世界加工厂地位的中国制造业一直是世人心目中"低质量"的代表,尤其用于污水处理与气流输送的罗茨鼓风机,其典型的形象就是粗大笨,几十年来该行业一直延续着机械加工与手工制作并举的状态,质量不稳定与噪声巨大(85 分贝左右)是国产罗茨鼓风机的主要特征,用户最大的担心是质量不稳定,购买罗茨鼓风机就好像是虔诚的敬香者在庙宇里抽签,不知道发到工地现场的罗茨鼓风机是祸是福,某种意义上是听天由命。

21 世纪初,傲立罗茨鼓风机率先在设备制造上引入价格不菲的国产数控加工中心,使国产罗茨鼓风机的质量提高了一步,同时也使用户对于质量的稳定性有了信心,我们已经连续 3 年没有接到客户对于傲立罗茨鼓风机的质量投诉,真正实现了"没有售后服务是最好的售后服务",在使用与寿命上达到了国内一流水平。

为了达到与国际罗茨鼓风机行业同步发展的水平,2011 年下半年,公司从日本森精机制作所引进了 SOODAN 数控加工中心(见图 4-27),该设备是受日本政府对外以及外国贸易法限制的设备。合同条文中主要限制了用于军工产品的制造与生产,此机一旦安装调试完成,将受到日本卫星定位系统的监控,如果进口方擅自移位或搬迁设备,SOODAN 数控加工中心将无法运转,全系统自动瘫痪,它仅允许进口方用于非军事设备与产品的生产制造,如图 4-28 所示。

图 4-27 SOODAN 数控加工中心

图 4-28 先进设备的使用细节

从 2012 年开始，在傲立罗茨鼓风机上，小到每一个螺钉孔，大到机壳平面都是用日本森精机制作所的 SOODAN 数控加工中心来完成的，完全摆脱了国内目前靠机械与手工混合操作的制造工艺，罗茨鼓风机制造工艺将发生里程碑式的变化。图 4-27 为森精机数控加工中心正在进行精密的钻孔加工，完全在全密封的环境下进行。

未来，傲立罗茨鼓风机将采用国际上最先进的设计，让国产的罗茨鼓风机不仅在质量上与国际先进水平同步，而且在噪声上与国际先进水平同步。

【分析】

1）以上案例中的博文有哪些亮点？博文中关于生产、质量及服务的宣传是通过什么形式完成的？

2）博客推广能给企业带来哪些价值？

1. 企业博客的类型

目前企业博客的类型主要有以下 3 种形式。

（1）企业在自己的网站上开通博客

许多企业在自己的官方网站开设博客频道，由企业内部人员发布博客文章。通过博客频道的建设，达到增加网站的访问量、获得更多的潜在客户，以及在企业形象推广、吸引用户意见等多方面发挥积极作用。

（2）开通一个独立域名的博客

独立域名的博客多以个人名义开设。对于有能力维护博客网站的员工来说，独立域名的博客也可以成为企业博客营销的组成部分。

独立域名的博客对博客网站拥有完整的自主管理和维护的权利，可以更加灵活、更加充分地发挥积极性，也可以展示更多个性化的内容。由于独立域名博客对个人的知识背景及管理能力要求较高，这种模式不便于企业对博客进行统一管理。

（3）在第三方博客平台上搭建企业博客

在第三方博客平台上搭建企业博客是最简单也是应用最普遍的方式。例如，在新浪、搜狐或阿里巴巴平台开设博客、发布文章，操作简单，不需要维护成本。

如果企业是一家中小企业，则建议选择在第三方平台上搭建企业博客，利用第三方博客平台的一些优势，可以在短期内扩大企业博客的影响。以阿里巴巴博客为例，它属于商业博客平台，因为这里有诚信通、即时通信工具、旺铺、论坛、商圈、群组、资讯、批发加盟通道、创业等相关工具和博客相关联，更容易帮助企业多方位展示自己，达到企业建立博客的目标。

2. 企业博客的推广

概括地讲，网络上的博客推广方法可以分为两类：一类是利用博客本身所在的平台资源来推广，另一类是利用其他的一些推广工具来推广。

（1）利用博客所在平台的资源推广博客

由于每个博客平台的推广资源都大同小异，所以接下来会以阿里巴巴商人博客平台为例，讲解如何通过博客所在平台本身的推广资源来推广自己的博客。

1）多发原创的文章，让博客得到推荐。在阿里巴巴商人博客平台发表博文，只要你的博文是原创的，并且认为自己的博客质量还可以，就可以去申请原创文章推荐。如果申请通过，则博客平台的管理员就会将你的博客放在阿里巴巴商人博客的首页，从而可以获得更多推广曝光机会，如图 4-29 所示。

2）在其他流量大的博客内留言，并在留言内放上想推荐的博文链接。在阿里巴巴商人博客平台的首页显示的不仅有通过申请的原创文章，还有很多浏览量和点评量都非常大的博文，如"一周博文点击榜""一月博文点击榜""一周热评排行榜""一月热评排行榜""博客排行榜"等。只要你在这些博文后面发表评论，并在评论后放上想要推广的那篇博文的标题和链接，就有可能会引起一些人关注而去点击你的博文。

3）与博友互换友情链接。如果想要博客在短期内能获得较高的推广效果，与博友互助交换友情链接是一种非常重要的方法。交换友情链接的方式很多，如通过博客左边的友情链接交换，在其他博主的文章里加入博文的关键词链接等。这里所说的链接并不是加到文章里，加到文章中的链接会让人反感，点击率不高。这里所说的链接是加到文章的最后面，链接方法如图 4-30 所示。通过博客的相互链接，分享其他博主的部分流量，为企业博客营销取得更大的营销效果。

图 4-29　阿里巴巴商人博客首页

图 4-30　其他博主文章后的"相关博文"推荐交换链接

（2）利用各种工具推广博客

1）利用阿里旺旺、QQ 等即时聊天工具推广。平时多注意即时聊天工具网友的添加和整理，在你写完博客之后，就可以利用即时聊天工具的群发功能向相关网友发送新写的博文和链接地址，或者利用阿里旺旺群或 QQ 群发送相关博文的标题和链接，从而达到推广博文的目的。

2）去论坛多发帖或解答别人的问题，在论坛签名里写上博客名称和链接。在阿里巴巴的商人论坛上，可以发布文字签名档和图片签名档。建议这两种签名档分别链接企业的诚信通旺铺和企业的博客。这样别人如果对你感兴趣，则可以单击这两种签名档上的链接直接进入你的旺铺和博客。

3）在邮件签名加上博客网址。很多人都知道在邮件签名中加入企业的网址，但往往忽视了在邮件签名中加入企业博客的链接地址。如果你的邮件签名中还没有博客链接，则建议添加上博客链接。

4）线下推广企业博客。平时企业如果要印刷一些宣传资料，如产品手册、企业宣传册、宣传袋，甚至个人名片，都可以在上面添加企业博客网址。

以上这些方法都可以提高博客的曝光度，只要能找到其中一两种方法，坚持做下去，那么博客一定能被越来越多的读者所看到，达到推广博客及企业产品、服务的目的。

3．博客的功能定位

（1）产品（服务）展示

营销的基础在于产品和服务信息的传递，在博客里面，企业可以通过文字描述、图片呈现等多方位地表现产品和服务信息。客户既可以通过图片了解企业产品（服务），又可以通过文字具体地认识产品（服务）性能、特征。

（2）信息发布

营销活动不但要准确地向客户传达产品（服务）信息，同时还需要及时地传达企业发展动向，包括企业规模、新闻动态、员工活动等。当客户对企业有了全方位的认识后，才会引起客户的交易动机。

（3）客户服务

通过博客，企业不仅可以单方向地向客户传达企业的产品信息、发展动态、产品问题解答等信息，同时还可以通过博客留言、博客在线聊天工具的方式达到双向沟通，准确地了解客户动态、与客户及时沟通，为客户解决各种疑问，提高客户服务能力。

（4）品牌宣传

品牌的作用是不言而喻的。在网络运营过程中，用企业博客来塑造品牌形象就变得异常重要。塑造企业品牌是每一个中小企业的梦想，有效的博客营销不但可以增加企业信息在搜索引擎上的可见度，而且也可以通过博客社区的宣传力提升和强化企业在客户心目中的印象。

4．博客的管理与维护

（1）博客的管理与设置

1）系统配置，设置博客名称、系统管理方式、是否允许注册或评论等。

2）日志分类管理，指博客文章内容分类及排序。

3）友情链接管理，在博客首页显示其他网站的链接，为建立友情链接创造条件。

4）模板管理，对博客首页及文章列表页面的模板进行修改，以符合企业运营需要。

（2）博客的内容维护

很多企业虽然开设了博客，但由于不知道写什么内容，慢慢也就放弃了。有的企业虽然也在发布博文，但内容都是千篇一律的"产品广告"，看上去比较"硬"，不能很好地吸引客户，自然也谈不上浏览量了。

博客能否引人关注，选题是关键。博客内容实际上并没有具体限制，可以是企业员工的生活、娱乐活动，也可以是企业提供的服务理念，甚至还可能是企业的营销故事、老板的创业事迹等。只要能让用户了解企业文化，塑造产品的品牌，不一定要通过硬广告，通过"软文"同样也能达到很好的效果。

1）企业的品牌形象建设。企业的品牌形象建设可围绕下面的话题进行。

① 全体员工的故事：从老板到员工的事迹，从创业开始的点点滴滴，于细微处见精神，折射人心的光芒。

② 研发的故事：围绕技术创新与产品研发的轨迹，不以技术阐述为中心，只记录呕心沥血的攀登足迹。

③ 生产的故事：以班组为单位的现场运转场景，着力表现生产一线员工与班组长为完成订单而做出的努力。某企业的生产故事，如图4-31所示。

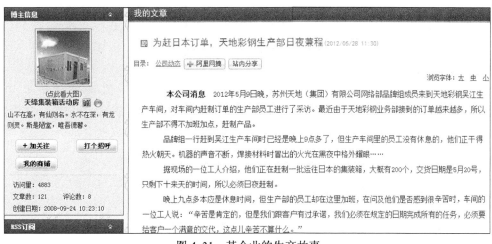

图 4-31 某企业的生产故事

④ 质量的故事：通过具体生动的故事情节，展现企业全体员工为质量而付出的努力。

⑤ 管理的故事：管理无小事，企业的每一天都与无数的管理细节密不可分，把这些典型的管理小故事写出来，就构成了一个品牌之所以成为品牌的理由。

⑥ 市场的故事：占领市场、扩大市场、以市场为导向的经营理念，将进一步在产品定位与细分市场上体现出来。市场的故事就是客户反馈、处理、再反馈、再处理的过程，在这个过程中，实现了市场份额的良性循环与快速增长。

⑦ 服务的故事：在产品高度同质化的今天，企业拼的就是服务，而服务是最漫长的过程，售前、售中与售后服务的全过程中有无数艰辛曲折的故事，把这些故事生动形象地体现在博客里，将是塑造品牌形象最有力的武器。

【例4-12】雨天一把伞，带来订单五十万。

近来天气一直不太好，虽然街上各种花儿都开得鲜艳，但是因为没有阳光的照耀，也像是一幅刚临摹完的水墨画，淡淡的没有生机。心情也不太好，金融危机也给钢管行业带来了危机，奥运会后钢管价格一直在下调。但是钢管价格的下调却跟不上业务的回落，眼见着询价电话减少，公司每个员工都有了紧迫感。积极地与各个钢管用户联系。

前两天，我刚和一个西安的电力工程公司联系了一笔电力用直焊管的业务，他们的业务员也来到了沧州，就住在我们公司附近的一个宾馆里，但是因为我们钢管报价和另一个厂不相上下，他拿不定主意从哪里进货。我让他不要急，从两个公司钢管产品质量服务等各个方面综合考虑一下再做决定。嘴上虽然这么说，可是心里我也很着急，50万的订单虽然不是很大，但是金融危机下每一笔单都来之不易，我想拿下它。

昨天上午，阴了好久的天终于下起了小雨，我给客户打电话过去，他说去那个钢管厂看货去了，刚坐上回宾馆的公交车。他没说订单的事，我也不好意思问。叮嘱他路上小心，就挂了电话。该做的我都做了，一切顺其自然吧！望着外面的雨，突然想起他是不是带了伞，没有多想，拿起一把雨伞去公交车站等他。很凑巧，我刚到，那班车就来了。接过雨伞，他只淡淡说了句谢谢就回去了。依然没有谈钢管业务的事，我也很轻松。

想不到今天上午，一上班他就打来电话，说让我把合同准备好，一会儿过来签。开心不已！想不到他这么快就做了决定。双方签完字后，他说昨天他去那家公司时，其实他们已经降了20元钱。本来打算就和他们签合同了，但是就是昨天你那把伞让我感到了温暖，伞虽小但是让我感到了你们的真诚。有了真诚与信任才能更长久地合作，雨天一把伞，却赢来钢管订单50万，我的心情豁然开朗，原来做生意，除了产品的性价比外，服务也是最重要的。

【分析】博客在网络营销中起什么作用？信任的作用。《雨天一把伞，带来订单50万》就达到了这样的目的。访客看了博客之后，会对产品以及产品之外的"人品"有着更加深刻的认识和了解，如此一来，信任感加强了，成交率自然就会相应提升。如果没有博客，产品就缺乏人性和感情的内涵。

总之，品牌的打造就是要靠企业经营中的细节慢慢建立，这是一个循序渐进的过程，尤其在互联网营销上要使一个原来默默无闻的中小企业变成"金凤凰"，博客营销是较好较有效的方法。

2）企业文化塑造。企业文化塑造可围绕下面的话题进行，如图4-32所示。

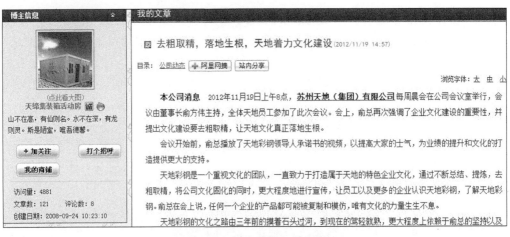

图4-32 某企业的文化建设

① 经营理念：企业经营理念是生产经营和管理活动的方法论原则。
② 企业精神：企业精神通常用一些既富有哲理，又简洁明快的语言予以表达，便于职

工铭记在心，时刻用于激励自己；也便于对外宣传，容易在人们脑海里形成印象，从而在社会上形成个性鲜明的企业形象。

③ 企业道德：它是企业之间、企业与顾客之间、企业内部员工之间关系的行为规范的总和。这里有一个度和底线的把握，对个人来说是职业操守，对企业来说是游戏规则，并将之延伸到代理商和经销商的范畴，如图 4-33 所示。

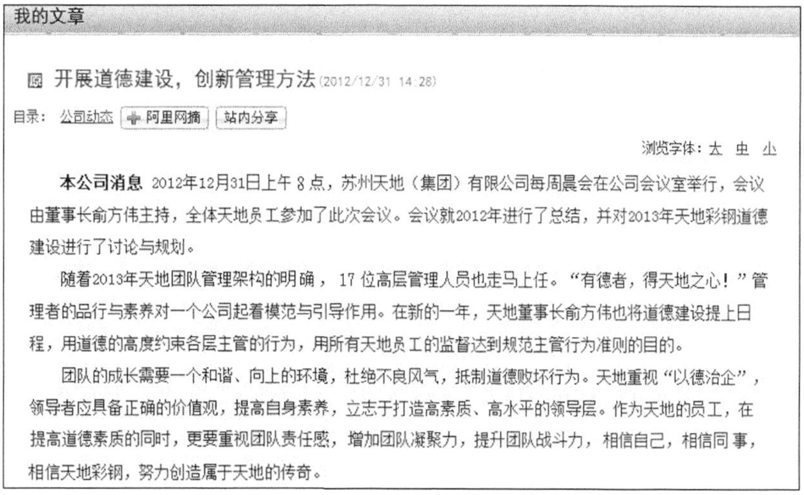
我的文章

开展道德建设，创新管理方法(2012/12/31 14:28)

目录：公司动态　阿里网摘　站内分享

浏览字体：大 中 小

本公司消息 2012年12月31日上午 8 点，苏州天地（集团）有限公司每周晨会在公司会议室举行，会议由董事长俞方伟主持，全体天地员工参加了此次会议。会议就2012年进行了总结，并对2013年天地彩钢道德建设进行了讨论与规划。

随着2013年天地团队管理架构的明确，17 位高层管理人员也走马上任。“有德者，得天地之心！”管理者的品行与素养对一个公司起着模范与引导作用。在新的一年，天地董事长俞方伟也将道德建设提上日程，用道德的高度约束各层主管的行为，用所有天地员工的监督达到规范主管行为准则的目的。

团队的成长需要一个和谐、向上的环境，杜绝不良风气，抵制道德败坏行为。天地重视“以德治企”，领导者应具备正确的价值观，提高自身素养，立志于打造高素质、高水平的领导层。作为天地的员工，在提高道德素质的同时，更要重视团队责任感，增加团队凝聚力，提升团队战斗力，相信自己，相信同事，相信天地彩钢，努力创造属于天地的传奇。

图 4-33　某企业的道德建设

④ 团队意识：使企业的每个员工把自己的工作和行为都看成是实现企业目标的一个组成部分，使他们对自己作为企业的成员而感到自豪，对企业的成就产生荣誉感，从而把企业看成是自己利益的共同体和归属，如图 4-34 所示。

⑤ 企业形象：企业通过外部特征和经营实力表现出来的，被消费者和公众所认同的企业总体印象。外部形象称表层形象，如招牌、门面、徽标、广告、商标、服饰、营业环境等，这些都给人以直观的感觉，容易形成印象；通过经营实力表现出来的形象称为深层形象，它是企业内部要素的集中体现，如人员素质、生产经营能力、管理水平、资本实力、产品质量等。

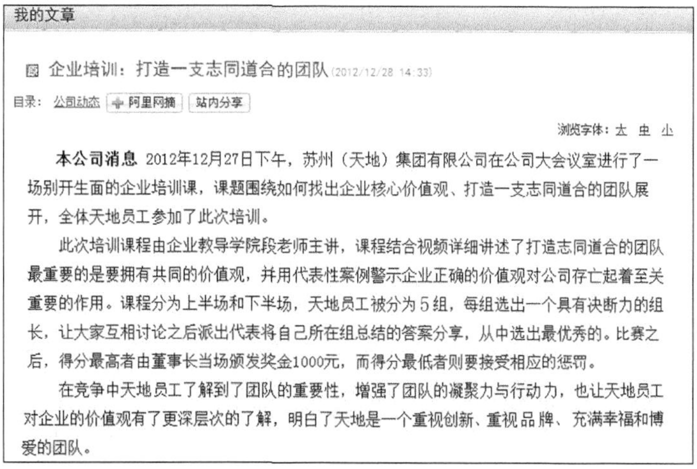
我的文章

企业培训：打造一支志同道合的团队(2012/12/28 14:33)

目录：公司动态　阿里网摘　站内分享

浏览字体：大 中 小

本公司消息 2012年12月27日下午，苏州（天地）集团有限公司在公司大会议室进行了一场别开生面的企业培训课，课题围绕如何找出企业核心价值观、打造一支志同道合的团队展开，全体天地员工参加了此次培训。

此次培训课程由企业教导学院段老师主讲，课程结合视频详细讲述了打造志同道合的团队最重要的是要拥有共同的价值观，并用代表性案例警示企业正确的价值观对公司存亡起着至关重要的作用。课程分为上半场和下半场，天地员工被分为 5 组，每组选出一个具有决断力的组长，让大家互相讨论之后派出代表将自己所在组总结的答案分享，从中选出最优秀的。比赛之后，得分最高者由董事长当场颁发奖金1000元，而得分最低者则要接受相应的惩罚。

在竞争中天地员工了解到了团队的重要性，增强了团队的凝聚力与行动力，也让天地员工对企业的价值观有了更深层次的了解，明白了天地是一个重视创新、重视品牌、充满幸福和博爱的团队。

图 4-34　某企业的团队意识

⑥ 企业制度：在生产经营实践活动中所形成的，对人的行为带有强制性，并能保障一

定权利的各种规定。从企业文化的层次结构看，企业制度属中间层次，它是精神文化的表现形式，是物质文化实现的保证。企业制度作为职工行为规范的模式，使个人的活动得以合理进行、内外人际关系得以协调、员工的共同利益受到保护，从而使企业有序地组织起来为实现企业目标而努力，如图 4-35 所示。

图 4-35　某企业的制度

企业博客营销与推广实际上就通过对产品品牌和企业文化这两个方面的塑造，使得客户对企业的认知和信任不断加深与巩固，这是博客营销的"卖产品不如卖自己"的真谛。

很多中小企业在开展博客营销时，通常感到没有什么内容可写，都是一些日常琐碎的小事，根本不值得一提。事实上，恰恰就是这些小事构成了企业的经营理念。

4.4.2　论坛推广

【例 4-13】"舒洁"纸巾论坛推广案例（见图 4-36）。

目的：讲述一段成功的爱情故事，为"舒洁"品牌植入浪漫的情感元素。

标题：他们的纸巾爱情。

形式：图片帖。

投放板块：大众类、情感类、女性时尚类。

内容：我的好朋友小 C 是一个爱哭的女孩子，没想到她经常擦眼泪的纸巾竟然成就了她现在美满的爱情。小 C 现在回家结婚了，留着这些纸巾爱情，发到网上来做一个见证……

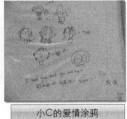

图 4-36　"舒洁"纸巾论坛推广案例

维护：

1）纸巾看起来不错啊，那纸巾是什么牌子的？

2）楼主说的是舒洁啊。

【分析】 根据舒洁纸巾品牌的定位，目标人群定位以年龄在15～35岁的年轻人为主。利用论坛发帖，植入情感因素，巧妙地让这部分用户了解纸巾的柔韧、适合折纸等特性，侧面反映出产品的优秀品质。且冠以舒洁名义进行传播，利用受众的猎奇心理达到了良好效果。

1．论坛推广的定义

论坛推广就是企业利用论坛这种网络交流的平台，通过软文、图片、视频等方式发布企业的产品和服务的信息，从而让目标客户更加深刻地了解企业的产品和服务，最终达到宣传企业的品牌、加深市场认知度的目的。

论坛推广的目的不仅在于销售引导、品牌引导、流量引导，而且经常在对你有用的论坛里看有用的帖子并同网友交流沟通，可以让别人认识你，认可你，增加自己的人气，进而推广自己的博客以及公司网站。

2．论坛推广的关键

（1）论坛推广的重点在于质，不在于量

很多新手以为把广告发到很多论坛就叫论坛推广了，其实这个认知是错误的。论坛推广不要一味地追求数量，哪怕只在一个论坛进行推广，但只要目的达到了，就是成功的。吸引眼球，让网友点击是成功的第一步，还要打动用户；光看还不行，还要能够触动用户的神经。发帖不在于发帖的数量多少，关键是为了让更多人看到，宣传自己的网站或产品，所以追求的是最终流量。因此，发高质量的帖子，专注一点，可以花费较少的精力，获得较好的效果。如果发的帖子质量好，则很可能被别人转载，达到病毒式的传播效果。

（2）论坛推广的本质是互动，不是一个人自言自语

还有一部分朋友认为发了广告帖，不被删除就是成功，这也是错误的认识。即使管理员不删除，但是没人看、没人点、也没人互动，其实也没意义。因此，所发帖子最好在吸引眼球的同时，还能够引起网友的共鸣。

（3）论坛的帖子一定是软文

不被删除是论坛发帖最起码的要求，否则就是白忙活。其实要想做好论坛推广，不仅是发帖子和写软文，一次成功的论坛推广，还要融合很多元素进去。

3．论坛推广的操作步骤

（1）选择合适的目标论坛

目标论坛不一定越多越好，要量力而行，视自身的人力、物力而定，否则太多的论坛，反而应付不过来。目标论坛也不一定越大越好，有时候大论坛的监控反而严。

1）用户群要精准。例如，要推广手机，就要找手机论坛；要推广工业品（如仪表），就要找相关行业的论坛。

2）选择人气旺的论坛。没有人气，谈不上推广。

3）选择有签名功能的论坛。

4）选择有链接功能的论坛。

（2）了解需求，准备材料

在进行论坛推广之前，先要弄清楚以下几个问题。

1）要推广什么产品？产品有什么特点？
2）此次推广的目的是什么？如增加流量、增加注册量、增加品牌知名度等。
3）竞争对手或同类网站有没有做过类似推广，情况如何？
这几条搞不清楚，后面就很难准备出合适的推广内容，就意味着最终的结果可能会不理想。

（3）撰写帖子内容

1）要有吸引人的题目。吸引人点击是基础。标题不要太死板，要鲜活一些，这样才会激起人的好奇心，点击率才会提高。当然，题目应当与内容相关。

2）内容要有争议性等特点。

① 争议。争议是最能触动用户的神经，最容易吸引用户参与的内容。这里的争议是指能够引起讨论和辩论的争议。

② 共鸣。一些相似的感受或经历，也会触动用户的神经。例如，很多"80后"的怀旧帖子经久不衰。

（4）形式

在做论坛营销推广时，帖子要多融入图片、视频、文字、故事、游戏等元素。

（5）发广告要巧妙

帖子发表时不要一开始就发广告，这样的帖子很容易被当做广告帖删除。可以利用长帖短发方式，在后面的跟帖里发广告，一般不会被删除。

一个帖子刚发表时，版主一般要进行检查，如果此时有广告内容，则一般会被删除。经过一段时间后再对原帖进行修改，重新将广告内容加上，这样的成功率要高一些。

如果账号被封，那么改天换一个再发。当然，帖子要与主题相关，并且在论坛里要有链接功能。

（6）顶帖

帖子准备好，发到目标论坛，还不算结束，还要让此帖被关注、有人参与、甚至成为热帖才行。顶帖要结合上面的人的回帖内容。

另外，顶帖的时间频率一定要根据该版区的刷新频率进行，不要发布了主题内容，马上回复，这样容易看出是自己在顶。

（7）顶别人帖并加链接

选人气高、回复少、主题内容没有链接的帖子进行顶帖，并添加推广链接。当然内容上一定要选择和别人帖子内容有关联的帖子进行推广。

【例4-14】论坛推广顶帖案例。

> 帖子样例：
>
> 主题：《雪佛兰SPARK乐弛中国以后又来了乐弛中国，够活跃的》
>
> 广告越做越大，车倒越卖越小了，那天搜到一个活动网，我居然还看得津津有味，要先后跑7个城市做推广，老婆还是吵着买车，先关注一下。
>
> 回帖一：是不是那种QQ一样的小车啊，那个东西稳当不稳当啊？
>
> 回帖二：楼上，你别说，像上海这样的城市现在还鼓励小车型，污染小呀，停车也方便，原来不让上高速的，现在哪里都能上了。
>
> 回帖三：http://www.autohome.com.cn/808/ 楼主说的是这个吗？我也在汽车论坛看见了，买不买先别说，等到我们这里搞活动的时候我自己一定去看看的。
>
> 回帖四：雪佛兰看来进驻市场的雄心很大呀，人家到底是大厂，有底气~

4.4.3 主动查找客户信息

当买家要采购时,通常有两种采购途径:①找之前合作过的供应商;②发布求购信息,在网上寻找供应商。因此,网上存在着大量买家信息等待着卖家主动去挖掘查找。

绝大多数 B2B 电子商务平台用户都习惯于发布完信息后等买家主动找上门,是一种被动营销,忽略了平台上众多的买家资源,不去主动查找买家,进行主动营销。尤其是部分付费会员,尽管其在查看买家资源上拥有优势,但他们却没有利用好。第三方 B2B 平台上提供了大量潜在的买家库,因此对于中小企业而言,只要他们能够有效地开展主动营销,一定能从平台中获得巨大的收益。

一般情况下,查找买家的方式有以下几种。

1. 在"买家库"利用搜索引擎或者类目直接查找买家

打开阿里巴巴网站首页(http://www.1688.com/),搜索相应的关键字,如可以在搜索栏中输入"流量计",搜索结果如图 4-37 所示。

图 4-37 搜索买家

免费会员和付费会员在利用"买家库"寻找潜在客户时的权限是有差异的。一般情况下,免费会员只能看到求购信息,看不到买家企业的名称,只能通过留言报价的方式与买家联系,而且总计只有 3 次;付费诚信通会员不但可以看到买家企业的名称,而且可以查看对方的联系方式、旺旺联系、报价等多种信息。由此可见,诚信通会员利用"买家库"查找潜在客户要比免费会员有明显的优势。

2. 利用"买家库",参加"名企采购"专区活动,主动发掘客户

名企采购是阿里巴巴专门为诚信通会员提供的一项特殊服务,即阿里巴巴邀约一些全球及国内知名的大企业、大公司来阿里巴巴平台入驻参加采购活动,并且会发布招标说明,作为诚信通会员只要关注好每期的采购、根据招标要求参加竞标,就有可能竞标成功,最终与名企买家达成交易,名利双收。

3．利用供应信息寻找潜在客户

寻找贸易公司，主动出击。例如，生产葡萄酒的生产商，可以在供应信息里寻找葡萄酒的贸易商。生产服装的生产商，可以在供应信息里寻找服装贸易商。

4．利用上下游挖掘客户

除了求购信息、供应信息外，买家还可以利用上下游来挖掘客户。方法就是在阿里巴巴首页中搜索公司库，可以通过目标客户的主营产品名称搜索，或者按地域、按经营模式、按工商注册时间及注册资本进行搜索。

例如，生产纽扣的生产厂商，在公司库中寻找服装生产厂商。生产拉链的生产厂商，在公司库中寻找箱包生产厂商，如图4-38所示。

图4-38　利用上下游挖掘客户

5．商机快递

用户可以根据需要订阅所需要的信息关键字、所属行业或所属地区，一旦阿里巴巴网站出现符合需要的最新商机，便会以电子邮件或旺旺的形式提醒用户，如图4-39和图4-40所示。

图4-39　订阅商机快递

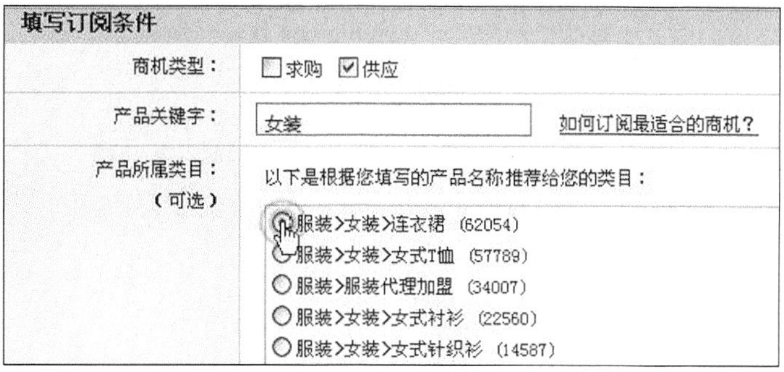

第 4 章 利用第三方 B2B 平台运营

图 4-40 订阅商机快递——选择类目

4.5 免费 B2B 平台信息发布及信息的优化

4.5.1 免费 B2B 平台信息发布

1. **在免费 B2B 平台发布信息**

【例 4-15】B2B 免费会员发布的信息也能上搜索引擎的第一页。

在百度搜索栏中输入"涡街流量计价格",发现搜索结果的第一页中出现了食品商务网上免费会员发布的信息,如图 4-41 和图 4-42 所示。

图 4-41 百度搜索栏

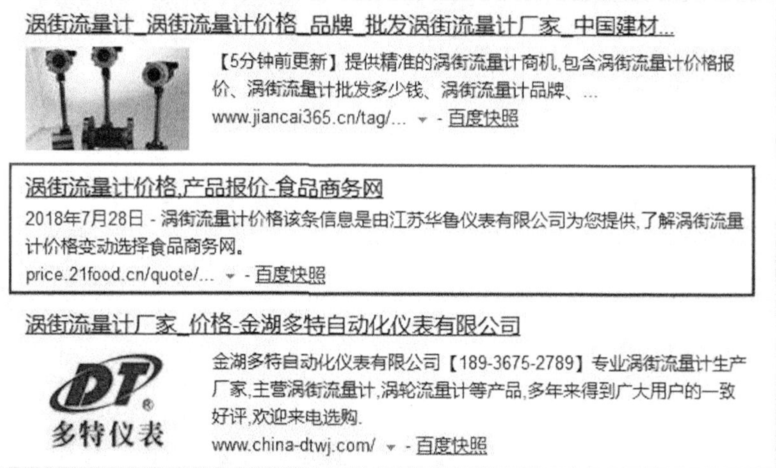

图 4-42 搜索结果页

由此可见,对于搜索引擎来说,B2B 免费会员发布的信息表现不一定比付费会员的表现差,重点在于发布的信息质量本身是否更加符合搜索引擎的算法和排名规则。

采用付费式 B2B 网站推广的优点如下。
① 发布信息条数无限制。
② 发布的信息可以添加超链接或商务通等。
③ 发布的信息可以被百度等搜索引擎更快收录。
采用付费式 B2B 网站推广的缺点如下。
① 容易让推广人员产生惰性。
② 推广信息追求短期收录，排名不稳定。
③ 经济花费大，难以与实际转化率成正比。
不难看出，目前使用付费式 B2B 网站进行网站推广的，大多是为了追求短时间内的推广信息收录与排名。为了避免无谓的花费，节约成本，在使用付费式 B2B 网站的同时，还要继续加大免费资源网站的推广力度，并且对于付费式 B2B 网站最好先注册一个免费会员账号尝试效果，然后再考虑付费会员。

2. 免费平台发布信息的要点与策略

（1）选择与企业产品相关的垂直行业网站

因为平台直接与企业相关，上面堆积了大量行业关键词和长尾关键词，相对而言，对搜索引擎的亲和力就更好，客户也偏向于到专业网站去搜索自己需要的产品与设备。

（2）注册 B2B 网站时，企业信息尽可能填写完整

填写每一个栏目时，不要只填写必填栏目，其他栏目也尽量填写完整。

（3）每天都要在 B2B 网站重发信息，发布时间要选择好

每天的信息重发时间点也是不能忽略的，通常应避开大家都在重发的时间，同时也要考虑人们上网找寻东西的习惯。例如，有些采购商经理由于白天工作忙，往往会在晚上下单，所以在 19:00～19:30 发布信息比较好。

（4）B2B 供应信息的首要重点在标题

标题里必须出现关键词或长尾关键词，最好重复出现关键词的变种关键词，这种方法对搜索引擎排名有极大的好处。

（5）文中图片要清晰、大小一致

有些人不注意图片的精美与规格，发布上去的信息就失去了吸引力。图片一定要统一规格大小，尽可能吸引人。

（6）B2B 供应信息的文本内容与标题同样重要

最不好的内容就是只写产品参数或技术本身，其他内容一点也没有，看上去就是生硬的产品说明书，没有任何吸引客户或消费者的卖点。B2B 供应信息的文本内容要涵盖企业文化和品牌概念，体现企业的特色与产品的卖点。供应信息的文本内容还要排版整齐，不要乱七八糟堆在一起。

4.5.2 第三方 B2B 平台商铺信息的搜索引擎优化（SEO）

1. 商铺内容

（1）首先要定位好自己的商铺

清楚自己的商铺提供什么，提供给什么样的人群。这里讲的是关键词的选择，是排名

的第一要素。选错关键词可能导致事倍功半。如，河北安吉宏业公司生产流量计产品，选择关键词可以是涡街流量计、蒸汽流量计、电磁流量计等。

（2）商铺要有实际的内容

真正做到用心去做，能让浏览的人感觉网站确实有用，这样搜索引擎也会认同的。为什么一个没什么内容的网站很难排上去？人们在查找信息时，总是希望找到一个包括很多重要信息的网站。因此，网页内容丰富的网站要比那些网页内容还没那么丰富的商铺排名好得多。无论是搜索引擎还是访问者都希望看到比较新的信息。这就要求管理人员要收集大量的信息，专注于领域的变化。毕竟搜索引擎的技术发展是以人为本的，网页间要互联互通，有充足的内容和站内链接。

（3）定期发布信息、更新信息有利于排名

无论是B2B平台本身，还是对于搜索引擎，信息的更新和重发，都有利于自己的信息排名。换句话说，二者排名规则都对更新的信息比较友好。因此定期发布信息，更新或重发信息也是做好B2B电子商务平台信息优化的重点。

2．对公司标题及产品信息进行优化

（1）标题的优化

标题是优化的重点，可以将产品关键词放在标题上来增加关键词被搜索到的权重。标题上要包含企业名称，因为是企业商铺，所以企业标题上包含企业名称是必须的。

格式：

产品A，产品B，产品C，- 企业名称

企业名称 – 专业生产产品A、产品B、产品C的厂家。

实际例子：

破碎机，移动破碎站，颚式破碎机，碎石机系列产品 - 黎明重工科技股份有限公司

（2）关键词的优化

对于企业网站来说，一般是指产品或企业名称的关键词。最好写产品关键词，关键词数量最好在3～5个，切记不要重复。

例如：破碎机，移动破碎站，颚式破碎机，立式破碎机，制砂机。

（3）页面简介的优化

简介的内容对于一个页面是非常重要的，它会出现在搜索引擎的搜索结果里，也是搜索引擎主要看的东西。百度搜索页中显示的页面简介，如图4-43所示。

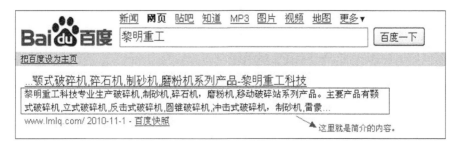

图4-43 百度搜索页中显示的页面简介

简介的填写注意以下几点。

①简介要有可读性，尽量原创，不要和其他平台的主站完全一样。

②对于优化而言，可尽量包含产品和企业名称的关键词，也可包含联系方式。

③内容不要重复，关键词不要堆砌。

④内容不要太长，在150字以内。

（4）产品信息的优化

挖掘行业内的长尾关键词，然后丰富网站的内容。

1）地区＋关键词。设置这类关键词，首先要知道优化原则上很重要的一条：匹配度原则。例如，你在南京，但是你想让在北京的客户也能看到信息，做北京＋关键词显然能得到更好的排名。市场在哪里，就用那个地区＋关键词来发布信息，这样能得到事半功倍的效果。此外，这类关键词可以做本地＋关键词之类的组合，通常本地来的客户意向很大，容易成单。

2）型号＋关键词。这类关键词一般在工业产品上使用比较多，专业性强。客户表现形式订购意向强，购买量大。

3）品牌＋关键词。这类关键词对陌生客户来说没吸引力，但是对老客户，会起到增加客户黏度的作用。

4）性能、材料、用途＋关键词。这类关键词是从客户需求的角度出发的，想象的空间很大，可以尽量做。这类关键词很抽象，如果设置得好并且懂销售心理，则往往可以卖个好价钱。

5）口语式关键词。这类关键词使用搜索很少，但属于精准关键词系列。设置一些地方需求比较大的当地口语式关键词，相当于设置了黄金关键词（竞争小，购买意向大）。

6）疑问式关键词句子和肯定式关键词句子。这类关键词是从需求者的角度出发的，更加贴近客户心理，容易成单。

3．外链、内链、关键词密度

（1）外链

做外链的方法主要有以下两种。

1）交换友情链接，如图4-44所示。

2）在一些权重高的论坛、博客留下外链。

外链方面，除了首页的外链外，也要做一些内容页、栏目页的外链，两者都很重要。

（2）内链

除了外链的建设之外，在本站的相关频道或是内容页也可以增加内部链接，如图4-45所示。

图4-44　商铺中的友情链接

（3）关键词密度

网页上通常会有数以百计的词语，通常搜索引擎会统计每一个页面的字数，那些重复出现的词或短语会被认为比较重要。关键字数与该页面字数的比例称为关键词密度。关键词对于网站排名，特别是长尾词有很大影响。一般来说，一个网站的关键词密度应该控制在2%～8%比较合适，如图4-46所示。

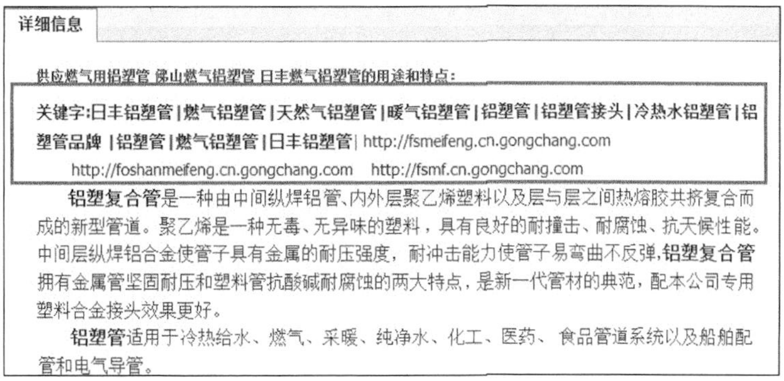

详细信息

供应燃气用铝塑管 佛山燃气铝塑管 日丰燃气铝塑管的用途和特点：

关键字:日丰铝塑管|燃气铝塑管|天然气铝塑管|暖气铝塑管|铝塑管|铝塑管接头|冷热水铝塑管|铝塑管品牌 |铝塑管|燃气铝塑管|日丰铝塑管| http://fsmeifeng.cn.gongchang.com http://foshanmeifeng.cn.gongchang.com http://fsmf.cn.gongchang.com

铝塑复合管是一种由中间纵焊铝管、内外层聚乙烯塑料以及层与层之间热熔胶共挤复合而成的新型管道。聚乙烯是一种无毒、无异味的塑料，具有良好的耐撞击、耐腐蚀、抗天候性能。中间层纵焊铝合金使管子具有金属的耐压强度，耐冲击能力使管子易弯曲不反弹,铝塑复合管拥有金属管坚固耐压和塑料管抗酸碱耐腐蚀的两大特点，是新一代管材的典范，配本公司专用塑料合金接头效果更好。

铝塑管适用于冷热给水、燃气、采暖、纯净水、化工、医药、食品管道系统以及船舶配管和电气导管。

图 4-45　网页中的内链

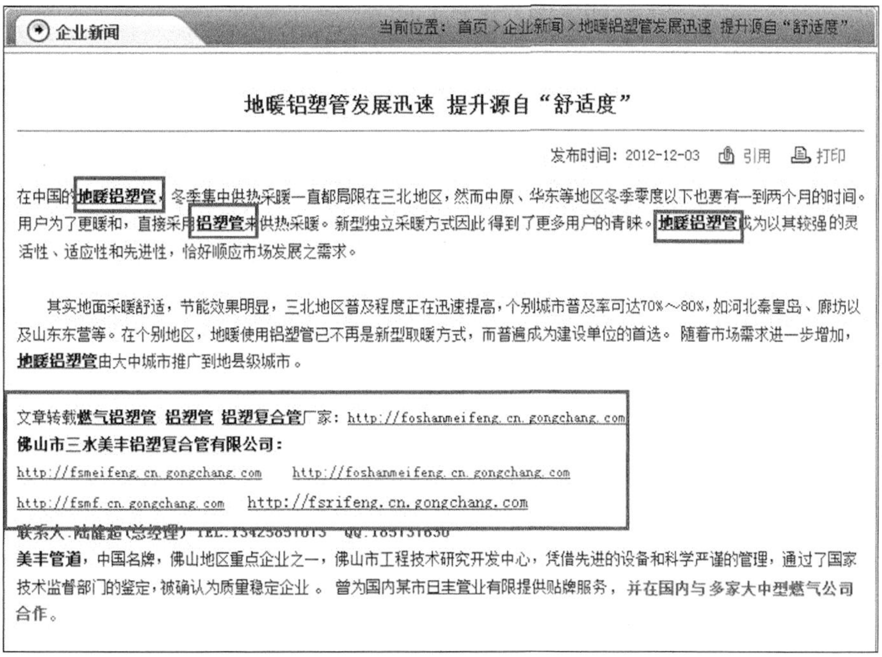

企业新闻　　当前位置：首页 > 企业新闻 > 地暖铝塑管发展迅速 提升源自"舒适度"

地暖铝塑管发展迅速 提升源自"舒适度"

发布时间：2012-12-03　引用　打印

在中国的地暖铝塑管，冬季集中供热采暖一直都局限在三北地区，然而中原、华东等地区冬季零度以下也要有一到两个月的时间。用户为了更暖和，直接采用铝塑管来供热采暖。新型独立采暖方式因此得到了更多用户的青睐。地暖铝塑管成为以其较强的灵活性、适应性和先进性，恰好顺应市场发展之需求。

其实地面采暖舒适，节能效果明显，三北地区普及程度正在迅速提高，个别城市普及率可达70%～80%，如河北秦皇岛、廊坊以及山东东营等。在个别地区，地暖使用铝塑管已不再是新型取暖方式，而普遍成为建设单位的首选。随着市场需求进一步增加，地暖铝塑管由大中城市推广到地县级城市。

文章转载燃气铝塑管 铝塑管 铝塑复合管厂家：http://foshanmeifeng.cn.gongchang.com
佛山市三水美丰铝塑复合管有限公司：
http://fsmeifeng.cn.gongchang.com　http://foshanmeifeng.cn.gongchang.com
http://fsmf.cn.gongchang.com　http://fsrifeng.cn.gongchang.com

美丰管道，中国名牌，佛山地区重点企业之一，佛山市工程技术研究开发中心，凭借先进的设备和科学严谨的管理，通过了国家技术监督部门的鉴定，被确认为质量稳定企业。曾为国内某市日主管业有限提供贴牌服务，并在国内与多家大中型燃气公司合作。

图 4-46　关键词的分布密度

思考与练习

1）浏览以下 B2B 网站，对比分析它们的平台特点、会员类别、相应的会员费及增值服务，然后利用 Alexa（www.alexa.cn）或站长工具查看各网站的排名。

①阿里巴巴。

②慧聪网。

③中国供应商。

④敦煌网。

⑤马可波罗网。

⑥勤加缘网。

⑦网络 114。

⑧世界工厂网。

2）B2B 网站发布高质量的信息具有哪些优势？

3）第三方 B2B 电子商务平台搜索结果通常按照什么规律进行排名？

4）常见的询盘方式有哪几种？如何对询盘进行分类与筛选？

5）FAB 法则怎么定义？在产品描述中有什么作用？

6）填空：使用 FAB 法则描述产品，把内容补充完整。

场景 1：王大爷身体很弱，天气一有变化就会感冒，业务员小张向王大爷推荐产品时说："大爷，我们的增健口服液有复合多糖。"王大爷听了并没有什么反应，因为"复合多糖"只是一个特点或属性（Feature）。

场景 2：同样的场景，小张向王大爷推荐产品时说："大爷，我们的增健口服液有复合多糖，可以提高_____。"但是王大爷仍然没有反应。

场景 3：同样的场景，小张向王大爷推荐产品时说："大爷，我们的增健口服液有复合多糖，可以提高_____，经常服用，您老就不会_____。"这次，王大爷向小张买了一盒增健口服液。这就是一个完整的 FAB 顺序。

7）假设你为一对中年夫妇讲解了新天籁车况，试驾回来丈夫郭先生感觉挺满意，正准备跟你到里面谈价格，这时候太太突然说"人家都说日本车安全性比较差，前些天报纸上还看到了一则事故报道，老王，我们还是到别处看看吧。"王先生有点犹豫了。这种情况该如何处理。

8）免费平台发布信息有哪些要点与策略？

技能实训

任务 1

比较阿里巴巴和慧聪网平台的操作。

1）登录阿里巴巴，查看阿里巴巴提供了哪些行业产品类目。

①注册阿里巴巴，发布一个礼品公司经营工艺品的公司信息和生产工艺品（自制水晶制品）的产品供应信息。

②查看诚信通的服务介绍以及在线办理流程，思考诚信通对阿里巴巴网站的营销价值。

③下载、注册、登录阿里旺旺，添加联系人。

④研究归纳信息发布排名中名列前十位的特点和规律。

2）登录慧聪网（http://www.hc360.com/），列出其栏目设置，分析它与阿里巴巴在栏目设置上有何异同。

①归纳慧聪网提供的买卖通的基本内容和收费标准，从供求信息平台的角度考虑为何要设置买卖通？这为企业用户带来了怎样的营销价值？

②从供求信息平台的角度，讨论慧聪网设置行业资讯栏目的必要性。

③研究归纳信息发布排名中名列前十位的特点和规律。

④下载、注册、登录慧录发发，添加联系人。

任务 2

比较以下两家企业在阿里旺铺上的"公司简介"截图，如图 4-47 和图 4-48 所示。说出哪一家公司的简介更能吸引客户、更能让客户信任企业，理由是什么，不好的公司可以在哪些地方进行补充和完善。

公司简介

众合力机械设备有限公司专业从事混凝土输送泵、混凝土布料机、混凝土输送泵配件及其配套设施的生产销售。公司地处河北盐山县，这里经济发达、交通方便，为公司的发展提供了良好的环境。公司自2000年建厂以来，从顺达砼泵配件厂和广州销售处发展到今天，厂房面积13 000m²，拥有混凝土输送泵生产线一条，耐磨管、泵管生产线4条，布料机生产线2条。

众合力机械设备有限公司是一家研制大型建筑工程机械设备的专业企业，现阶段主要业务包括以下内容。

1. 拖式混凝土输送泵、混凝土布料机、布料机的制造。
2. 泵车配件：耐磨管、耐磨弯头、铰链弯管、水平管等。
3. 混凝土泵配件：合金眼睛板切割环、S阀、密封、橡胶软管。
4. 各类材质、型号的混凝土泵管的生产：直径80泵管、直径125泵管、直径150泵管等。
5. 管卡的铸造：125管卡、80管卡、150管卡、200管卡、快速管卡、大螺母管卡等。
6. 混凝土泵租赁业务、其他混凝土泵输送配件的销售及混凝土泵维修。

1 2 3 4 5 6 7 众合力公司为了更好地为客户提供服务，在广州、南京、西安、重庆、沈阳、成都等地区设立分公司，形成了整机制造—— 销售、配件制造—— 供应、设备维修、售后服务的一条龙的服务模式。

众合力公司有一系列高品质的产品，将根据市场时机稳步推出。我公司将不断开发优质、高配置的产品，为施工企业提供高性价比的混凝土机械。

众合力公司一贯奉行质里第一、客户至上的宗旨，热诚欢迎五湖四海的朋友参观指导，洽谈合作。

[已认证]代表已经通过诚信通认证的消息

[已实地认证]代表已经通过实地认证的消息

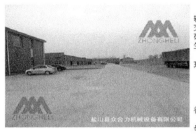

图 4-47　阿里巴巴平台某机械设备公司旺铺的企业简介

公司简介

南通兆福化纤有限公司是专业生产加工涤纶化纤丝、手套等产品的私营有限责任公司，拥有完整、科学的质量管理体系。我公司的实力和产品质量获得了业界的认可。我公司坚持“质量第一，用户至上”的经营方针，在日益激烈的市场竞争中独树一帜，迎风前行！欢迎各界朋友莅临我司参观、指导和洽谈业务。

图 4-48　阿里巴巴平台某化纤公司旺铺的企业简介

任务 3

1）在阿里巴巴平台上找到一家当地诚通企业，查看其发布信息的标题和详细内容是否符合高质量信息的要求，对于客户是否具有吸引力，图片是否清晰，旺铺装修是否美观，发布的信息排名是否靠前。根据查看的企业真实结果，作出 B2B 平台运营分析报告。如有条件，可尝试与该企业沟通联系。

2）征得企业同意，可在老师的指导下与企业沟通，对企业的产品、市场以及用户进行网络调研。在对企业有一定的了解后，可与企业合作，帮助企业在 B2B 平台进行信息的发布，维护平台旺铺。

3）主动查找客户信息。通过“找公司”进入阿里巴巴的公司黄页中，查找该企业的下游公司，查看搜索结果中公司和产品信息的介绍，公司联系方式都包含哪些。

任务 4

与当地企业结合，为企业注册 10 ～ 20 个免费平台，并利用平台为企业发布产品信息。

要求：

1）发布高质量的企业简介信息。

2）为每一个产品写出独具特色的 10 个标题，突出关键词或长尾关键词。

3）与企业技术人员、销售人员共同讨论、筛选关键词的设置。

4）站在企业经营立场上，建立阿里巴巴商人博客，然后发表博客软文，仔细体会博客运营的技巧。

5）登录阿里巴巴论坛和企业的相关行业论坛，了解论坛服务，发精品帖为企业做软文推广，与网友互动，体会论坛营销的价值。

第 5 章 企业自建网站运营

【学习目的】

1）了解企业营销型网站的特点及建设企业营销型网站的意义。
2）掌握网站运营过程中信息内容的采集、发布与管理。
3）熟悉在线客服的沟通方法与技巧。
4）掌握企业网站 SEO 的基本方法和技巧。
5）通过运用网站流量分析工具对网络运营效果进行监测与分析。
6）能够制订企业网站推广计划并运用相应工具对网站进行推广。

【导入案例】 深圳世纪丰源自建网站运营取得良好业绩

深圳世纪丰源饮水设备有限公司是以生产和销售家用饮水机、商用饮水机、节能饮水机、净水器、开饮机为主的中型企业；产品适用于工厂车间、学校、酒店餐厅、写字楼、医院、车站等集体人员饮水区。从 2008 年的金融危机开始，企业传统线下销售遇到了很多困难，于是公司利用第三方 B2B 电子商务平台获取订单的同时，开始建设独立网站，开展自建平台电子商务运营。网站上线运营后，对网站进行了关键词优化，在主要搜索引擎上投放了关键词广告，客户开始找上门，而且范围也广了，以前客户多在珠江三角洲地区，现在像湖南、江西、江苏、上海等地的客户全都打电话过来。3 个月以后，效果更加明显，公司 80% 的订单都是通过网上来的，另外 20% 的订单由老客户介绍，不再像以前一样，业务员要出去跑，去拜访陌生客户，如图 5-1 所示。

图 5-1 深圳世纪丰源自建网站首页

思考与分析：B2B 电子商务平台模式并不是企业开展电子商务运营的唯一模式。由于 B2B 平台在信息发布、平台的构造、平台的续费方面都受制于第三方，如果在使用过程中没有办法保证持续性将会给企业带来巨大损失。最有效的电子商务运营模式往往需要综合应用多种网络手段，而这些综合策略可以使 B2B 电子商务平台模式发挥更好的作用。成功的企业往往不会永远停留在这种简单模式上，深圳世纪丰源通过自建网站运营，从网站风格、功能到内容的安排完全自己做主，更能突出企业的特色和品牌，全方位满足客户需要，为电子商务运营取得更好的效果提供支持。

一个企业建立自己的网上平台，首先要解决以下几个问题。

1）为什么要建立企业网站？

2）企业网站能带来什么？

3）企业网站应提供什么样的功能？

要回答这些问题，就要对自建平台电子商务运营有一定的认识。企业网站的功能分为技术性功能和网络营销功能两类，企业网站的技术性功能是网络营销功能的基础，网络营销功能是技术性功能的表现形式。因此，从这点来讲，企业网站本质上应是以营销为导向的网站。把握住企业网站与电子商务运营关系的本质，才能掌握这种内在关系的一般规律，建立适合电子商务运营需要的企业网站，为有效开展电子商务运营奠定基础。

5.1 企业自建网站的设计

5.1.1 企业自建网站的介绍

1. 企业营销型网站的特点

电子商务是很多企业不可回避的、必须熟练运用的一种新的运营模式，而这种新的模式，除了第三方 B2B 电子商务平台外，还必须通过一个能自主控制的平台来支撑，这个平台就是企业官方网站。

企业官网的建设实际上就是创建官方信息源，它是网络运营中营销信息传播的基础，是企业可自主控制的、最有价值的网络运营工具。因此，企业网站应是以营销为导向的网站，即营销型网站。

（1）营销型网站的定义

营销型网站是指具备营销推广功能的网站。营销型网站以帮助企业实现经营目标为网站建设目标，满足企业的网络营销功能。

具体来说，营销型网站就是根据企业核心产品在传统中的销售渠道，设定网络目标客户群体，站在客户的角度发布网站信息，通过核心产品展示、项目展示、客户见证、为潜在目标客户答疑等方式塑造企业公信力，通过网站营销贯彻，获得销售线索，最终达成线上或线下交易。

营销型网站概念的提出，打破了企业对于网站建设的传统认识。构建营销型网站，就是要明确网站的营销职能，以网络营销为核心目标来进行网站建设。

（2）企业营销型网站应该具备的特点

1）网站内容相对比较充实。尽管很多 B2B 平台都给企业提供了独立的二级域名网站（商铺）功能，但这些平台提供的网站基本上都是统一的模板、千篇一律的公司介绍、产品展示等内容。企业独立建设的营销型网站可以根据客户需求的不同设置不同的栏目，如案例展示、合作伙伴展示、招聘信息、员工动态等。

2）有良好的搜索引擎表现。企业网站的一个重要功能是网站推广功能，而搜索引擎是目前网民获取信息最重要的渠道。网站若无法通过搜索引擎进行有效推广，那么从一定程度上来讲其营销性会大打折扣。相对于 B2B 二级域名网站，企业自建营销型网站由于功能设置、网站架构等诸多方面自主性高，更有利于进行搜索引擎的优化，从而获得良好的搜索引擎表现。

① 标题优化：首页标题、产品页面、新闻页面可以进行针对性关键词优化。
② 内容优化：核心关键词内容重复频率、内容更新率、内容原创性。
③ 关键词优化：企业 SWOT（优劣势）分析、优势产品与服务、关键词列表。
④ 友情链接：外部链接、内部链接、高 PR 值网站互相链接。
⑤ 核心优势：企业定位、核心产品与服务优势。

3）良好的客户体验。一般从以下几个方面来实现一个具备良好客户体验的营销型企业网站。

① 访问速度：减少首页 Flash 或大图片，实现国内多路由访问和服务器的稳定。
② 网站结构：导航栏清晰，整体结构适合营销的需求。
③ 网站内容：突出公司优势、产品优势、服务优势。
④ 网站设计：色彩搭配协调、专业性强，细节处理比较好。
⑤ 网站诚信：有资质证、荣誉证书、第三方证书。
⑥ 联系方式：每个产品与服务页面都有联系方式，以方便客户第一时间找到。
⑦ 网站的沟通性：对于特殊用户群体的定制，企业网站应该具备交互与沟通功能。

4）营销功能。
① 网站客服：把握在线销售机会，整合 QQ 在线功能。
② 客服热线：开通 400、800 全国免费热线，体现大公司形象，注重品牌与服务，把握商机。
③ 企业邮局：对外统一形象，对内方便管理，企业邮局是基础准备。
④ 广告促销：通过在线广告活动、最新促销，营造营销气氛，把握线上机会。
⑤ 电子地图：让客户方便找到，提升诚信度，用户体验好。
⑥ 在线支付：让客户在找到你之后，能及时付款。

2. 企业自建网站的意义

（1）长期来看，不受制于人，没有过多付出的佣金，自由拓展程度高都是优势

与第三方平台相比，自建网站平台完全由自己掌控，扩展业务和栏目相对自由，没有各种条款限制，也不需要缴纳佣金。因此，企业建立属于自己的平台是必要的，长期来看，也是必须的。

（2）企业网站的价值在于推广，是企业实施各种网络营销的根据地

企业在网络上运营，可以通过 B2B 平台、C2C 平台、第三方 B2C（如天猫、京东商城）平台、搜索引擎营销、博客营销等诸多手段，但无论是哪种手段，从独立性和内容的充实度等方面都不及企业官网，因此无论是哪种形式，客户流量最终还是要引到企业官网上来。

（3）提高访问者转化为购买客户的比例

从搜索引擎友好性和用户体验良好性的角度建设企业网站，可以提高企业网站在搜索

引擎中的排名,吸引潜在客户通过关键词找到企业网站,通过高质量、有价值的信息和在线客服系统方便与目标客户即时沟通,大幅度提高把访问者转化为购买客户的比例,真正给企业带来订单和客户,更好地发挥企业网站的作用。

(4)网站的价值体现在内外营销两个方面

一个优秀的营销型网站不但对外可以展示其产品、宣传其形象、塑造其品牌,更重要的是它可以对企业内部管理、内在文化起到巨大的推动作用。一个优秀企业产品的展示、新闻的展示、发展历程的展示可以影响到员工的心态,有利于企业员工了解企业产品、企业文化,对企业产生认同感,增强企业内部凝聚力。因此企业从建站之初就应该在内容、栏目、风格的设置上考虑企业内部的需要,满足企业发展。

5.1.2 企业网站的设计与规划

1. 企业网站建设的误区

【例5-1】河北安吉宏业公司老版的企业网站存在的问题分析(见图5-2)。

图5-2 河北安吉宏业公司老版企业网站首页

河北安吉宏业公司是目前国内大型综合性机械产品生产型高新技术企业之一。产品远销欧、美、日、韩等多个国家及地区,公司率先通过ISO 9001国际质量体系认证。企业的产品和信誉都是过硬的,但企业网站自上线以来,并未收到明显的营销效果。2011年公司决定对老版网站进行改版。经过分析,老版网站的问题表现在以下几个方面。

(1)网站的内容太过简单

首页上只有产品图片和一个企业视频。仅有的产品介绍看起来是文字介绍信息,但实质仍然是以图片的形式呈现,不利于搜索引擎的抓取。

(2)网站没有进行搜索引擎优化

主要关键词在主要的搜索引擎上的表现不如人意。在百度上搜索主要关键词,前10页都难找到企业产品的踪影,主要原因是网站没有搜索引擎优化的意识。外链也几乎没有,标题和关键词没有做任何处理,关键词部署也无从谈起。网站结构做得也不好,没有网站地图,而导航分类与内部链接也较混乱。

（3）信息量少，更新速率缓慢

企业网站长期无人管理，信息量很少，甚至半年没有更新，不利于网页 PR 值和搜索引擎评分收录。

（4）公司网站上没有客服，不能实现与客户的在线交流

公司网站没有 QQ 等在线沟通工具，缺少与客户的互动。

（5）公司没有专业的网站管理人员。

网站的安全性及稳定性都不能很好地保证。

很多企业在建设官方网站时存在很多误区。很多人错误地认为企业网站只要上线，就能带来订单。于是企业网站建设之初没有策划、没有定位，上线之后没有更新，使得企业网站完全脱离实际存在的意义与价值，成为一个摆设，收获的是寥寥无几的订单，甚至很多情况下入不敷出，于是产生一种"上当受骗"的感觉，最终导致企业错误地认为建设网站没有用，于是放弃了电子商务运营。

造成部分中小企业网络运营效果低下的原因如下。

（1）企业网站建设之初没有规划

网站内容过于简单，本身不具备理想的营销功能。企业网站建设之初，应该从网站设计以及网站功能等各个方面融入网络营销理念，建设营销型网站。企业上网不是摆设，而是要从中获得效益。网站设计不能只求美观，而是要根据企业经营的需要，构造适合自身特点的模式，如面向客户服务为主的网络营销功能，以销售产品为主的企业网站营销功能。

（2）没有网站运营意识

据统计，国内一半以上的企业网站一个月也不更新一次内容。企业网站的作用与目的就是快速展示企业信息，如果不更新，就失去了网站的价值。

（3）网站推广力度不足或方法单一

大多数企业完成网站建设后，只是将网站提交到几家门户网站的搜索引擎上，根本没有推广。仅做友情链接或将网址印到企业名片上，这些对于开展网络商务来说是不够的。

（4）大部分中小企业都忽略了转化率的问题

通过各种营销方式进行企业网站推广，就算获取再大的流量，如果不能给企业带来客户订单，也是徒劳，商机转瞬即逝。例如，网站没有与客户的互动，没有在线客服工具，不能方便地与用户及时沟通，不能给客户良好的体验。

2. 企业营销型网站的规划

（1）企业营销型网站建设原则

1）彰显特色、突出产品卖点。品牌宣传和产品销售是企业网站最重要的功能，当客户访问企业网站时，如何让客户增强对企业品牌的信任、产生对企业产品的兴趣是实现这些功能最为重要的问题。尤其对新客户来说，当他通过网络获取了一个新的企业品牌信息时，网站给他的第一印象对他是否会选择这个品牌是非常关键的。所以企业在建设网站时，应该把如何彰显企业特色、突出企业产品卖点作为一个重要原则。

2）体现便捷、强化客户体验。当一个客户访问企业网站时，他的每一个微妙的感受都将影响到他对企业品牌的判断。网站的视觉效果是否良好、速度是否快、信息导航是否便捷、沟通是否通畅等要素都构成了一个客户体验。良好的客户体验使得客户对企业品牌产生好感

和信赖，而不好的客户体验会导致客户对企业的品牌实力和服务水平产生怀疑，并最终放弃进一步和企业的业务联系。

3）注重优化、符合搜索规则。企业网站的另一个重要功能是网站推广功能。在营销型企业网站解决方案中，搜索引擎优化工作作为基础和长期的工作，从企业网站的策划阶段乃至从企业网络营销的战略规划阶段就已经开始，而其又贯穿于企业网站的整个运营过程。

（2）企业网站规划

1）确定网站与企业产品、企业文化一致的风格。网站整体风格是指站点的整体形象给浏览者的综合感受，这种感受是抽象的。有风格的网站与普通网站的区别在于：普通网站上看到的只是堆砌在一起的信息，如信息量多少、浏览速度快慢等；有风格的网站上可以获得除内容之外的更感性的认识，如站点的品位、层次等。因此，企业网站要与企业产品、文化相结合，确定与企业相关的 Logo、横幅、背景与前景色、文字样式等。

① Logo 的使用。Logo 就是网站的徽标或商标，形象的 Logo 不仅有利于用户对网站主体和品牌的识别，而且有促进网站推广的作用。

② 网页的用色需要配合网站的行业特征，从而突出网站的主题。例如，"伊利"网站的主页以绿色、蓝色和白色为主色调，给人以清爽的感觉。

③ 一个网站由很多个网页组成，如果每个网页的风格都不一致，那么一定会使整个网站显得凌乱不协调，甚至很容易使浏览者感到迷惑，不知是否还在同一网站内，所以一定要使网站的风格保持一致。也就是说，网站的 Logo、文字字体、网页的主色调及版面布局均要一致。

2）确定与企业运营相关的内容。网站内容是网站信息的集合。在前期目标市场分析阶段获取的信息经分析归纳就可以得到内容需求。无论网站的界面多么漂亮，模式多么先进，用户主要还是来看内容的。不管是商业信息、行业动态，都是属于内容，没有这些内容，就犹如一个商场建设得非常漂亮，却没有商品，是没有任何意义的，不会有人来光顾。

网站的内容确立以后，要进行内容分类和组织。栏目设计的最基本任务是建立网站内容展示的框架，具体要确定哪些是必需的栏目，哪些是重点栏目，并建立栏目的层次结构。对于一般企业，主要栏目应包括以下内容。

① 产品或服务展示信息，包括产品的分类信息、详细信息、其他相关信息等。多数用户到网站后首先就是查看企业产品情况，因此产品和服务信息展示是第一位的，这些内容的展示可以第一时间满足客户对产品的了解。

② 公司介绍，一般包括公司、发展历程、公司荣誉等。通过这些内容的介绍，一方面让客户认知企业，另一方面也可以增加公司的真实性，让客户信任企业。

③ 客户案例和典型合作伙伴，客户和合作伙伴尤其是有实力的合作伙伴的介绍能增强公司的信服力。

④ 公司相关支付、发货、物流、售后信息，这些内容的介绍可以帮助客户解决交易过程中的后顾之忧。

⑤ 公司的企业动态、招聘信息等。

3）确定合理的网站布局。一个好的营销型网站结构与布局，不仅可以突出重点内容，让用户得到良好体验，更重要的是对于搜索引擎的优化，提升网站信息在检索时的曝光率、可见度也是大有帮助的。

图 5-3 所示是某企业网站的首页布局。

图5-3 某企业网站的首页布局

顶部：根据用户习惯，Logo、企业名称放在网页顶部左侧，便于客户第一眼看到企业的名称、品牌。同时，顶部还放置了导航和横幅图片。导航是为方便了解客户进入主要栏目，横幅则是把企业最具实力的一面展示给客户。

中部：中部是客户打开网站关注的焦点，通常应把产品分类目录放置在左侧，让用户对企业提供的产品有全面的认知，同时也符合用户和搜索引擎抓取的习惯。中间部分则是客户在整个网页中最为关注的部分，应把企业最具有代表性和最有实力的产品放在这个位置。右侧是企业动态及行业简讯，也是网站经常更新与维护的重点，企业通过信息发布，将企业文化和服务理念传递给客户。

底部：一般是用户关注度较低的部分。因此，可以在这个部分放置服务导航、友情链接及售后、物流和支付问题的解答等。

5.2 企业自建网站的运营与管理

5.2.1 网站信息的发布与管理

1. 网站内容的组织与管理

企业网站作为展示企业形象的一个重要窗口，应充分加以利用，以达到宣传公司的企业文化、企业理念、企业产品等目的。

（1）信息采集

对于一般的工业企业营销型网站而言，由于网站要完成多个方面的展示功能，所以一般提供不同的版块和栏目内容，并且要由各相应部门人员采集相关版块信息提供给企管部网站管理员。图 5-4 所示是河北安吉宏业公司新版网站的首页。显然，新版首页提供的信息比老版网站的首页内容丰富了许多，不同的栏目和版块内容都由相关的部门采集，客户对企业的信任度大大提高。

图 5-4　河北安吉宏业公司新版网站的首页

1）企业简介，一般包括公司现状介绍、公司发展历程、公司结构框架、公司资质与认证、公司荣誉等。通过这些内容的介绍，一方面可以让客户认知企业，另一方面也可以增加公司的真实性，让客户信任企业。

2）企业动态，一般包括商务活动、重大事务、外事活动、访问活动、上级领导来公司考察活动、公司领导重要出访活动等信息，由相关接待或组织部门提供。

3）产品或服务展示信息，包括产品的分类信息、详细信息、其他相关信息等。多数用户登录网站后首先就是查看企业的产品情况，因此产品和服务信息展示是第一位的，这些内容的展示可以让客户第一时间了解产品。

4）客户案例和典型合作伙伴，客户和合作伙伴（尤其是有实力的合作伙伴）的介绍能增强公司的信服力。

5）市场动态、合同签订、展会情况等信息由市场部提供。

6）人员招聘等信息由行政人事部提供。

7）公司相关支付、发货、物流、售后信息等内容的介绍可以帮助客户解决交易过程中的后顾之忧。

使用说明、下载说明是作为后续服务提供给客户的，这些内容可以增强对客户的服务能力，提高客户满意度。

注：采集信息均为电子文档，信息采集人员应保证网页、图片及文件资料无病毒、信息准确，并做好相关资料的备份，上传信息应注明信息来源，严格审核程序，对于来源不明、内容不准确的信息不予上传。

（2）信息取舍

网站内容信息取舍的方法可以通过以下3个方面进行。

1）访问者访问企业网站的目的是什么？

从网上获取资讯始终是访问者的主要目的之一，因此网站内容必须提供和企业产品或服务相关的丰富资讯。以专业的角度去描述产品的规格和性能，和同类产品或服务进行比较，帮助访问者作出最好的选择。

2）访问者为什么要经常访问我们的企业网站？

一般情况下，访问者要在访问网站4～5次后，才会有实质性的购买行动。因此，企业网站要让他们觉得值得回访。不断更新产品或服务资讯，不断添加吸引访问者的内容，加深良好印象，使潜在客户回访网站。

3）访问者在众多同类产品或服务中，为什么会选择我们企业的产品或服务？

详细描述产品或服务的特点，给出确凿的资料。如果我们的企业产品或服务没有特色，那么潜在客户购买产品或服务的动机将会大大降低。

认真回答以上3个问题，就可以清楚地知道自己的企业产品有哪些优势，并在内容组织及栏目设置中尽量体现。

（3）网站信息组织

网站信息的组织并不是现成的企业简介和产品目录的翻版。可以通过搜索引擎找出同类网站排名前20位的名单，逐个访问名单上的网站，然后做一个简单的表格，列出竞争对手的企业名称、所在地、产品描述、产品价格、网站特点等，从中找出企业产品优于或不同于其他竞争对手产品的优点或特色；同时，也应该清楚地认识到自己产品的不足之处，思考如何改进使产品更具竞争力，并制订出改进的方案。

在充分了解了网上竞争对手的情况并研究了他们的产品和网页的基础后，参照以下内容组织原则，制订出更能体现产品特点的网页内容。

① 清晰性：网站内容必须简洁明了，直奔主题，非常有效地讲清楚想说的内容。

② 创造性：提出的观点能使访问者产生共鸣，这是访问者判断一家公司是否有实力，从而影响到购买动机的重要依据。

③ 突出3个重点：突出企业产品的优点和与众不同的特色，突出帮助访问者辨别、判断同类产品优劣的内容，突出内容的正确性。

具体操作如下：

1）按重要程度列出答案所需的内容、资料，有时还需要图示或加入产品图片。如果有必要，将上述问题整理成问卷，分发给同事、客户、朋友去做。

2）将他们的答案分门别类地整理出来，再根据上述"网站内容的组织原则"重新取舍，并尽可能地提出共性的东西，这样需要哪些栏目和内容就很清楚了。如有需要，则提请有关部门提供栏目所需的内容和资料。

3）网站栏目的设置一定要突出重点，方便用户。网站栏目的实质是一个网站内容的大纲索引，就好比一本书的目录，集中了各个章节的名称及页码，索引应该引导浏览者寻找网站里最有用的东西。在设置栏目时，要仔细考虑内容的轻重缓急，突出重点。

注意：许多网站只是说自己的产品最好、规模最大，却找不出任何支持其说法的资料；也有很多网站经常说自己的产品或服务最好，价格又最低，却没有实例来证明。

4）注意对收集来的资料进行筛选，淘汰那些与网站宗旨关系不大的信息，一些涉及敏感话题、敏感问题的资料最好也删除。对剩余信息的质量要认真判断，去伪存真，去粗取精，只保留那些最有价值的信息。

5）对上述信息进行进一步加工整理，从内容、文笔、信息量等方面再次加工。

6）根据版面情况，依据内容表现的主题，对上述信息进行排版、校审、发稿。

2．企业信息与产品的发布

网站投入运营后，就需要持续不断地进行维护和更新，停滞不变的网站内容不能给客户提供新的价值，同时也会令客户对企业的持续运营和诚信度产生怀疑。

网站的日常维护工作主要包括以下栏目的更新：公司动态、新开发产品、客户案例、客户解答系统、企业横幅的更新，如图 5-5 和图 5-6 所示。

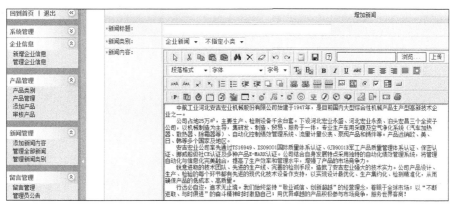

图 5-5　河北安吉宏业公司新版网站的后台

图 5-6　河北安吉宏业公司新版网站后台产品更新页面

3. 网站的定期检查

在企业网站运营的过程中,除了要经常更新网站内容之外,还要定期对网站进行体检,包括 DNS 解析是否正常,网站空间运营是否快捷稳定,网页内部是否存在图片不显示、链接错误,是否存在被挂黑链的情况。

4. 网站内容的备份

现在越来越多有实力的企业都会自己买一台服务器使用,这时就要格外注意网络安全的问题了。如果企业有自己的服务器,最好由专业的公司或网管来负责网络安全和数据备份,否则一旦碰上黑客或者病毒之类的就麻烦了,辛辛苦苦累积起来的客户数据或者网站内容就有可能丢失。就目前中小企业网站建设而言,大多采用租赁服务器,因此建议网站建设完成后,要定时检测网络安全和备份数据库。一般来讲,一周备份一次为宜。

企业定期对网站备份,可以通过 FTP 进行下载备份,也可以通过数据库导出的方式进行网站备份,如图 5-7 所示。

图 5-7 通过网站后台数据库导出进行备份

5. 网站运营维护的规范

网站管理部门应设网站维护管理员一职,负责网站管理工作。网站运营维护的规范如下。

1)所有信息必须经网络管理员审核同意后才能发布。发布前必须对非直接转载的信息和本部门自己整理的信息作两次校对,确认无误后才能上传。

2)信息发布按流程运作:提交初审(各分公司负责人)→终审发布(网站管理员)。

3)各分公司、各部室提供的信息要准确、规范。

4)上传信息涉及公司全局性工作的需经常务副总或总经理审核。

5)定期检查网站上的互动信息(如论坛),及时作出回复。

6)凡违反法律法规、有损企业形象的留言应马上删除。

5.2.2 企业网站运营效果的监测与分析

1. 对网站访问量数据进行分析

在网站运营中,访问者的多少直接关系到网站的经营与生存。一个网站访问次数的多少是其受用户欢迎程度和发展前景强弱的体现。营销型网站访问量统计是网站运营的一个重要组成部分。

通过对访问量数据的分析,可以有效帮助自己分析企业目标客户群,如用户的来源、地区分布等；及时掌握网站推广的效果，减少盲目性，找出哪些关键词或是哪种推广策略发挥了作用，从而分析出网站的优势与不足，对网站进行相应的修改，更好地实现网站的推广和企业的营销目标；还可以根据数据变化规律和趋势随时调整网站的发展方向；另外，还有助于选择更合适的网站宣传推广手段。

（1）网站流量统计与分析

通常说的网站流量（Traffic）是指网站的访问量，是用来描述访问一个网站的用户数量以及用户所浏览的网页数量等指标，常用的统计指标包括网站的独立用户数量、总用户数量（含重复访问者）、网页浏览数量、每个用户的页面浏览数量、用户在网站的平均停留时间等。

网站流量统计分析是指在获得网站访问量基本数据的情况下，对有关数据进行统计、分析，以了解网站当前的访问效果和访问用户行为并发现当前网络运营活动中存在的问题，并为进一步修正或重新制定网络运营策略提供依据。

（2）常见流量统计系统

1）百度统计。百度统计是百度推出的一款专业网站流量分析工具，能够告诉你访客是如何找到并浏览你的网站，以及如何改善访客在你网站上的使用体验，让更多的访客成为客户，不断提升网站的投资回报率。图5-8所示为百度统计的Logo。

百度统计提供了几十种图形化报告，全程跟踪访客的行为路径，并且帮助监控各种网络媒介推广效果，让你及时了解哪些关键词、哪些创意的效果最好。同时，百度统计集成百度推广数据，帮助你及时了解百度推广效果并优化推广方案。

图5-8　百度统计的Logo

2）CNZZ。CNZZ是由国际著名风险投资商IDG投资的网络技术服务公司，是中国互联网目前最有影响力的免费流量统计技术服务提供商，专注于为互联网各类站点提供专业、权威、独立的第三方数据统计分析，如图5-9所示。

图5-9　CNZZ网站首页

CNZZ 拥有全球领先的互联网数据采集、统计和挖掘三大技术，专业从事互联网数据监测、统计分析的技术研究、产品开发和应用。

3）51.la 统计服务。51.la 统计可以说是国内最经典的统计服务了。"我要啦"的功能是所有统计服务中比较丰富的，甚至不是很重要的屏幕颜色和屏幕分辨率都可以查到。不过比较实用的功能还是关键词分析功能，可以通过这一功能了解到访客是通过搜索哪些关键词找到了你的网站。51.la 的缺点是有少数时间会对页面载入速度有一定的影响，毕竟它要统计的内容太多了。

（3）流量统计系统的安装

在流量统计系统中，百度统计以其强大的功能和免费的服务赢得了众多用户。下面以该系统为例，介绍流量统计系统的使用方法和步骤。

1）进入百度统计（http://tongji.baidu.com）进行注册，添加用户名、密码、邮箱及要统计的站点网址与所在行业，如图 5-10 所示。

图 5-10　百度统计注册

2）登录获取代码，如图 5-11 所示。

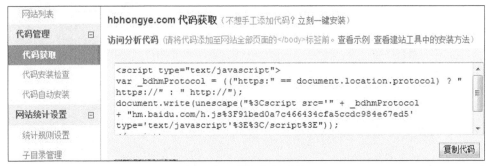

图 5-11　获取代码页面

3）加载代码。单击复制代码后，将其粘贴到目标网页的结尾部分，即要跟踪的每个网页标记 </body> 之前，如图 5-12 所示。

第 5 章　企业自建网站运营

```
<!DOCTYPE HTML PUBLIC "-//W3C//DTD HTML 4.0 Transitional//EN">
<HTML>
<HEAD>
<TITLE> New Document </TITLE>
<META NAME="Keywords" CONTENT="">
<META NAME="Description" CONTENT="">
</HEAD>

<BODY>
您的网站内容

<script type="text/javascript">
var _bdhmProtocol = (("https:" == document.location.protocol) ? " https://" : " http://");
document.write(unescape("%3Cscript src='" + _bdhmProtocol +
"hm.baidu.com/h.js%3F1fd30e24-8e39-0e75-50e7-da4c920a735d'
type='text/javascript'%3E%3C/script%3E"));
</script>
</BODY>
</HTML>
```
访问分析代码

图 5-12　加载代码页面

也可以采用一键安装的方法，单击右上角的"立刻一键安装"，弹出如图 5-13 所示的页面。此时仅需输入 FTP 地址即可将百度统计代码自动安装到网站。

图 5-13　通过一键安装自动安装代码

4）统计数据。登录后，进入百度统计，单击左侧的分析导航列表，即可查看该站点的相关统计数据，如图 5-14 所示。

图 5-14　查看该站点统计数据页面

通过百度统计的数据分析，可以随时知道企业网站被访问的情况，如每天多少人看了哪些网页,搜索关键词带来的搜索次数,新访客的来源是哪里,用户的忠诚度如何,网站的用户分布在什么地区等非常有价值的信息数据。根据统计,可以及时知道自己网站被访问的情况,从而及时调整页面内容、推广方式。

(4)百度统计的应用

1)网站 IP/PV 查看。图 5-15 所示为某网站 2013 年 2 月的访问统计。IP 是指在一天内访问网站的独立 IP 数。PV 即页浏览量。网站的 IP/PV 可以反映出一段时间内网站的流量状况,有助于企业有的放矢地制订网站运营推广计划。

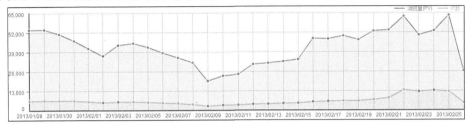

图 5-15　查看网站的 IP/PV

2)网站流量在各搜索引擎的分布。如图 5-16 所示,通过网站流量统计分析查询网站流量在各大搜索引擎中的分布情况,可以了解网站在各大搜索引擎的权重,对于占有百分比少的搜索引擎,可以有针对性地进行网站优化。由图 5-16 可以发现该网站大部分流量来自于百度和 360 搜索引擎,这两个搜索引擎带来的流量占到 90% 以上。显然,除了百度,360 搜索引擎越来越值得大家去重视了。

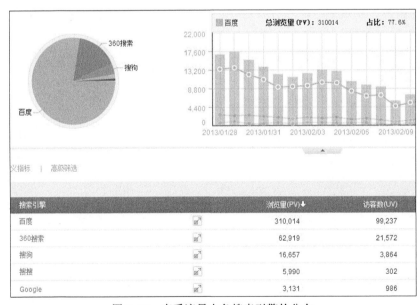

图 5-16　查看流量在各搜索引擎的分布

3)入口页面分析。由图 5-17 可以看出,网站的浏览入口主要是首页和被搜索引擎抓取并排名的部分页面。这同时也说明了在搜索营销方面登录页的设置欠缺,通过定制化的特色登录页将不同来源、不同目的的访客直接导入相关页面,以减少跳出率,提高访客成交率与服务质量。

	页面URL	贡献浏览量
1	http://www.czqq.com	199,034
2	http://www.czqq.com/index.php	28,771
3	http://www.czqq.com/read.php?tid=1345722	25,846
4	http://www.czqq.com/index.php?m=bbs	10,279
5	http://czqq.com	6,322
6	http://www.czqq.com/simple/?t1188482.html	5,134
7	http://www.czqq.com/thread.php?fid=220	4,273
8	http://www.czqq.com/thread.php?fid=78	3,424
9	http://www.czqq.com/thread.php?fid=7	3,058
10	http://www.czqq.com/thread.php?fid=20	2,472

图 5-17 查看网站的入口页面

4）地域分布。由图 5-18 可以看出，主要访问来源集中在河北、天津。这是因为这个网站是地方性网站，对其他地区的辐射力度欠缺。

5）受访页面分析。如图 5-19 所示，通过访客对站内具体页面的访问行为可以分析出：哪些页面得到了访客的重视、哪些页面起了通道作用、哪些页面内容欠完善导致访客离开，需要结合网站本身的页面进行分析，并推测可能的原因，做进一步改进。

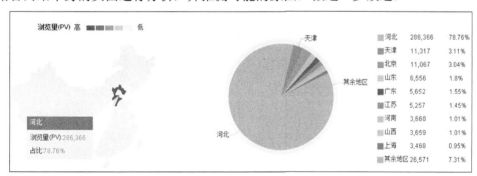

图 5-18 查看网站访问来源的地域分布

	页面URL	浏览量(PV)
1	http://www.czqq.com/read.php?tid=1345722	25,435
2	http://www.czqq.com	27,975
3	http://www.czqq.com/simple/?t1188482.html	5,097
4	http://www.czqq.com/index.php	8,036
5	http://www.czqq.com/read.php?tid=1471433	1,844
6	http://www.czqq.com/index.php?m=bbs	8,302
7	http://czqq.com	685
8	http://www.czqq.com/thread.php?fid=220	16,868
9	http://www.czqq.com/thread.php?fid=78	12,620
10	http://www.czqq.com/thread.php?fid=7	21,208

图 5-19 受访页面分析

除了以上数据分析以外，百度工具还可以对访客的站内行为进行以下分析。

访客进入网站后，浏览了哪些网页？上线时间多长？上个访问页面是哪里？同时访问的页面是什么？是否被邀请会话？邀请的次数是多少，第几次登录？最后统计出共有多少名访客，有多少名访客被邀请，有多少访客接受会话？

网站流量对企业的网站运营起到了向导的效果，主要表现在以下几个方面。

① 减少盲目性推广：通过访客数量统计，使企业可以及时掌握网站推广的效果，减少盲目性。

②进行准确的市场定位：通过访客来源分析，协助企业制订不同的营销策略，及时调整，有利于企业进行很好的市场定位。

③优化推广方案：通过关键词广告的效果追踪，软文访问情况等网络营销手段的效果回馈，为制订和修正网络营销策略提供依据；盘点网站流量情况，调整网站格局，根据判断某个来源的访客质量，分析其恶意点击的比率，进而优化网络推广效果。

④提高客户服务满意度：通过熟客识别功能，了解访客的上线次数，分析网站访客的熟客率，掌握并挖掘访客的需求，大大提高客户服务满意度。全面掌握访客信息、有效引导挖掘访客的需求，最大限度地促成订单。

2．网站的 Alexa（网站排名）和 PR 值

Alexa 是一家专门发布网站世界排名的网站。Alexa 每天在网上搜集超过 1000GB 的信息，不仅给出多达几十亿条网址链接，而且为其中的每一个网站都进行了排名。可以说，Alexa 是当前拥有 URL 数量最庞大、排名信息发布最详尽的网站。

可以在 http://alexa.chinaz.com/ 查看网站的 Alexa 排名。如图 5-20 所示，河北安吉宏业公司网站的排名是 15 349 116 名。

图 5-20　查看网站的 Alexa 排名

PR 值（网页级别，PageRank）是 Google 用来标识网页的等级、重要性的一种方法。PR 值可以通过站长工具网站 http://tool.chinaz.com/ExportPR/ 进行查询。如图 5-21 所示，可以看到，河北安吉宏业公司网站的 PR 值是 3。

图 5-21　查看网站的 PR 值排名

通过查询网站的 Alexa 值和 PR 值，可以了解企业网站的状态，进而改进和优化网站，使其更受搜索引擎的欢迎，从而获得更好的排名、更多流量。

5.2.3　在线即时通信工具的使用

1．在线即时通信工具（IM）的需求

即时通信工具（IM）是电子商务运营过程中的必备工具，是进行在线客服、维护客户

关系等有效沟通的利器。其形式有多种，如 400 免费电话、QQ 在线客服、企业 QQ 在线 400/800 等，如图 5-22 所示。

即时通信工具的主要优势在于实时交流互动、在线客服、商机挖掘、服务导购等方面。

（1）实时交流增进与客户的互动

通过在线互动，向客户传达你的诚意，取得客户的信任，建立深厚的友谊。同时，企业也可以更详细、更深入地了解客户的需求，及时为客户解决难题。

（2）在线客户服务

随着客户对在线咨询要求的提高，许多客户希望在线得到即时回复，此时 IM 就体现出了优势。

（3）商机挖掘

通过 IM 工具，网站客服人员能够方便地了解网站实时访问情况，了解意向客户的访问轨迹及停留状态，以分析其潜在的需求。在此基础上，判定有意向的访客，主动发起交谈邀请互动，有效获取宝贵的商机。

（4）在线销售中的导购服务

实现一个在线销售流程需要多个环节，在完成订单前要进行商品查询、阅读产品介绍、比较价格、了解交货时间和退货政策、最终选择商品并加入购物车，然后还要经过订单确认、在线付款等环节才能完成购物过程。在网上购物过程中只要有一个环节出现问题，这次购物活动就无法完成。在线购物中，购物车被放弃的比例相当高。美国电子商务门户网站研究发现，顾客放弃购物车的比例高达 75%。美国一家研究咨询公司 Basex 的研究则认为：如果采用合适的在线服务手段（如即时信息等），被放弃的购物车被放弃的比例可以降低 20%。这样美国的网上购物总额将增加 200 亿美元。可见即时信息在网上销售咨询服务中具有重要价值。

图 5-22　即时通信工具

2．IM 客服的沟通方法与技巧

对于绝大多数 B2C 企业来说，客服部门算是一个核心部门。客服在销售技巧上是否专业，决定着 B2C 企业的经营业绩。一个专业合格的客服人员，除了具有专业的产品知识外，还应具有良好的分析判断、沟通和销售引导能力。在客户服务的沟通技巧中，第一个是有效地利用沟通的技巧。下面介绍几种排除客户疑义的成交法。

1）顾客说：我要考虑一下。

对策：时间就是金钱。机不可失，时不再来。

① 询问法。通常在这种情况下，顾客对产品感兴趣，但可能还没有弄清楚你的介绍（如某一细节），或者有难言之隐（如没有钱、没有决策权）不敢决策。所以要利用询问法将原因弄清楚，再对症下药。如：先生，我刚才到底是哪里没有解释清楚，你说你要考虑一下？

② 假设法。假设马上成交，顾客可以得到什么好处；如果不马上成交，有可能会失去一些到手的利益。如：某某先生，你一定是对我们的产品确实很感兴趣。假设你现在购买，可以获得××（外加礼品）。我们一个月才有一次促销活动，现在有许多人都想购买这种产品，如果你不及时决定，会……

2）顾客说：太贵了。

对策：一分价钱一分货，其实一点也不贵。

① 与同类产品进行比较。如：××牌子的××钱，这个产品比××牌子便宜多啦，质量还比××牌子好。

② 拆散法。将产品的几个组成部件拆开，一部分一部分来解说，每一部分都不贵，合起来就更加便宜了。

③ 平均法。将产品价格分摊到每月、每周、每天，尤其对一些高档服装销售最有效。买一般服装只能穿多少天，而买名牌可以穿多少天，平均到每一天的比较，买贵的名牌显然划算。如：按××年计算，××月××星期，实际每天的投资是多少，你每花××钱，就可获得这个产品，值！

3）顾客说：能不能便宜一些。

对策：价格是价值的体现，便宜无好货。

① 底牌法。这个价位是产品目前在全国最低的价位，已经到了底儿，你要想再低一些，我们实在办不到。通过亮出底牌（其实并不是底牌），让顾客觉得这种价格在情理之中，买得不亏。

② 诚实法。在这个世界上很少有机会花很少的钱买到最高品质的产品，这是一个真理，告诉顾客不要存有这种侥幸心理。如：如果你确实需要低价格，我们这里没有，据我们了解其他地方也没有，但有稍贵一些的××产品，你可以看一下。

4）顾客说：别的地方更便宜。

对策：服务有价。现在假货泛滥。

① 分析法。大部分人在做购买决策的时候，通常会了解3个方面的事：第一个是产品的品质，第二个是产品的价格，第三个是产品的售后服务。在这3个方面轮换着进行分析，打消顾客心中的顾虑与疑问。如：××先生，那可能是真的，毕竟每个人都想以最少的钱买最高品质的商品。但我们这里的服务好，可以帮忙进行××，可以提供××，你在别的地方购买，没有这么多服务项目，你还要自己花钱请人来做××，这样既耽误你的时间，又没有节省钱，还是我们这里比较恰当。

② 提醒法。提醒顾客现在假货泛滥，不要贪图便宜而得不偿失。如：高品质与价格两个方面你会选择哪一项呢？你愿意牺牲产品的品质只求便宜吗？如果买了假货怎么办？你愿意不要我们公司良好的售后服务吗？××先生，有时候我们多投资一点，来获得我们真正要的产品，这也是很值得的，你说对吗？

5）顾客说：它真的值那么多钱吗？

对策：怀疑的背后就是肯定。

①投资法。做购买决策就是一种投资决策,普通人是很难对投资预期效果作出正确的评估,都是在使用或运用过程中逐渐体会、感受到产品或服务给自己带来的利益。既然是投资,就要多看看以后会怎么样,现在也许只有一小部分作用,但对未来的作用很大,所以它值!

②反驳法。利用反驳,让顾客坚定自己的购买决策是正确的。如:你是位眼光独到的人,你现在难道怀疑自己了?你的决定是英明的,你不信任我没有关系,你也不相信自己吗?

③肯定法。先肯定,再来分析给顾客听,以打消顾客的顾虑。可以对比分析,可以拆散分析,还可以举例佐证。

方法是技巧,方法是捷径,但使用方法的人必须做到熟能生巧。这就要求客服人员在日常推销过程中有意识地利用这些方法,进行现场操练,达到"条件反射"的效果。

5.2.4 企业 B2C 网站的可信度建设

诚信问题已经成为当今时代的重大问题之一,特别是网络诚信问题已经严重影响了人们的生活。

【例 5-2】新华社:专家提醒:钓鱼网站逢节必涨 黄金周网购应谨慎

新华网北京 9 月 23 日电(记者周文林)针对即将到来的国庆黄金周,许多在线销售网站纷纷摩拳擦掌,推出了各种优惠促销活动吸引消费者。与此同时,钓鱼网站逢节必涨的规律依然不变。专家提醒,预计"十一"前后,食品(月饼)、礼品、旅游、票务、支付类钓鱼网站将会集中爆发,消费者应提高警惕。

记者从中国反钓鱼网站联盟获悉,截至 9 月 21 日,该联盟当月已认定并处理钓鱼网站近 1800 个,环比增长 20%,其中网上购物、机票预订、食品礼品、在线支付成为当月钓鱼网站扎堆的"重灾区"。该联盟的统计显示,每年 9 月是当年钓鱼网站活动的最高峰,而国庆节前一周更是当月钓鱼网站处理顶峰,占当月处理总量的 50%。图 5-23 所示是一个钓鱼网站仿冒中国建设银行网站的截图。

图 5-23 仿冒中国建设银行网站的截图

该联盟秘书处相关负责人表示,不法分子制作钓鱼网站实施诈骗有两个特点:一个是"虚实结合",网页布局与真网站几乎没有区别,只在联系电话、支付链接等处藏有猫腻,普通网民通常难以识破;另一个是"诱惑性强",抓住一些人贪便宜的心理,打着"零元""店庆""促销""有奖"等旗号骗取网民信任,实施诈骗。

专家表示,借助"可信网站"方式来验证网站真伪、避免遭遇网络钓鱼近年来已成为网民自我保护的有效方式。

记者从"可信网站"验证管理机构中网(knet.cn)获悉,包括京东商城、当当网、国美电器网上商城、淘宝网等主流正规电商网站,携程网、途牛网、中青旅遨游网等主流机票预订及旅游网站均已完成"可信网站"验证。网民网购前可先下载安装搜狗、淘宝、IE9(中网定制版)、阿里云等可信浏览器及金山毒霸等安全软件,从而实现对网站真实身份的便捷核验,避免上当受骗。

统计显示,企业因无法为自己的网站提供任何可信的"身份验证"信息会导致九成左右的客户流失。为保障电子商务、网上交易的正常进行,由第三方权威机构来构建网络诚信机制迫在眉睫。

1. 可信网站的验证

【例5-3】京东商城的可信认证与凡客诚品取得的可信认证、诚信认证及备案信息等,如图5-24和图5-25所示。

图5-24　京东商城的可信认证

图5-25　凡客诚品的诚信认证

"可信网站"作为第三方验证服务将帮助企业网站建立其在用户心中的信任,将访客变为企业的生意伙伴,从而为企业尤其是中小企业网站的"身份验证缺失"破解困局。这或将掀起一场打造可信电子商务的革命。

(1)"可信网站"的验证服务

如图5-26所示,"可信网站"验证服务(站点卫士)是由中国互联网络信息中心(CNNIC)携手北龙中网联合颁发的验证网站真实身份的第三方权威服务。它通过对域名注册信息、网站信息和企业工商(或事业单位组织机构)信息进行严格的交互审核来认证网站真实信息,并利用先进的木马扫描技术帮助网站了解自身安全情况,是中国数百万网站的"可信身份证"。

"可信网站"验证服务将由网站付费安装一个"可信网站"的第三方认证标识,所有网民都可以通过单击网站页面底部的"可信网站"标识确认企业的真实身份。"可信网站"验证服务通过对企业域名注册信息、网站信息和企业工商登记信息进行严格的交互审核来验证网站真实身份。通过认证后,企业网站就进入CNNIC运行的国家最高目录数据库中的"可信网站"子数据库中,从而提高网站本身的可信度。

图 5-26 "可信网站"验证服务商——网站首页

"可信网站"验证服务功能包括以下内容。

①验证网站真伪，可有效防范钓鱼、仿冒网站。

②权威机构验证，增强中小企业网站的可信度。

③全天木马扫描，每日及时通知。

④享受反钓鱼联盟准成员待遇。

（2）验证注册

为保证"可信网站"验证的申请单位信息及其域名信息真实、可靠，"可信网站"验证服务申请者需要提交以下资料。

①申请者为企业的，需提交营业执照副本复印件（加盖单位的公章）。

②申请者为非企业的，需提供组织机构代码证复印件（加盖单位公章）。

③"可信网站"注册申请书原件（加盖单位公章）。

④经办人的身份证复印件。

通过上述审核，申请单位即可获得"可信网站"验证服务，并获得"可信网站"验证标识。

2．企业网站的可信度建设

仅有可信验证是不够的，企业网站还应在备案、内容建设、设计等方面加强可信度建设，这样才能使得网站有更大的价值，尤其对于产品销售的价值。

（1）域名可信度

一是域名主体的选择，最好能选择简单易记、好理解的域名内容，网站建设最好选择与企业产品、服务相关的域名，让网民感受到专业化与可信指数；二是域名的类型，千万不可以为了彰显个性而去选择一个不常见的后缀形式域名，调查数据表明绝大部分网民更愿意接受和相信常见的 .com 后缀域名。

（2）设计可信度

网站的设计风格与设计水准是网民进入网站后第一眼就能看到的内容，因此一个让人信任的网站建设绝对不能少了品牌化的网站设计水准。网站设计不仅要精细、大气、有质感，更要充分体现出行业特色，还要传达企业的价值与品牌的可信度，这是最起码的要求，相信应该不会有哪位客户在看不到可信任的网站设计内容的前提下就决定与企业合作的。

（3）内容可信度

一个真正的潜在客户一定会阅读网站当中的每一个内容，因此网站建设也不能少了有价值、有质量的内容填充。一个能让客户信任的网站一定要拥有与网站主题相关的内容，而且最好还能是专业的观点建议，这样不仅可以让客户信任企业，而且能让企业很好地展现自己的专业与实力。

（4）备案可信度

国家信息管理局已经开始对全国的网站进行大幅度的清理排查，凡是没有提供相关真实证件信息进行备案的网站将给予关闭处理，因此一个网站是否有备案信息也成了提高企业网站可信度的参考内容之一。

（5）运行可信度

没有安全合理的网站建设后台程序，没有安全稳定的服务器和 DNS 解析系统，没有专业的网站建设技术人员进行安全维护管理，很可能会成为网络黑客的攻击对象从而导致网站无法正常访问，这样的网站也不能赢得客户的信任。

5.2.5　订单转化率

网站的用户体验是不容忽视的，没有足够的用户友好性，就不可能留住来访者。

1．影响用户体验的几个关键因素

（1）网站的响应速度是否够快

网站的响应速度对于用户体验来说是至关重要的，如果速度慢，那么其他一切做得再好也是徒劳。

（2）网站的内容是否是用户所需

关于网站内容这个因素，其实只要站在用户的角度去思考就很容易理解了。网站的内容是用户访问网站的目的和原因，用户访问你的网站是因为他认为你的网站有他需要的内容。所以想要留住用户，网站必须有自己独特的、原创性的内容。只有坚持把网站的内容做好了，网站才是有价值、有灵魂的。

（3）网站的界面是否友好

不要小看一个网站的界面，这个界面就相当于一个店的店面，如果网站的界面乱七八糟，那么这种网站的用户体验不用说肯定是不好的。

（4）导航是否合理、商品陈列是否美观

不友好的导航是最影响用户操作的，不能让客户很方便地找到自己想得到的内容，当然不利于用户体验。用户来到一个页面不知如何返回上一页，不知道当前页面是在哪个栏目下的，这样的网站很可能用户来了一次就不会再来了。

2．影响订单转化率的因素

影响 B2C 订单转化率的因素，如图 5-27 所示。

从图 5-27 中可以看出，流量的质量也是一个重要因素。流量来源决定了流量质量，也就是流进来的用户的需求和网站商品的关联度。

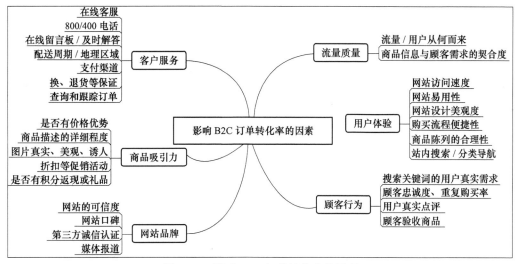

图 5-27　影响 B2C 订单转化率的因素

将用户流量细分后，还应细分站内流量，如图书 B2C，走搜索的用户和走频道首页的用户的用户行为完全不一样，一个是有明确购买意图的主动型用户，一个是有购书欲望但没有明确购买意图的被动型用户。

在将流量通过入站来源和站内流量细分后，接下来应该关注其购买衰减率了，即每一步的放弃率，找出其核心影响因素。

其实，产品经理和运营经理都是对同一件事情负责：订单转化率。网站上线前，产品经理根据直觉和定性分析来设计网站，上线后，更多是来自运营经理的运营数据来定量指导网站的进一步优化。根据监测统计到的数据，从流量来源、网站着陆页、新老用户等这些维度去改进网站的设计，更好地满足用户需求，从而更好地实现企业网站平台的运营。

5.3　企业网站的搜索引擎优化（SEO）

从本质上来说，企业电子商务平台的运营主要包括以下两个方面：流量和转化率。二者相辅相成，盲目强调一方的重要性都是不可取的。

根据 2013 年 1 月 CNNIC 发布的第 31 次《中国互联网络发展状况统计报告》，截至 2012 年年底，我国搜索引擎用户规模为 4.51 亿，年增长率为 10.7%，在网民中的渗透率为 80.0%。搜索引擎作为互联网的基础应用，是网民获取信息的重要工具。

从整体来看，搜索引擎已进入稳定发展阶段，搜索用户市场正逐渐从单一用户规模增长向用户体验提升发展。一方面，搜索行业加强自律，对搜索结果进行清理和整顿，减少了虚假信息、不安全链接对用户的干扰，提升了用户使用安全性；另一方面，搜索引擎公司加强技术投入，提高搜索质量，并逐渐融入个性化和社交化等元素，智能化地呈现搜索结果以提升用户搜索体验。对于企业的营销推广而言，搜索引擎营销推广已经成为渗透率最高的 3 种方式之一。如图 5-28 所示，搜索引擎营销推广的使用率为 56.5%。搜索引擎营销推广的优势在于进入门槛低，效果的监测、评估和改进较为容易。

目前比较著名的搜索引擎主要有百度（http://www.baidu.com）、雅虎（http://www.yahoo.

com.cn）、谷歌（http://www.google.com.hk）

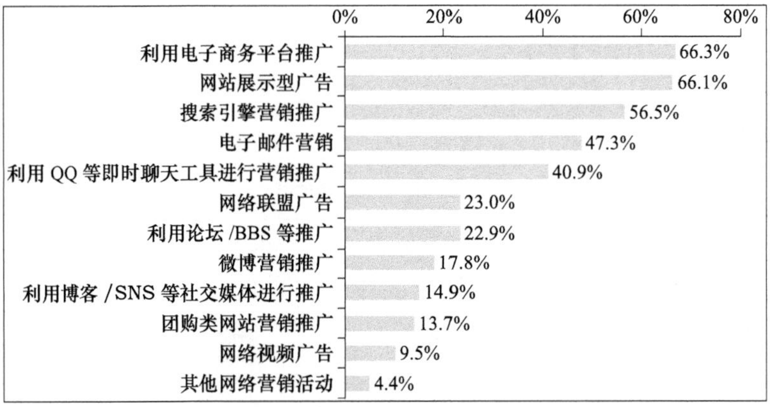

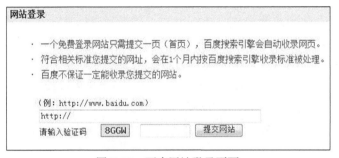

0%
20%
40%
60%
80%
利用电子商务平台推广
66.3%
网站展示型广告
66.1%
搜索引擎营销推广
56.5%
电子邮件营销
47.3%
利用 QQ 等即时聊天工具进行营销推广
40.9%
网络联盟广告
23.0%
利用论坛 /BBS 等推广
22.9%
微博营销推广
17.8%
利用博客 /SNS 等社交媒体进行推广
14.9%
团购类网站营销推广
13.7%
网络视频广告
9.5%
其他网络营销活动
4.4%

图 5-28　营销推广方式的排名统计

以向百度进行网站提交为例，步骤如下。

1）登录入口网址为 http://www.baidu.com/search/url_submit.html，即百度网站登录页面，如图 5-29 所示。

网站登录
· 一个免费登录网站只需提交一页（首页），百度搜索引擎会自动收录网页。
· 符合相关标准您提交的网址，会在1个月内按百度搜索引擎收录标准被处理。
· 百度不保证一定能收录您提交的网站。
（例：http://www.baidu.com）
http://
请输入验证码
8GGW
提交网站

图 5-29　百度网站登录页面

2）在文本框内输入要注册的网站网址和验证码，单击“提交网站”按钮即可。符合相关标准提交的网址，一般会在 1 个月内按百度搜索引擎收录标准被处理。

5.3.1　SEO 与 SEM

1．SEO 与 SEM

（1）SEO 的概念

SEO（Search Engine Optimization，搜索引擎优化）即通过对网站栏目结构和网站内容等基本要素的优化设计，提高网站对于搜索引擎的友好性，让网站更容易被搜索引擎收录，当用户通过特定关键词进行检索时，在检索结果中获得好的排名，增加网站信息的曝光率及可见度，从而达到网站推广的目的。

SEO 对于企业网站的意义不仅体现在帮助用户检索信息、实现网络信息传递，其作用可以进一步延伸到以下 4 个方面。

1）网站推广。通过搜索引擎推广实现网站访问量增加的目的，从而为企业带来潜在的用户，这也是搜索引擎对网络运营的最大价值。

2）通过产品推广提升企业的网络品牌。与网站推广类似，可以对具体产品进行针对性的推广，让更多用户发现产品信息，有效增加企业的网络可见度，这也是实施企业网络品牌策略不可缺少的措施。

3）增加潜在用户的信任度。通过优化企业网站，网页标题更具吸引力，企业介绍和产品介绍更能赢得用户的信任。

4）对竞争者增加营销壁垒。搜索引擎可见度的竞争，就是与竞争对手争夺搜索结果中有限的获得用户关注的位置。经过优化，在为自己在搜索结果中占据有利位置的同时，也为竞争对手施加了营销壁垒，减少了对手的竞争机会。

（2）SEM 的概念

SEM（Search Engine Marketing，搜索引擎营销）就是根据客户使用搜索引擎的习惯，在客户通过搜索引擎检索信息的时候，尽可能将企业的营销信息显示在突出位置，从而引起客户关注，促进客户认知、达成交易的活动。

当前环境下，搜索引擎已然成为大众互联网最重要的入口之一，大量的用户集结在搜索引擎客户端，为企业提供了庞大的营销市场。

（3）SEM 与 SEO 的关系

从应用上来分，搜索引擎营销主要分为搜索引擎竞价和搜索引擎优化两大类，其优缺点及相应费用见表 5-1。

表 5-1 搜索引擎竞价和搜索引擎优化比较

	搜索引擎竞价	搜索引擎优化
概念	付费排名靠前	通过满足搜索引擎的工作规律使排名靠前
优点	见效快，但缺乏稳定性	见效周期长，一般 1~3 个月，稳定
缺点	费用可观	要有专业的操作人员
费用	CPC，按点击付费	人员费用

一般而言，企业的搜索引擎竞价推广都出现在对应搜索引擎前面的结果里，带有"推广"或"赞助商链接"等字样。但由于搜索引擎的不同其结果又有差异。

如图 5-30 所示，百度竞价推广出现在搜索结果左侧前面位置及右侧位置，带有"推广链接"的字样。同时，百度竞价推广信息还可能出现在百度贴吧、百度知道栏目的右侧以及出现在百度联盟网站上。

Google Adwords 推广结果一般出现在搜索结果的右侧位置，以"广告"字样显示。如果参与竞价的结果过多（超出 8 位），那么质量较高的结果会出现在搜索结果左侧的前 3 位而且至多 3 位，右侧结果依次为第 4 名、第 5 名、第 6 名……同时 Google Adwords 推广结果也可能出现在联盟网站上，如图 5-31 所示。

SEO 是 SEM 成本最低的一种手段，SEM 是网站推广的一种方法。而网站推广是网络营销的一种方式，网络营销是网站运营最重要的一部分。

图 5-30　百度竞价推广

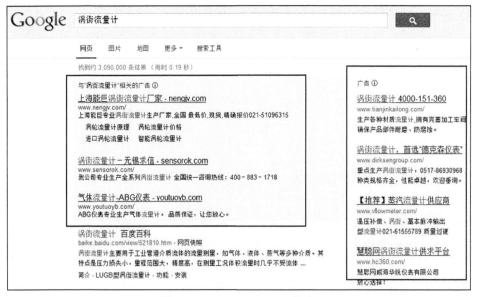

图 5-31　Google Adwords 推广

2. 影响 SEO 结果排名的主要因素

企业要利用搜索引擎优化这一方式达到自己的目的，首先应该对搜索引擎的排名机制有一定的了解，从中发现影响搜索引擎结果排名的主要因素，并采取合理的措施给予解决。

目前，最常用的搜索引擎（如百度、Google 等）都是基于超链接分析的搜索引擎，虽然在排名算法上有一定的差异，但在一些基础要素方面存在较多的共性。

以 Google 为例，网站的 PR 值是其排名算法中的一个组成部分。

PR 值是 Google 用来标识网页的等级与重要性的一种方法，是 Google 用外链数量与质量来衡量一个网站的好坏的重要标准之一，级别从 1～10 级，10 级为满分。在其他条件相同的情况下，Google 通过 PR 值来调整结果，使那些 PR 值高的网页在搜索结果中的排名获得提升。

这里要注意的是，并非 PR 值高的网站一定就排名在前，PR 值也并非排名的唯一因素，搜索引擎更重视的是网站的内容、关键词相关性等基本问题。在很多情况下，通过网站的结构、网页的标题、网页内容质量的优化设计，就可以把 PR 值高的网页排名甩在后面。

涉及搜索引擎排名算法的因素有很多，算法是搜索引擎的技术机密，算法本身也在不断地修改完善，作为一般的电子商务运营人员不可能也没必要掌握其中的全部因素。

影响 SEO 结果排名的主要因素包括以下几个方面。

（1）域名

域名因素需要考虑的是域名的后缀和域名存在的时间两个方面，因此在域名选用上尽量使用 .com 的后缀域名。

（2）架构

以良好的用户体验为标准而建立的网站架构是会受到搜索引擎的青睐的。合理的网站架构加上独有的网站内容不但会被用户关注，也能得到靠前排名。

（3）链接

网站的链接一般分为站内链接和站外链接两种，站内链接优化的好与坏与网站架构是息息相关的。因此，网站机构搭建之初，对于站内链接层次的安排尤为关键。

外部链接就是友情链接和其他可发布信息站点上留下的链接。外部链接一定不要乱发，在一些质量低的网站就不要留链接了，可以去各大 PR 值高的网站发链接、交换友情链接。

（4）稳定性

无论是租用空间，还是独立的服务器托管，首先要保证网站访问的稳定和速度的快捷。一个经常打不开的网站，再怎么做优化也是白费力气；同样，一个打开速度超慢的网站也是不会得到搜索引擎重视的。

（5）关键词

关键词是整体 SEO 必不可缺的环节。在网页标题、网页摘要描述、网页内容正文中含有被检索关键词，并且保持一定的比例，即所谓"关键词相关性及关键词密度"。选择时不妨结合主关键词和一些长尾关键词运用，会得到意想不到的效果。

（6）网站内容更新频率

一般来讲，经常更新内容的网站搜索引擎，其排名优势较高。

（7）网页格式

静态网页通常比动态网页更容易被搜索引擎收录并在搜索结果中获得较好的位置。

（8）时间

搜索引擎营销中的时间也是很关键的环节，网站自上线的那一刻就存在着价值，并存在着自己的记录档案。如果你的档案很干净，那么想得到搜索引擎的关注和推荐是很容易的事，反之则很困难。若是从别人手中购买的域名，那就要注意了，看看这个域名的档案是否干净，是否有过排名作弊的行为。

以上只是一些搜索引擎优化的主要因素。要掌握好 SEO 的技巧，还要学习一些数据的统计与分析，如竞争对手分析、关键词研究、用户访问网站情况等。

5.3.2 关键词设置

【例5-4】上海海纳尔生态建筑科技有限公司网站通过优化拿到大订单（见图5-32）。

图5-32 上海海纳尔生态建筑科技有限公司网站

上海海纳尔生态建筑科技有限公司不靠关系，通过网络运营接到500万元的工程。公司是一家专业生产设计安装屋面防水、保温、绿化系统的屋顶整体供应商，拥有最先进的生产线做墙体。由于网站选准了自己的长尾关键词，顺利接下订单超过500万元。从谈判到签约正常情况都要折腾两个月的时间，但是这个单很顺利，前前后后大概一个星期的时间就完成了合同的签订，目前已经到了实施阶段。这主要得益于公司网络营销的实施。

公司在网站优化过程中，用得最多的就是长尾关键词，围绕几个核心关键词，不断地扩展，罗列了2000多个关键词，有一些关键词是百度禁止的，如最好的、最佳的，经过筛选，最后采纳了1000多个关键词。实际上关键词可以写很多，做得越多，得到订单的机会就越多。客户搜什么关键词，网站其实已经帮他们想好了，所以流量基本上都到了海纳尔公司的网站上。

【思考与分析】关键词的选取需要很多策略和技巧，通常在确定产品核心关键词后，还要利用关键词推荐工具，结合产品的功能、质地、地域、型号、品牌等属性词进行扩展与组合。这样得到的关键词数量少则几十个，多则成百上千个，这时就要站在客户的角度精挑细选了。

1. 关键词的选取

选取一个合理的关键词，掌握正确的优化技巧，不仅影响到网站的流量，同时也关系到整个优化过程的效率。

（1）对企业网站类型进行行业定位，选择客户常用的关键词

因为客户是关键词的使用者，所以一定要站在客户的角度去考虑关键词，这是做好关键词选择的第一步。

（2）确定网站所属行业后，细分关键词的作用，寻找有效流量

排名和流量不是目的，有效流量的转化才是目的。假设某地中小学英语培训机构对外提供中小学英语服务，将核心关键词定为"中小学英语"，一般来说并不是好的选择。因为搜索"中小学英语"的用户动机和目的是什么很难判定。用户有可能是在寻找中小学英语培训服务，也有可能是在寻找中小学英语资料，这样的用户来到提供中小学英语培训服务的网站就没有什么机会转化为付费客户。如果把核心关键词定为"北京中小学英语培训"，则购买意向或者说商业价值更高，几乎可以肯定这个用户是在寻找特定区域网络营销服务。

不同的关键词有不同的商业价值，也会导致不同的转化率。例如，搜索"涡街流量计原理"的用户购买意图比较低，搜索"涡街流量计价格"或"涡街流量计报价"的用户购买意图大大提高，已经进入产品比较选择阶段。那些购买意图强烈、商业价值高的关键词是优化时最先考虑的因素，无论内容规划，还是内部链接安排，都要予以侧重。

（3）利用网络工具筛选，选择竞争相对较小、搜索次数相对较多的关键词

一般常用的工具有百度指数、Google关键词工具、百度相关搜索等。

关键词符合客户的习惯仍然不够，还需要借助于网络工具的网络数据分析功能去筛选。例如，打开百度指数 index.baidu.com，输入关键词，就可以看见关键词相关信息，一般来说，只需要了解热点趋势、相关检索词、上升最快的相关检索词、城市分布4条信息即可。

关键词竞争是否激烈可以从热点趋势中看出来，一般每日搜索超过3000的词语就可以理解为热门关键词。热门关键词的特点是流量大，同类竞争网站多，优化的难度相对较大。相关检索词显示的是10个词语，这10个词语的流量相对于热点关键词来说要小些，同样的竞争，优化难度也相对小一些。上升最快的检索词是对相关检索词做了一个搜索量上升情况的排行榜。

单纯搜索关键词返回的结果中包括页面上出现的关键词。对于页面标题中没有出现的页面虽然也有一点相关性，但是很可能只是偶然在页面提到关键词而已，并没有针对关键词优化，这些页面针对这个特定关键词的竞争实力很低，在做优化时可以排除在外。因此，那些在标题中出现关键词的页面才应该引起重视。

用第2章中提到的intitle指令，可以查看哪些页面标题中出现了关键词，如图5-33所示。

图5-33 利用intitle指令搜索标题中出现关键词的页面

很显然，最好的关键词是搜索次数最多、竞争程度最小的那些词。但是，大部分搜索次数较多的关键词，也是竞争大的词，这就需要进行大量细致的关键词挖掘、扩展，列出搜索次数及竞争程度数据，找到那些搜索次数相对多但竞争相对小的关键词。

2．关键词选取工具的应用

利用关键词工具的推荐，挖掘相关关键词，能发现很多自己可能完全不会去搜索的词。

（1）百度相关搜索

在百度搜索框中输入关键词"流量计"，下面就会有相关关键词出现，如图5-34所示。

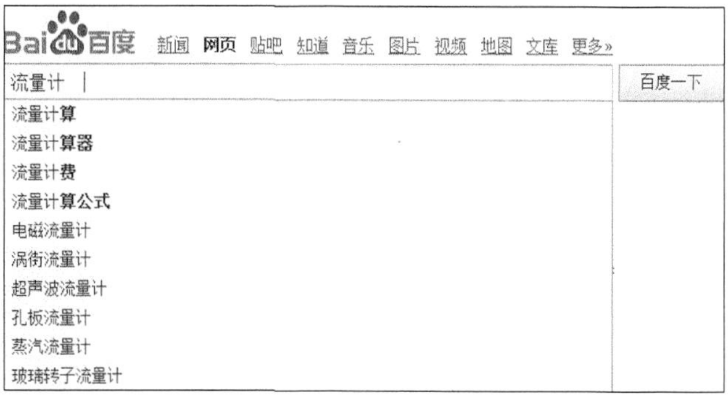

图5-34 百度相关关键词

同时，在搜索结果的最下面也有相关搜索结果出现，这和上面提示的下拉列表的关键词有一部分是一致的，如图 5-35 所示。

相关搜索	涡街流量计	质量流量计	超声波流量计	柴油流量计	蒸汽流量表
	高压流量计	天然气流量计	皂膜流量计	孔板流量计	水流量计

图 5-35　百度相关搜索

能够出现在这些地方的关键词都是用户搜索量比较大的，都是一些核心关键词扩展出来的长尾关键词，企业可以有针对性地选择更为精准的关键词，不但竞争度小，而且针对性会更强，也更符合用户的搜索习惯。

（2）使用百度指数

百度指数用来反映关键词在过去 30 天内的网络曝光率及用户关注度，是以百度网页搜索和百度新闻搜索为基础的免费海量数据分析服务，能直接、客观地反映社会热点、网民的兴趣和需求。如果某一关键词有百度指数就说明该关键词在百度上有一定的搜索量，指数越高说明搜索量越大。如果根本就没有显示指数，则说明该关键词搜索量过小。

打开 http://index.baidu.com/，如在里面搜索"阀门"，可以看到"阀门"关键词指数平均在 500 以上（见图 5-36），可以说"阀门"一词是热门关键词。

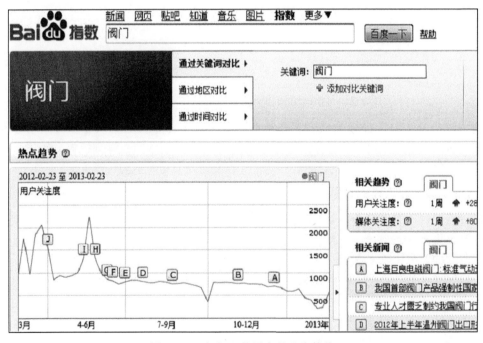

图 5-36　"阀门"的用户关注度趋势

在图 5-37 中可以看到关键词的用户群体和受众年龄段的教育程度，便于对阀门市场的准确把握。

（3）其他关键词工具

如果企业主要是面向 Google 搜索引擎的优化，可以尝试使用 Google 关键词工具搜索。其他还有百度搜索风云榜 http://top.baidu.com/、搜狗指数 http://zhishu.sogou.com/。

此外，阿里指数搜索排行榜 http://index.1688.com/alizs/keyword.htm/、淘宝排行榜 http://top.ebao.com/ 等也可用来分析关键词。

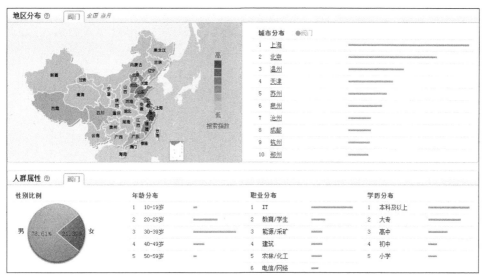

图 5-37　地区分布与人群属性

3．关键词分配

（1）关键词在不同页面的分配

经过核心关键词的确定、扩展与筛选，应该可以得到数十个甚至更多的相关关键词列表。显然，这些关键词不能都放在企业官网的首页上，而是要进行合理的分类，然后将这些关键词安排到不同的页面中。一个比较合理的关键词布局类似于金字塔形式。

1）首页：核心关键词，通常只有两三个。

2）一级栏目或频道页：次一级关键词，意义最相关的两三个关键词放在一起，成为一个二级分类的目标关键词。

3）内容页：分布长尾词，放在具体产品（文章、新闻）页面。最好每个内容页分布一个长尾词。

（2）页面内部 Title、Keywords、Description 的写法

1）首页。

① Title：首页的 Title 写法比较简单，一般的格式是"网站标题 - 网站关键词"，这里的关键词不要加太多，和 Keywords 中加的一样最佳，首页关键词是整个网站核心关键词。

② Keywords：首页的 Keywords 中加入网站名称、两个比较重要的核心关键词。

③ Description：就是将首页的标题、关键词和一些特殊栏目的内容融合到里面，写成简单的介绍形式，不要只写关键词，因为这个是搜索引擎收录首页后显示出来的简介，描述不要超过 100 个字，关键词排名越靠前越好。

2）栏目页。

① Title：一般在栏目页 Title 的写法有两种：如果栏目页按照上面建议的用关键词名称命名，则可以是"栏目名称 - 网站名称"；如果不是按照上面的建议用关键词命名，则 Title 就要换种写法了，即"栏目名称栏目关键词 - 网站名称"，这样可以帮助你的栏目获得排名。

②Keywords：栏目的 Keywords 可以将其栏目下所有分类列表的名称列出，加上栏目关键词，一般写法是"栏目名称，栏目关键词，栏目分类列表名称"，这样可以帮助搜索引擎更好地分辨这个页面，从而让你在同类网站的权重中取得一些优势。

③Description：将栏目的标题、关键词、分类列表名称，尽量写入 Description 中，只写关键词，建议仍是尽量写成介绍形式。

3）分类列表页。

①Title：只需要用关键词为这个栏目起名，然后按照下列的顺序填写即可："分类列表页名称-栏目名称-网站名称"。

②Keywords：将栏目中的主要关键词写入，不要写太多，3～4个词最佳。

③Description：只需要把分类列表的标题、关键词包含在里面，写成通顺的介绍就可以了。

4）内容页。

①Title：内容页的 Title 写法相对简单，一般有以下 3 种写法。

● 标题加网站名称，格式"内容标题-网站名称"。

● 标题加栏目名称，格式"内容标题-栏目名称"。一般栏目名称中是包含关键词和网站名的。

● 标题加栏目名称加网站名称，这种标题相对复杂一些，但也是最规范的写法，能给访问者好的提示，告诉访问者这是什么内容，并且在哪个网站的哪个栏目下，一般写法为"内容标题-栏目名称-网站名称"。

②Keywords：仔细总结所发布的文章中的重要内容，在其中提取关键词，这些关键词建议选一些内容重要的写入，也可以提取文章中出现得比较多的词来作为关键词，这里的关键词填写仍然是 3～4 个最佳。

③Description：在内容页中的 Description 有以下两种写法。

● 第一种是标准写法，如同前面的一样，将文章标题、文章中的重要内容和关键词全部提取出来写一个对这个内容页的简单介绍。

● 第二种可以考虑将文章第一段的内容复制到 Description 中，不过第一段内容也要做一定的模板化编写。

5.3.3 发外链的常用方法

从搜索引擎的 spider（蜘蛛程序）爬行可以发现，spider 在互联网上采集信息游走的路线是通过网站的链接来实现的，这样 spider 很容易观察出哪些网站的导入链接多，哪些网站的导入链接少、甚至没有链接。而站点的权重排名与导入链接的数量与质量密切相关。链接工作是搜索引擎优化的一项关键性工作，因为搜索引擎除了从网站内容质量的优劣来进行排序外，还有一项重要的准则就是投票原则。

1. 企业网站发外链的目的

外链也叫导入链接，是指从别的网站导入到自己网站的链接。导入链接对于网站优化来说是非常重要的一个过程。导入链接的质量直接决定了网站在搜索引擎中的权重。

在学术界，一篇论文被引用得越多，说明其越好，学术价值就越高。类似地，超链分析技术就是通过分析链接网站的多少来评价被链接的网站的质量，这保证了用户在使用搜索引擎搜索时，越受用户欢迎的内容排名越靠前。因此，获得大量高质量的外链对网站排名至关重要。

Google 定义一个好网站的 3 个标准：内容原创、每日更新、优质外链。Google 认为，受到众人链接的网站应该是不错的网站。

2．企业网站发外链的常用方法

（1）主动寻找内容相关网站做友情链接

在一些网站的下方经常可以看到"友情链接"列表，其中罗列着各种网站的 Logo 或者文字名称，这就是常见的网站交换链接。这通常是资源优势互补的网站之间的一种合作形式，即分别在自己的网站上放置对方网站的 Logo 图片或文字的网站名称，并设置对方网站的超链接，使得用户可以从合作网站中发现自己的网站，达到互相推广的目的。

选择网站做友情链接的标准一般是内容相关、百度收录数量及 PR 值相当。图 5-38 所示为某企业网站的友情链接。

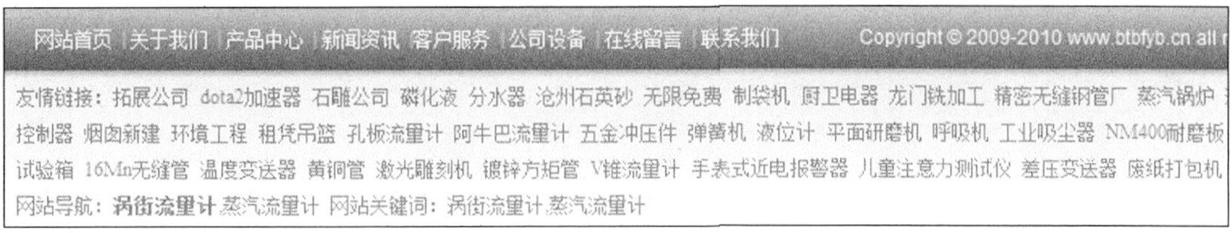

图 5-38　某企业网站的友情链接

（2）利用博客加链接

很多博客平台自带的友情链接（如新浪博客）可以通过自定义列表模块来实现，操作简单，如图 5-39 所示。

图 5-39　新浪博客自定义列表添加友情链接

博文或日志文章内也可以通过发软文加入外链，要求内容要原创、与企业业务相关，不要直接做广告，要体现企业文化、企业理念等。

（3）论坛发帖、网站留言

可以发外链的论坛具体可分为以下两种。

1）可设置带外链的个性签名，正文内可发带外链的文本，如图 5-40 所示。

2）不可设置带外链的个性签名，但正文内可发带外链的文本，如图 5-41 所示。

由于不是所有论坛都可以发外链，因此寻找那些可以发外链的论坛就比较重要了。最好的方法就是观察做得好的竞争对手，通过站长工具分析竞争对手的网站由哪些论坛外链构成。

图 5-40　论坛帖子正文内发外链

图 5-41　论坛签名发外链

（4）百科类网站、问答类网站中留外链

要注意链接到的网站与词汇在内容上是相关的，回答的问题也一定要本着为用户解决问题的态度认真回答问题，并在问题中合适的地方留下链接，如图 5-42 所示。

图 5-42　百度知道内留外链

（5）发布软文获得外链

若发一篇软文到门户的频道，文章里带有链接，那么这样的门户比起发 10 篇论坛外链强得多，而且也是在这个行业内品牌的提升。如果文章比较好，很多人会转发，一定可以达到一个很好的推广效果。

3. 鉴别外链网站的质量

要想判断一个指向自己站点网页的链接是否有价值，可以通过友情链接检测工具来查询外链网站的基本情况，查询网址为 http://link.chinaz.com/Default.aspx，如图 5-43 和图 5-44 所示。

一般来说，影响外链质量的因素有网页级别、信息更新的频率和内容的相关性。高质量的外链主要包括以下几点：

①搜索引擎目录中的链接。

②主题相关或互补的网站。

③PR 值不低于 4 的网站，百度收录大于 1 万，百度首页位置。

④流量大、知名度高、频繁更新的重要网站，具有很少导出链接的网站。

⑤以你的关键词在搜索结果中排名前三页的网站。

⑥内容质量高的网站。

图 5-43　查询结果统计

序号	站点/链接地址	百度收录	首页位置	百度权重/流量	PR/输出值	百度快照	对方链接是否有本站的链接！
1	图片链接 settings.messenger.live.com	0	--	0 / 0	-	查看快照	请求超时 重新检测
27	图片链接 www.linezing.com	116	1	2 / 138	6 / 1.85	2013-2-3	无反链 外链数：3
20	中国传动网 www.chuandong.com	84万6000	1	2 / 111	3 / 1	2013-2-24	无反链 外链数：3
24	静压式液位… www.hmhq888.com	3	1	0 / 0		2012-10-28	对方网站出错，错误代码：404 重新检测
12	上海水泵 www.gxpump.com	3200	1	1 / 24	2 / 0.28	2013-2-8	无反链 外链数：13
15	阳光板 www.hzsn.com.cn	重查	undefined	1 / 0	2 / 0.39	2012-12-26	无反链 外链数：7
11	振动筛 www.zhendongshai.cn	重查	undefined	1 / 9	2 / 0.22	2012-12-29	无反链 外链数：24
8	破碎机 www.dmluqiao.com	90	1	1 / 1	2 / 1	重查	无反链 外链数：2
6	科杰汽车衡 www.kjhq.com	重查	undefined	1 / 18	2 / 0.57	2013-2-24	无反链 外链数：4
4	三坐标 www.fd-cmm.com	414	1	1 / 0	4 / 1	2013-1-31	无反链 外链数：4
2	电磁阀 www.nbpaike.com.cn	0	--	0 / 0		查看快照	[有跳转] 无反链 外链数：0
3	离心机 www.xylxj168.cn	615	1	0 / 0	3 / 0.27	2012-12-26	有反链 链接词：涡街流量计 外链数：18/22
5	给煤机 www.xzyilong.com	89	1	0 / 0	3 / 0.26	重查	有反链 链接词：涡街流量计 外链数：1/24
7	进口仪器仪… www.mkyd.net	2万1500	1	0 / 0	2 / 0.19	2013-2-16	有反链 链接词：蒸汽流量计 外链数：16/40
9	制砂机 www.yifanchina.cn	295	1	1 / 8	1 / 0.26	2013-2-21	有反链 链接词：蒸汽流量计 外链数：2/8
10	煤泥烘干机 www.baidu5678.com	933	1	1 / 21	3 / 0.31	2013-2-20	有反链 链接词：涡街流量计 外链数：3/16

图 5-44　查询外链详细列表

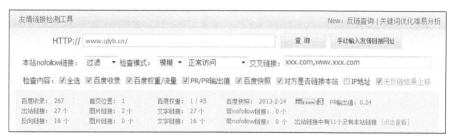

5.3.4 网页内容与结构的优化

网站提供丰富的内容是电子商务运营的基本要求,在这个基础上,还需要网站内容对用户有价值,并且可以方便地通过搜索引擎查找到,这就需要对网站的内容进行进一步的优化。

1. 网页内容的优化

很多企业网站的内容非常贫乏,除了公司简介、产品简介之外,再也找不出其他能引起用户关注的内容了,就连公司简介、产品简介这些基本内容也都显得非常"简练"。

网站内容优化的基本要素通常包括以下几个方面。

(1)网页标题的优化

在设计网页标题时,应注意同时兼顾对用户的注意力,以及对搜索引擎检索的需要。这一原则在实际操作中可以通过以下3个方面来体现。

1)网页标题不宜过短或者过长,一般来说6~10个汉字比较理想,最好不超过30个汉字。网页标题字数过少可能包含不了有效关键词,字数过多不仅搜索引擎无法正确识别标题中的核心关键词,而且也让用户难以对网页标题形成深刻印象,也不便于其他网站链接。

2)网页标题应概括网页的核心内容。当用户通过搜索引擎检索时,在检索结果页面中的内容一般是网页标题和网页摘要信息。要引起用户的关注,网页标题发挥了很大的作用。如果网页标题和页面摘要信息有较大的相关性,摘要信息对网页标题将发挥进一步的补充作用,从而引起用户对该网页信息点击行为的发生。

3)网页标题中应含有目标关键词。考虑到搜索引擎营销的特点,搜索引擎对网页标题中所包含的关键词具有较高的权重,尽量让网页标题中含有用户检索所使用的关键词。

以网站首页设计为例,一般来说首页标题就是网站的名称或者公司名称,但是考虑到有些名称中可能无法包含公司的核心业务,也就是说没有核心关键词,这时通常采用"核心关键词+公司名"的方式来作为网站首页标题。

如图5-45所示,标题为"搭接焊铝塑复合管产品工艺技术",其中的"铝塑复合管"就是关键词。如果网页标题仅是"产品工艺技术",则没有包括目标关键词。

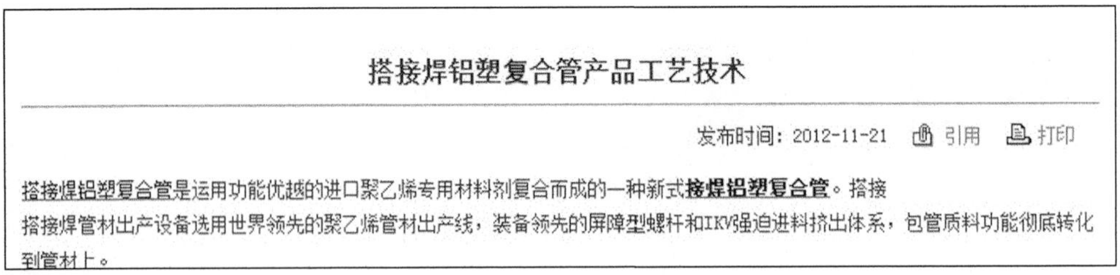

图5-45 网页标题优化

(2)网页内容的优化

1)网页内容首先要保证适量的文字信息而不是纯粹的图片信息,因为只有文本信息才有可能被搜索引擎检索。

2)网页的内容是原创的,而不是从其他网站复制而来的。

3)重要关键词的内容分布在不同的网页中。例如,在产品分类页面、企业新闻页面、客户服务页面都可以适当考虑安排这些关键词。

4）将网站内的所有文章（包括企业新闻、产品介绍、产品保养常识等）专门制作一个文章标题索引页面。如果文章较多，则可以根据主题分类制作若干个这样的文章索引页面，这样不仅更加方便用户发现信息，而且有助于搜索引擎收录更多的内容页面，从而获得更好的推广效果。

5）页面内容也要根据客户对该内容的搜索习惯，确定关键词。文中加入相关内容的链接并加粗，把握好关键词的分布及密度。

2．网站结构的优化

网站的内容优化实际上只有在网站架构整体优化的前提下才有意义，否则再好的内容也会被淹没在杂乱无章的网站信息中。网站结构优化包括网站物理结构优化和网站逻辑结构优化。网站物理结构优化就是将网站内容合理分类，导航清晰。网站物理结构优化要注意的是，网站内容不要过于细分，若过于细分，则网站内容会导致文件夹增多。

小型企业网站可以考虑扁平的网站结构，扁平的网站结构使分类页和内容页离网站根目录更近。网站中所有的页面都是在根目录这一级别，形成一个扁平的物理结构。这比较适合于小型的网站，因为如果太多文件都放在根目录下，则制作和维护起来比较麻烦。但从网站逻辑结构来说，扁平的网站结构无须刻意布局链接即可达到优化效果。

对于大中型企业网站，可以考虑采用树形网站结构。树形结构就是在一级目录下分为多个频道（或者称为目录），然后目录下面再放上属于这个频道的页面。首页、频道首页、频道下的内容就好比树干、树枝、树叶的关系。

网站结构的优化主要是逻辑结构优化。网站逻辑结构优化是指将网站链接指向优化。一般来说，为方便搜索引擎的收录，网站链接要具有以下特点。

1）首页的链接指向频道或分类页。
2）首页一般不直接链接向内容页，除非想主推这些内容页。
3）频道或分类页链接向其他频道或分类页。
4）频道或分类页链接回首页。
5）频道或分类页链接向属于自己的内容页，但不链接向其他频道或分类的内容页。
6）所有内容页都链接回自己的频道或分类页。
7）所有内容页都链接向网站首页。

5.4 企业网站推广

5.4.1 制订企业网站推广计划

1．网站推广的意义

一个网站投入运营后，并不意味着大功告成。如果没有人访问，该网站也是形同虚设。网站是否能够达到预期的目标，除了严谨的网站规划、完善的网站建设以及高效的程序开发之外，还有赖于周密的网站推广计划的制订和实施。没有推广的网站就像一个孤岛，而推广就是让孤岛变成旅游胜地。

网站推广的意义主要体现在以下两个方面。

1）网站推广可以提高网站的流量，让更多的人轻易地从网络上找到你的企业，并通过你的企业网站了解你的企业。假如他们对你公司提供的产品或者服务感兴趣，那么就会通过网站上提供的联系方式做更进一步的了解，最终成为你们的客户。

2）可以提高企业的知名度，展示企业形象，宣扬企业品牌和产品，有利于提高企业的经济效益。相对于传统的推广，网站推广更经济，收效更显著。

2. 制订网站推广计划

网站推广计划至少应包括以下 3 个方面的基本内容。

1）阶段目标。首先要认清自己的站点目前的状况，如日 IP 多少，PV 如何，用户是通过什么关键词访问的，以及网站世界排名等参数都可以用来参考，虽然这些并不是绝对准确，但至少可以对自己的站点有大致的了解。然后就是希望推广之后达到的目标，如 IP 达到多少、排名如何、搜索的收录页面、链接数及注册用户数量等。流量统计系统可以采用 51.la 和 CNZZ 等统计软件，定期进行流量统计和分析。

2）推广方法。网站的推广工作可以通过线下和线上两种形式实现，针对不同的市场，两者互为弥补，而现实中却有很多企业过度强调网络营销，忽略了线下推广这一有利的资源。

线下推广：对于诸多企业而言，线下推广（营销）活动一直在进行，有效地利用线下资源可以大大提升网站推广的力度。例如，企业可以把网站的网址印在公司的宣传册、公司的名片以及公司的产品包装中，还可以在公司进行传统促销活动时适当地突出企业网站，从而提升网站的访问量和知名度。

线上推广：企业可以通过免费的搜索引擎优化、交换友情链接、B2B/C2C 平台上的图片水印、论坛社区营销、IM 营销、微博营销来开展线上推广。相比较而言，付费推广效果来得快些；而免费推广虽然周期较长，但持续性和稳定性较好。

3）效果评价。经过一段时间的推广和宣传后，需要对效果进行总结和评价。网站的推广不能盲目进行，需要进行效果跟踪和控制，以便更好地改进方法，达到更好的效果。

5.4.2 利用许可邮件推广

提到 E-mail 营销，很多人会与邮箱中收到的垃圾邮件联系起来，其实这种未经用户许可而发送的电子邮件并不是真正的 E-mail 营销。

真正的 E-mail 营销应是在用户同意接收信息的基础上，为用户提供有价值的信息，也就是"基于用户许可的 E-mail 营销"，简称许可 E-mail 营销。许可 E-mail 营销是主要的网站推广手段之一，常用的方法包括电子刊物、会员通信、专业服务商的电子邮件广告等。

1. 许可 E-mail 营销的优势分析

（1）低成本

许可 E-mail 营销的成本主要包括从订阅邮件到发送的全套功能的开发成本、积累邮件订阅者的时间成本、邮件内容编辑与维护的人工成本，购买第三方的系统和许可邮件地址成本等。

（2）快速实施

许可 E-mail 营销的最大特点是"瞬间爆发性"，它可以使企业的营销信息在几天内传达百万目标受众群。

（3）易于测量跟踪

通过数据库平台，企业可以精确筛选发送对象，将特定的推广信息投递到特定的目标社群，并根据用户的行为，统计打开邮件的点击数并加以分析，获取销售线索。

（4）主动出击

企业可以根据营销目的，在网上主动搜索潜在客户，制订个性化内容，主动给客户发出企业的营销信息。

（5）无纸化绿色环保

许可 E-mail 营销以无纸化的邮件代替传统的邮寄广告，既可以节省成本，也能节约社会资源，绿色环保。

2．许可 E-mail 营销存在的不足

1）在垃圾邮件泛滥的今天，许可邮件实施不当易被误认为垃圾邮件而损害企业形象。

2）当前网络环境下，使用一般发送手段，大批量营销邮件的到达率难以保证。

基于用户许可的 E-mail 营销与滥发邮件不同，许可 E-mail 营销比传统的推广方式或未经许可的 E-mail 营销具有明显的优势，如可以减少广告对用户的滋扰、增加潜在客户定位的准确度、增强与客户的关系、提高品牌忠诚度等。

3．许可 E-mail 的内容设计

（1）许可 E-mail 应包含的内容

1）个性化的内容。E-mail 营销区别于其他营销方式的一个重要特征是一对一的沟通。企业必须通过一系列的技术手段，让用户感觉这个 E-mail 是专门给他发的，而不是群发的。这个要求是对 E-mail 营销系统的一个挑战。

2）用户关注的内容。例如，如果一个通信产品销售企业能够获悉一个用户突然开始几乎每天都在浏览几款手机的评测、报价信息，那么企业就可以作出一个最基本的判断，这个用户近期有购买这几款手机的意向。在这个判断基础上，企业将该用户纳入相应的类别，通过数据库营销系统为该用户生成 E-mail，包括这几款手机产品详细的评测信息、评价信息、产品对比信息以及促销信息。用户看到了他正希望看到的信息，与你建立了一个循环型的互动关系，对于销售机会的转化有着非常重要的作用。

3）用户喜欢的内容。用户喜欢的内容对于吸引用户的注意力有着非常重要的作用，有时候用户的喜好与企业的产品重叠度非常高，发现并利用用户喜好信息对企业的销售有着直接的影响作用。有时候用户的喜好和企业的产品重合度相对比较低，但是通过用户喜好的内容吸引用户注意，随后再辅之以相应的营销措施也是一个不错的选择。

例如，某汽车品牌厂商组织了一个车友汽车俱乐部，目的在于与用户建立一种长期的、互动的关系，培养用户的忠诚度。该车友汽车俱乐部每周举办一次活动，通过长期的数据积累并结合用户的基本资料，打算准备一次汽车驾驶技巧挑战赛。驾驶技巧比赛对于那些喜欢驾驶的客户来说是一件好事，将这些内容制作成 E-mail 发送给喜好的客户，得到这些用户的热烈反馈,这次营销活动就取得了成功。

总之,个性化的、用户关注的、用户喜欢的内容都是用户友好的内容,在坚持用户友好的前提下传播企业信息是 E-mail 营销实施中一个重要的原则,只有这样企业才能与客户建立长久的、良性的互动关系,建立客户忠诚度,为企业创造长期的、可持续的利润源。

(2) 许可 E-mail 的内容设计的基本技巧

1) 可点击的 URL。发邮件的目的是为了营销。对于客户感兴趣的内容,如新产品、活动信息的关键词,都要为其加上超链接以方便客户直接单击就可以进入目标网站。

2) 邮件内容应含有退订/退出链接。作为规范的许可邮件,邮件内容中应有退订/退出链接,方便邮件接收者按自己的意愿决定是接收还是决定退出。

(3) 采集 E-mail,创建企业自己的内部客户列表

1) 现有客户。现有客户是可以充分利用的最好资源,而且维护老客户的成本比发展新客户要低很多,通过现有客户的 E-mail 很容易实现再次销售。

2) 网站的访问者。充分利用企业网站的用户资源,鼓励访问者自愿加入邮件订阅。也可以在网站上提供有价值的信息,要求用户为注册会员,会员要求有邮件验证。

3) 通过 114 黄页收集。该方法比较慢,但很精确,一旦数据库建立起来,效果很明显。注意,收集的 E-mail 须是有采购决策权的人。

4) 到阿里巴巴收集。首先在阿里巴巴网站查看客户所在的公司,如果没有权限查看客户的邮件,则可以通过其官方网站或百度搜索其 E-mail 信息。

5) 专业论坛。假如你是做机械产品销售的,那么就可以到相关的工业网站论坛上去搜集。

4. 邮件内容制作

制作邮件内容的步骤如下。

1) 依据营销主题的不同,分析并构思邮件内容,勾勒页面布局。

2) 根据布局,制作邮件 HTML 静态页面。

3) 邮件内容文字描述。

4) 设计邮件标题。

5) 保存制作完成的 HTML 静态页面。

下面以 Foxmail 软件,群发一封 HTML 邮件广告为例,来介绍 E-mail 营销应用。

【例 5-5】河北安吉宏业公司要为客户发送许可邮件,传达自己企业的新产品信息。要求制作成 HTML 邮件。

1) 利用 Dreamweaver 新建一个网页邮件,并利用它作为信纸模板。

①打开 Dreamweaver,新建 HTML 文件并切换到设计视图。

②插入表格,设置布局,如图 5-46 所示。

③将第一行单元格合并,插入图片(注意插入的是网络图片,如果是本地图片,则上传后会出错)。将第二行合并,输入邮件正文信息。在表格第三行的 5 个单元格中分别插入 5 个新产品的图片,并为每一个图片制作超链接。将第四行单元格合并,输入企业的联系方式和地址等信息,如图 5-47 所示。

图 5-46 在 Dreamweaver 中设置表格布局

图 5-47 在 Dreamweaver 中编辑网页邮件

④保存页面，并切换到代码视图，复制 <body></body> 标签间的所有内容。

2）启动 Foxmail，单击"写邮件"右侧的小三角，在弹出的快捷菜单中选择"HTML邮件"命令，如图 5-48 和图 5-49 所示。

输入收件人和主题。注意突出邮件核心内容，引导用户查看。

图 5-48 利用 Foxmail 新建邮件　　　　图 5-49 设置 Foxmail 邮件

3）单击工具栏右侧的"<HTML>"按钮，切换到代码视图，并粘贴 Dreamweaver 复制的内容，如图 5-50 所示。

4）单击"返回可视编辑"按钮，可以看到一封 HTML 邮件已经编辑完毕。

5）单击"发送"按钮，如图 5-51 所示。

图 5-50 在 Foxmail 代码状态粘贴 Dreamweaver 复制的内容

图 5-51 收到的 HTML 邮件效果

5.4.3 企业官网与微博的结合

【例 5-6】大众斯柯达微整合：官网官微一键打通。

在大众斯柯达官方微博左侧的大众斯柯达官网和斯柯达 e 购中心，可以看到各型号车的数据、配置及经销商网站信息，甚至可以网上配车，如图 5-52 所示。

图 5-52　大众斯柯达官网官微一键打通

1．企业微博的价值

一般来讲，企业微博的意义体现在以下几个方面。

（1）品牌传播与人脉关系的拓展平台

目前的微博还是媒体属性更强一些，里面聚集了大量媒体记者、各个行业的名人和个人用户。微博给了人们一个平日很难获得的与行业名人、媒体记者交流的机会。

正因为微博是互联网新兴的应用平台，才吸引了大量的互联网从业者、风险投资商和天使投资人。事实上，已经有很多企业在微博上完成业务合作、项目投资和人才招聘等。

（2）用户互动的平台

微博的出现使得人与人之间的距离瞬间拉近，可以通过标签、话题搜索等方式区分出各种类型的用户。微博给了人们一个快速获得用户反馈的机会，并且能够实时地与用户对话。新产品前期市场调查、产品试用、产品改进、售后服务等都可以通过微博获得。

（3）产品推广与销售的平台

微博是植入式广告的最好载体之一。微博营销可以在趣味话题、图片和视频中植入广告，针对新产品、新品牌等进行主动的网络营销。微博不仅是看热闹的平台，实际上已经有太多的 B2C 网站和企业通过微博实实在在地把产品卖出去。

（4）实时新闻平台

微博的出现使得很多人都不再看网络新闻，不管有什么重大事情发生，微博一定是第一时间发布出来，所以想了解最新的行业动态，微博是最好的选择。

2．利用微博给网站带来流量

（1）做好微博定位，选择用户群体

申请了微博，要吸引用户的关注就需要有一个主题，如导购类、时尚类、美食类、资讯类、新闻类、信息类等。在确定下来之前一定要了解用户的喜好，发布他们喜欢的话题，拉近与客户之间的距离，这样才能更容易得到消费者的关注，从而巧妙地进行品牌内涵的深化和宣传，因为用户的关注量才是最根本的。

（2）注重风格、彰显个性

其实每个人都有自己的个性，微博也不例外。要想别人关注你的微博，就要彰显自己微博的个性，注重自己的风格。所以，注册完微博之后不能急于求成，首先要完善个人资料，让别人知道自己的微博是干什么的，能给予用户什么样的体验。发表的微博内容要注重原创性。

（3）内容新颖，吸引用户关注

如果微博内容都是些无趣的东西，则用户就会慢慢对你的微博失去兴趣。如果你的微博每天都有一些用户感兴趣的内容，那么用户对于你的微博的忠诚度也会提升，并且会帮你转发微博，让更多的人来关注你。

（4）开展有奖活动

利用转发、评论等方式开展有奖活动也是一种很有效的推广手段，利用得好，可以在短期内获得一定的用户。

【例 5-7】一汽马自达的微博有奖活动——"捡 iPad！捡睿翼！"

在上海国际车展期间，一汽马自达为配合睿翼上市举办了"减钱！捡 iPad！捡睿翼！"微博活动，自 2011 年 4 月 18 日至 27 日，只要网友登录活动官网，关注一汽马自达，转发活动微博，并同时 @3 个以上好友，即可抽取 10 台 iPad、20 个睿翼汽车模型和 1000 多个给力奖品。更给力的是，活动除了送礼品外，还准备了 179800 元的睿翼精英版终极豪礼，网友每转发 1 次活动微博，睿翼精英版即减少 1 元，直到转发 179800 次以上，睿翼精英版 0 元送出。

短短 10 天时间，靠转发升级、奖品升级活动规则马自达微博转发量达 137 万次，一汽马自达新浪企业微博粉丝量提高 8 倍，总数超过 20 万，使得一汽马自达脱颖而出，稳坐 2011 年最给力营销宝座，如图 5-53 所示。

图 5-53　一汽马自达的微博有奖活动

（5）合理地穿插网站广告进行推广

积累到一定用户（粉丝）的时候，就可以在每天发的微博中推广网站了。但是一定要注意，凡事都要有个度，否则就会物极必反。

（6）提倡全员参与，调动员工积极性，改善客户关系

企业实行以全员参与的微博营销形式，提倡员工在企业微博中讨论公司的生活、工作、

企业文化等，向大众展现一个真实、朝气蓬勃的企业形象。

3．微博的日常运营

（1）企业微博账号的设置（见图5-54）

1）头像：以产品或企业Logo为宜。

2）背景：简洁、清晰，根据微博尺寸进行合理设计，充分利用其广告价值。

3）标签：根据公司、产品或人群定位设置关键词，便于潜在用户搜索。

4）企业微博认证：企业品牌微博最好进行认证，以增加信赖感。

图5-54　企业微博账号的设置

（2）内容建设

1）发布时间有规律，切忌随意发布。建议每天早上9:00和晚上11:00问早安、晚安，其他以相同时间间隔来发布。具体可以根据企业用户的习惯来合理安排。图5-55所示是新浪微博24小时微博发送量的分布。

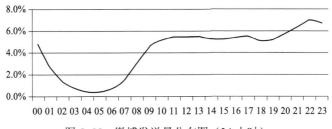

图5-55　微博发送量分布图（24小时）

2）信息内容的采集和制作。根据内容规划中的话题制作内容和配图，每天第一和最后一条分别是#早安#和#晚安#语，这样给用户一个很有规律的感觉。企业相关的信息要原创，其他话题内容可摘自微博或网络，但与公司人群相关度要高。

在内容规划上面，企业要学会换位思考，站在客户的角度来思考客户需要什么东西，需要什么样的服务，做目标客户喜欢的内容。同时，企业也要显示人性化的一面，把企业的文化也带到企业微博中。

①大众热点话题：在发布话题方面，企业可以抓住目前的时尚热点话题，如热点人物、流行案例、节日祝福与公益事件，这些都能有效吸引网民关注与共鸣。

②隐私性话题：一般，人们对不为人知的事情都很感兴趣，适当加入一些隐私性话题也会增加微博黏性。当然，这里的隐私性话题不是个人私生活隐私，而是产品背后的故事，生产中不为人知的企业员工或领导者的小故事等，这些都会给粉丝带来新鲜感和获知欲。

③营销性话题：包括与客户的互动交流、企业产品知识与售后服务，要注意企业宣传信息不能超过微博信息的10%，最佳比例是3%～5%。

3）信息发布与维护。信息发布时间可以定在周一至周五9:00～22:30，发布间隔为1小时，遇特殊情况可以用定时器发布。信息维护要及时，发现言语恶劣的留言要及时删除，并做好沟通，转发回复好的评论。

（3）企业微博吸引粉丝的途径

对于企业而言，发表对于用户具有价值的话题是吸引粉丝的最有效途径，而关注别人、转帖@别人、评论@别人等与粉丝互动的方法也能得到优质粉丝，如图5-56所示。

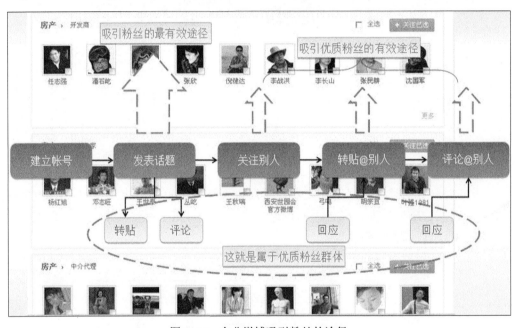

图5-56 企业微博吸引粉丝的途径

（4）活动策划

活动策划是指企业在自己微博中发起的各种活动，如有奖转发、晒单有礼、盖楼、随手拍等各种形式话题的活动。它可以分为独立活动和联合活动，独立活动就是自己发起的活动，联合活动就是与其他企业微博开展的活动。

（5）客户管理

微博让企业与用户直接对话，与用户互动。微博上的客户管理工作主要包括处理投诉、粉丝互动、咨询答疑、活动奖品发放通知等。

1）处理投诉：处理微博上用户的紧急投诉，避免其四处发帖。

2）粉丝互动：针对粉丝的评论作相应的回复或转发互动。

3）咨询答疑：解决用户的各种疑问。

思考与练习

1）当前很多中小型企业网络运营效果不好的主要原因是什么？

2）企业营销型网站应该具备哪些特点？

3）企业网站的可信度建设主要包括哪几个方面？

4）什么是 SEO，什么是 SEM，二者有何关系？

5）常用的网站流量统计工具有哪些？

6）企业网站发外链有哪些方法？

7）如何利用微博为企业网站引入流量？

技能实训

任务 1　企业网络的运营与维护

结合前面调研中联系的企业，在企业相关负责人和老师的指导下完成以下任务。

1）以小组为单位，确定为哪个企业营销型网站进行维护与运营。

2）各小组为各自的网站发布信息、添加内容，保持站点内容持续更新。

3）运用所学的方法对网站进行 SEO，并利用许可邮件、博客、论坛、发外链等网络营销手段对站点进行推广。

任务 2　企业网站运营效果的监测与分析

按 5.2.2 节介绍的方法，为站点增加百度统计代码，并确保统计功能的正确使用。

1. 网站收录/PR 查询

1）通过 site 指令，查看企业网站被百度收录的网页数量（见图 5-57）。

图 5-57　查看百度收录的网页数量

2）通过站长工具查看企业网站的 PR 值。

2. 企业网站访问数据的分析

各小组通过数据统计代码与站点，分别按日、周来查询网站的如下数据：IP、PV、访问来路、网站流量在各搜索引擎的分布、受访页面、跳出率。

分析示例： 以跳出率为例，跳出率高绝不是好事。在一些推广活动或投放大媒体广告时，跳出率都会很高，跳出率高可能意味着人群不精准，或者广告诉求与访问内容有巨大的差别，或者本身的访问页面有问题。

任务 3　利用百度工具为企业做推广

1）为公司名称、主要产品名称制作百度词条。

①打开百度百科，输入要做的词条名称，单击"搜索词条"按钮。

②如果该词条未建立，尝试进行编辑，并在参考资料中适当引入企业官网的链接，注意内容要匹配。

③如果词条已经建立，尝试进行补充和完善，利用参考资料链接到官网。

2）站在用户的角度，为企业产品做百度问答，主要解决用户品牌选择、产品功能、产品质量以及售后服务等方面的问题。注意，在解答过程中，一定要采用软文的形式，不要做"硬广告"，并且问与答要采用不同的 ID 与 IP。

3）围绕企业产品（功能、性能、型号）的说明、企业文化、企业业绩制作百度文档，并上传到百度文库中。在文档中，注意对关键词和标题的优化，并在文档的适当位置留下企业的名称、网址、联系方式等相关信息。

任务 4　企业微博运营

成立小组，在企业相关负责人和老师的指导下，为企业进行微博运营。

1）在新浪微博注册账号，根据企业具体情况设置微博名称、Logo 及其他相关属性。

2）在条件允许的情况下，申请企业加 V 认证。

3）根据企业网络运营要求，制订微博运营计划，确定微博主题。

4）主动定位企业用户，加关注，加粉丝。

5）根据微博主题定位编辑、发布微博话题。

6）将自己的转发量较多和评论量较多的微博发送至自己加入的微群。

7）转发评论其他人的微博，增加与他人的互动，进行自身微博的推广。

8）查看微博粉丝数、转发量和评论数，进行效果评估，找出原因并改进。

第 6 章

利用第三方 C2C 平台运营

【学习目的】

1）熟悉常见的第三方 C2C 电子商务平台及其特点。
2）能够独立开设和运营淘宝店铺。
3）掌握淘宝店铺日常运营中高质量信息发布的方法和要点。
4）掌握网店售中、售后服务的接洽流程和接洽技巧。
5）能够利用淘宝内部资源和站外工具分别对店铺进行引入流量推广。

【导入案例】 第一家明日叶健康坊产品运营方案

第一家明日叶健康坊淘宝网店首页如图 6-1 所示。

图 6-1 第一家明日叶健康坊淘宝网店首页

1. 第一家明日叶健康坊产品运营背景

（1）第一家明日叶健康坊产品推广背景

第一家明日叶健康坊主营明日叶相关产品，店铺于 2009 年 3 月开通，现好评率为

99.25%，卖家信誉264（一颗钻信誉）。

店铺动态评分：宝贝与描述相符为4.7分（满分5分，比同行业平均水平低0.39%）；卖家发货速度为4.7分（满分5分，比同行业平均水平低1.98%），买家服务态度4.8分（满分5分，比同行业平均水平高24%）。其中低于行业平均水平的两个项目有待加强。

（2）第一家明日叶健康坊产品推广目的

最近一个月卖家信用好评数量为12，这个数据表明店铺运营水平有待提高，产品推广亟需进行，以改进当前业绩不好的现状。

2．第一家明日叶健康坊产品推广实施方案

第一家明日叶健康坊产品推广实施方案分为网店优化、站内推广、站外推广3个部分来阐述。

（1）网店优化实施步骤

1）店铺属性升级。将店铺升级为旺铺标准版，加入消费者保障服务。旺铺标准版资费每月30元，消费者保障服务保障金1000元。工作时间为0.5个工作日。

2）产品优化。优化产品标题，丰富产品描述。要求产品标题关键词设置合理，产品描述翔实丰富。因店内产品数量较少，这部分工作可在1.5个工作日之内完成。

3）网店美化。升级为旺铺及进行产品优化后，还应做好店铺美化工作。工作时间为1.5个工作日。

4）丰富可证明公司实力的说明性资料。在导航栏目或产品描述中加入可证明公司实力的文字、图片等资料。工作时间为0.5个工作日。

（2）站内推广实施步骤

1）开展多种形式的"满就送"活动，如"购物满1000元包邮费""明日叶种子满十送一"。

2）将产品优化组合，实施"搭配套餐"策略。例如，"明日叶第二代通茶（便秘的救星）+明日叶第二代新款酒后茶（解酒、保肝护肾）"原价276元（158+118），搭配套餐价260元。在薄利多销的促销政策下，提升产品销量，最终实现网店利润的激增。

3）拿出利润较大的产品做"限时折扣"。在特定的时间段拿出一定数量的产品做促销，如上午10：00～10：30推出不同的产品，"明日叶第二代大润茶（排毒、增强免疫力）"30套，原价188元，现价八折，150元。当然，限时价格可酌情调整。这样的推广方式有助于短期内聚集大量人气，没有抢到特价产品的顾客会继续关注店铺，从而增加产品的潜在顾客。

以上促销推广措施实施的关键在于产品的合理组合，如"搭配套餐"促销，要根据客户的购物习惯、生活习惯，选择相应的产品组合。限时折扣也要让消费者感觉到实实在在的实惠。

4）淘宝论坛推广。随着论坛管理的日益规范化，单纯的推广型广告很难在论坛上存在。另外，从消费者的角度考虑，他们也不喜欢阅读广告。因此，我们在做论坛推广时，有必要讲究一点技巧。在推广产品时，应以消费者的角色展开，以消费者的口吻对明日叶产品展开叙述，这样更容易获得消费者的信任。对于这些推广软文，店家可以在网店上开展"有偿买家秀"之类的活动，鼓励消费者将"明日叶"产品的使用感受写出来，或者发布到淘宝论坛，与更多消费者分享。对于写文章及发布帖子到论坛的用户，应给予一定的鼓励，如现金、购买折扣、礼品等。站内推广是一个综合性的营销活动，各项活动可以同时开展，并且这种活动应该持续不断地进行。

（3）站外推广

站外推广主要利用微博进行精准粉丝定位，与粉丝互动，为店铺引入流量。

第 6 章 利用第三方 C2C 平台运营

思考与分析：淘宝店运营包括哪些内容？第一是流量：把人带到店铺来。针对店铺流量少、不稳定等情况，可以进行网店升级、网店产品标题优化、网店装修等工作。外站的流量也不容忽视，因为每一个流量都可能变成你的潜在用户，根据这一原则，结合网络最新的营销手段，微博推广、邮件推广等也变得大受欢迎，而且效果也相当显著。第二是转化率：提高流量的变现能力让进来的人买东西。

6.1 第三方 C2C 电子商务平台商品信息发布与管理

所谓第三方 C2C 电子商务平台就是为买卖用户双方提供一个在线交易平台，在交易活动中，为买卖双方提供信息发布、查找、贸易磋商、支付、物流等服务，帮助双方达成交易的网络贸易市场。与第三方 B2B 电子商务平台有所不同，该类平台主要以生活领域的消费品销售为主，市场对象主要面向消费者。

目前国内比较知名的第三方 C2C 电子商务平台有淘宝网、拍拍网、易趣网。淘宝网拥有目前同类网站中最多的商品、最高的人气。在支付功能上，淘宝打造了最诚信和最安全的"支付宝"，可以说淘宝网是企业和个人用户网上开店的最佳之选。

尽管 C2C 从字义上理解是个人与个人之间的贸易活动，但从 C2C 平台诞生的那一刻开始，扮演卖家角色的就分为了个人和企业两大类，就担任着 C2C 和 B2C 的双重角色。以淘宝网为例，随着淘宝网的发展与壮大，大量企业尝试涉足 C2C 电子商务平台，开始网络运营。

与企业或个人独立开展商城面向消费者销售不同，对于卖家而言，在第三方电子商务平台开展的贸易活动有先天的环境优势：流量优势、支付优势、物流配送优势、诚信安全优势，这些优势不但解决了我国电子商务环境的不足，而且也有效地降低了卖家的交易成本。

本章将主要以淘宝为例，讲解第三方 C2C 电子商务平台的运营。

6.1.1 商品高质量信息的发布

1. 商品发布流程

与传统零售方式不同，网络零售的商品陈列是以网页的形式展示的。顾客通过搜索商品名称→比较商品图片→了解商品介绍的流程来寻找和选择商品（见图 6-2），因此，商品发布是网店日常运营的主要工作内容之一，也是最重要的工作步骤。

商品发布的流程如图 6-3 所示。

1）单击淘宝页面上的"卖家中心"，进入宝贝发布页面。

2）选择宝贝发布方式：在"一口价"和"拍卖"中间选择一种出售方式来发布商品。其中，"一口价"是定价销售方式；"拍卖"是一元起拍的竞买方式，价高者得，所有以拍卖形式发布的商品，邮费必须由卖家承担，因此要慎重选择。

3）选择类目：一级一级地往下选择待售商品的所属类目，精准地把商品放到相对应的属性类目里面。

4）正确选择和填写商品信息，以便让顾客更快地找到该商品。

5）单击"发布"按钮，完成该商品的发布流程。

图 6-2 寻找商品流程

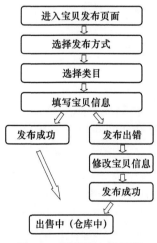

图 6-3 商品发布的流程

2. 高质量信息的发布

由于网络交易的虚拟性，买卖双方不能见面，买家不能真实地感受商品的质量和适用度，对商品质量和店家信誉持有质疑，因此淘宝卖家商品信息的发布质量及店铺的装修质量就成为了顾客是否愿意购买的关键因素。

（1）标题关键词的组合

消费者购物的目的不同，但是购物的顺序都大同小异，一般是从搜索商品名称开始，然后看谁的价格更吸引人、谁的商品图片更漂亮、谁对商品的情况介绍得更详细。通常情况下，顾客要想尽快找到自己需要的商品信息，使用关键词搜索是最快、最省力的方式，如图6-4所示。

图6-4 使用关键词搜索

淘宝网商品名称的容量是30个汉字（60个字节），根据顾客的消费需求和定位的区别，将关键词分为以下几种类型。

1）属性关键词。属性关键词是指商品的名称或俗称，商品的类别、规格、功用等介绍商品基本情况的字或者词。由于消费者的语言表达和搜索习惯不同，可能会使用不同的属性关键词搜索，因此在商品有多种习惯称呼的情况下，可以多设几个属性关键词，以符合更多人的搜索需求。

2）促销关键词。促销关键词是指关于清仓、折扣、甩卖、赠礼等信息的字或者词，这类词往往最容易吸引和打动消费者，网络零售和传统零售只是表现形式不同，但其商业的本质是共通的。传统零售商场经常用各种打折促销信息来吸引和刺激消费者，网络零售同样可以采用这种方式招徕顾客。经常推出各种促销活动，并将"特价""清仓""×折""大降价"等关键词体现在商品名称中，可以有效地吸引更多人的关注，提高商品和店铺的浏览量。

3）品牌关键词。品牌关键词包括商品本身的品牌和店铺的品牌两种。增加商品品牌关键词可以给消费者提供更精确的搜索信息，增加店铺品牌关键词可以在店主ID之外多提供一个具体的、可记忆的、便于查找和有利于口头宣传的店铺形象，对于提高店铺知名度和打造网货品牌都有显著的效果。

4）评价关键词。评价关键词的主要作用是对看的人产生一种心理暗示，一般都是正面的、褒义的形容词，如×钻信用、皇冠信誉、百分百好评、市场热销等。这类关键词其实也是一种口碑关键词，增加这类关键词不仅能够满足消费者寻找可靠产品、可信商家的需求，同时还容易获得消费者的好感和认同，打消他们的顾虑，让消费者作出成交的决定。

【例6-1】标题中关键词的优化组合。

图6-5所示是一个失败的商品信息发布。"快来买吧"只表达了商家盼望交易的急切心态，却没有具体指向任何一件实际的物品。其实，不管商品名称如何设置，属性关键词一定是其中一个重要的组成部分，因为这是消费者在搜索时首先会使用到的关键词类型，在这个基础上增加其他关键词，可以使商品在搜索时得到更多的入选机会。

下面加入相应的关键词，看商品名称会有什么变化。这里，把"快来买吧"归到促销关键词里面。

加入属性关键词：

商品名称为"纯棉斜纹印花床品四件套 快来买吧"

再加入促销关键词：

商品名称为"七折包邮 纯棉斜纹印花床品四件套 快来买吧"

再加入品牌关键词：

商品名称为"罗莱家纺 纯棉斜纹印花床品四件套 快来买吧 七折包邮"

再加入评价关键词：

商品名称为"三钻包快递 罗莱家纺 纯棉斜纹印花床品四件套 快来买吧 七折"效果如图6-6所示。

图6-5　失败的商品信息发布

图6-6　关键词组合后的效果

在发布商品的时候,商品名称可以由多种关键词来进行组合,如图6-7所示。

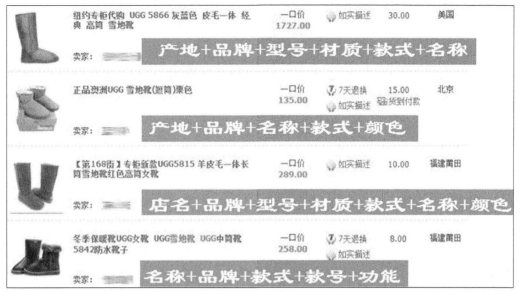

图6-7 关键词的组合种类

使用关键词要遵守以下规定。
1)不得在标题中加入其他与本商品无关的名字和功效。
2)不得乱用淘宝网热推关键词。
3)不得使用非该商品制造或生产公司使用的特定品牌名称。
4)不得出现与其他商品和品牌相比较甚至贬低的情况。
5)不能在标题中使用"最高""最好"等陈述。
6)不允许任何商品在标题中添加对赠品、奖品的描述。
7)不能以任何理由在同一件商品中使用多种属性关键词。
8)不得在标题中添加未获得的授权及未加入的服务。

【例6-2】修改标题。
原标题:联想Y560A-IFI(D)I5430M4G500GATI57301G 显卡。
这是一个很失败的标题。第一是含义不明,第二是遗漏了重要关键词"笔记本电脑",第三是标题没能说明这件产品的意义。
改进后的标题:"Lenovo联想笔记本电脑Y560A系列,2012全新上市,引领笔记本风潮"。这个标题含有品牌名(Lenovo联想)、类别(笔记本电脑)、主关键词(笔记本电脑),还有型号系列(Y560A)。

(2)做好宝贝信息的描述
按照正常的流程,顾客在搜索结果中看到宝贝搜索结果,如果宝贝的图片、标题、价格能够吸引顾客,接着就会打开商品查看商品的详细信息。宝贝详细信息描述是否到位将直接影响浏览顾客能否转化为真正的客户。通常,一件商品的描述由以下几部分内容组成。
1)型号规格。这部分内容一般包括商品的品牌、型号、材质、规格、功能、包装、价格等基本信息,以及生产加工工艺、产品优势等有利于销售的商品信息,如图6-8所示。

产品参数：

产品名称：Haier/海尔 XQG60-812 家...	洗衣机品牌：Haier/海尔	海尔洗衣机型号：XQG60-812 家家爱
产品类型：滚筒洗衣机	自动化程度：全自动	洗涤公斤量：5.6-7kg
洗衣机价格区间：2000-3000元	上市时间：2012年	洗衣机能效等级：一级
箱体材质：渗锌钢板	内桶材质：不锈钢	电机类型：普通电机
排水方式：上排水	开门方式：前开式	

图 6-8　商品的型号规格介绍

除了用文字说明的方式以外，还可以用图文结合的方式来介绍产品的功能、技术和设计优势等。

2）交易说明。交易说明可以用“买家必读”“购物须知”“下单前必看”等方式来体现，相当于交易双方的协议，今后在交易过程中一旦出现某种状况，双方有一个可以参考的依据，这也是独立于平台规则以外的一种双边协议，如图 6-9 所示。

3）配送说明。配送说明是关于邮寄的费用和物流配送周期的说明，因为顾客毕竟不是专业的卖家，可能对发往各地的运费标准和到货周期不清楚，做到预先告知既是商家的职责，也是优质服务的一种体现，如图 6-10 所示。

下单前必看

亲，这些您懂得……

下单前：

亲，因产品销售渠道比较多，如您再下单后不能及时付款，请在下次付款时一定要联系客服确认好库存后再付款。

下单时：

亲，您下单信息会直接对应到我们的发货系统，所以请您再下单前一定要再次核实您的收货地址，避免配送单已生成但地址需要更改无法满足您的需求。

签收时：

亲，产品开箱后，无质量问题，因影响二次销售，故无法满足七天无理由退货需求，如验货时发现产品质量问题可直接拒收并联系我们.

付款时：

亲，按照《中华人民共和国发票管理办法实施细则》开发票的单位和个人必须在发生经营业务确认营业收入时开具发票，因此亲若收到货后，请尽快确认付款，以便于我们为您开具发票。发票开具后会尽快寄出，一般会在您确认付款后的15个工作日开具。

图 6-9　交易说明

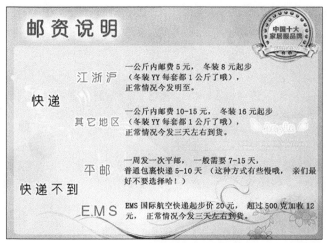

图 6-10　配送说明

4)服务保障。服务保障包括质量承诺、售后维修、会员优惠等信息,这些信息既是给顾客安全感,也是用返利的方式来增加店铺的黏性。

图 6-11 所示是商家对售后服务的承诺,不管是商品质量还是物流配送过程,或者是售后维修,只要顾客购买他们的商品后出现了上述问题,基本上都能够得以解决,这就会给顾客带来很大的安全感,促使他们下决心来购买和尝试。

图 6-11 服务保障

5)相关细节说明。将商品的细节展示得更加详细,提供自助购物指导、常见问答、保养知识、使用方法、联系方式等更为专业和周到的服务,展示以往顾客的评价,打消消费者的担心和疑虑等都是很好的促销手段,如图 6-12 所示。

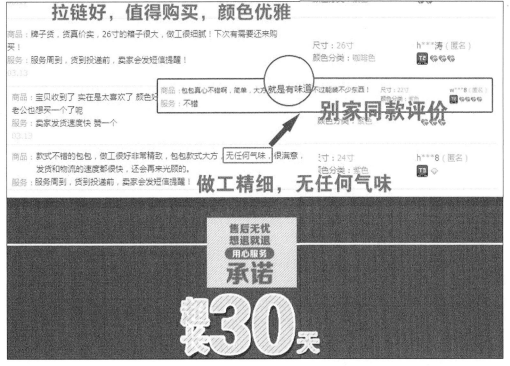

图 6-12 细节说明

6.1.2 商品图片处理

网络零售的商品陈列是以网页的形式展现的,顾客对商品的第一印象就来自于商家上传的照片,因此商品图片对于商家来说至关重要。

1. 发布商品图片的目的

商品图片和产品照片不同,产品照片通常只要求如实拍出产品的原貌、色彩还原准确、清晰、构图合理;商品图片因为需要刺激消费者的购买欲,达到销售的目的,因此在此基础上还要求画面美观,有视觉冲击力,如图6-13所示。

图6-13 产品照片与商品图片比较

网络交易平台有别于日常的面对面交易,顾客难以亲身感受商品的质地、做工、细节及特点,图片的好坏直接关系到交易的成败。一张好的商品图片能向顾客传递很多东西,如该商品的构造、材料、做工、细节,乃至店主对商品的重视程度和诚意。因此,发布优质的商品图片可以达到以下目的。

1)提升销量,引起供货商的重视,得到更好的服务以及更优惠的条件。
2)增加产品被潜在顾客发现的概率。
3)提高自己在同类商品卖家中的竞争力。
4)影响买家的购买决策。

2. 发布图片的方法

要把一件商品完整地呈现在顾客面前,让顾客对商品在宏观上、细节上有一个深层次的了解,刺激顾客的购买欲望,一件商品的图片至少要3张以上。下面以箱包为例介绍发布图片的方法。

(1)商品的整体效果图

发布商品的整体效果图,让顾客对商品在总体上有一个大致的了解。图6-14所示是一张整体效果的箱包图片。

(2)外景图

有条件的掌柜推荐采用真人模特,因为上面的整体效果图只是给顾客一个纯物件的概念,如果有真人示范,那么这其实就是给顾客最好的定心丸。店里的商品有些是外出拍摄的,给人一种自然的感觉,如图6-15所示。

第 6 章　利用第三方 C2C 平台运营

图 6-14　整体效果图片

图 6-15　外景效果图片

（3）商品的细节图

商品的细节图必不可少，因为上面介绍的图片只是宏观上的概念，顾客可能有购买意向，但缺乏对细节的了解，有可能放弃，所以适当加入一两张商品的细节图有助于顾客对商品的细部认知，如图 6-16 所示。

图 6-16　商品细节图片

3．商品图片的诚信原则

网上购物，诚信很重要。商品图片的功能不仅是吸引买家，而且是真实地展示商品。当消费者浏览过商品之后，商品的每一个细节甚至不足都应让他们了然于心，这种诚信的态度是经营好网店的基础。图片要清晰，但不要过度修饰与夸张，否则会由于自身图片的缺陷引发后续交易纠纷,对网店来说,则会丧失信用,很难留住买家。另外,也不要盗用其他店铺的图片,一定要做出自己的特色。

4. 商品图片的拍摄与处理

(1) 图片的拍摄

目前网店竞争非常激烈,想要从海量卖家中胜出,唯有在各方面都精益求精才行。很多卖家照搬的官方白底图,虽然很漂亮,但是千篇一律,不能吸引买家的目光。相比之下,漂亮的实拍图片更能吸引买家点击、引起购买的欲望。因此,如何拍摄好商品图片是许多网店经营者非常关心的问题。

【例6-3】找出以下几张实拍商品图片的不足之处,如图6-17所示。

图 6-17 网店实拍商品图片

1) 图片太小,且拍摄随意,这样的照片很难引起买家的购买欲望。

2) 照片的商品被拍得变了形,显得头重脚轻;图片过于平淡,背景灰暗,毫无美感可言。

3) 背景杂乱,图片清晰度太低,拍摄环境太随意,图片拍歪了。

1) 拍摄所需要的器材和环境。首先分析网店对商品图片的要求。淘宝网对商品图片的要求为500像素×500像素,大小在120KB以内,要求JPG或GIF格式。由此可见,网店商品图片对照相机的像素值并没有太高的要求,300万像素的照相机即可胜任。如果手机拍照功能比较强大,则其实完全没有必要用照相机。

2) 布光。网店商品图片不是艺术照,并不需要太精致的布光,清晰、美观即可。因此,可以在室外自然光下拍摄,也可以在人造光下拍摄。户外光线多变,不容易控制,绝大部分商品图片拍摄推荐在室内拍摄。室内的布光其实很简单,两盏台灯即可。

在室内选择一个固定的地点进行拍摄,拍摄环境要求比较简单,一张小桌子即可。除此之外,还需要准备黑、白两大张卡纸,作为桌面和背景。如果能找到黑色的光滑玻璃板或者亚克力板,效果会更好。

① 一盏灯和两盏灯的差别。在室内拍摄的时候,需要用灯来布光。如果只使用一盏灯,则会出现较明显的影子,商品也欠缺立体感,怎么拍都不好看。如果使用两盏灯,则效果会好很多。

② 灯的位置不同,所得到的拍摄效果也不同。最简单的摆放方法是对称放置在商品的两旁,灯泡的位置在商品斜上方约45°即可。摆放好之后,不需要再移动它们的位置,因

为这种布光方法能满足绝大多数商品的拍摄需求，如图 6-18 所示。

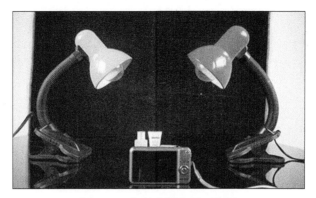

图 6-18 灯的摆放位置示意图

③ 背景的选择及曝光补偿。如果商品是浅色的，则应该将它放置在深色背景上拍摄，这样可以更好地突出主体，使之轮廓清晰，容易辨认。反之就没有对比，不能引起大家的注意。

3）变形问题的解决。在给商品拍照片的时候，为了让买家看得更清楚，都会开启照相机的微距模式并靠近商品，让商品在液晶屏中占据更大的画面。但是，这样拍出来的照片总是会变形。要解决变形的问题只需要变一下焦距，使用镜头的较长焦段，然后离被摄物体远一些再拍，最后再通过裁切，就可以获得没有变形的照片。

（2）图片的处理工具简介

当图片拍摄完成之后，通常还需要进行一定的后期修饰才能让图片显得更加漂亮。下面介绍图片的处理工具。

1）Adobe Photoshop。Adobe Photoshop（PS）是一个由 Adobe Systems 开发和发行的图像处理软件。Photoshop 主要处理以像素构成的数字图像。使用其众多的编辑与绘图工具，可以更有效地进行图片编辑工作。

利用 Photoshop 可以很方便地处理淘宝店铺中所需要的商品图片，如抠图、亮度和颜色的调整、添加水印以及各种特效等。

2）nEo iMAGING。nEo iMAGING（光影魔术手）是一个对数字照片画质进行改善及效果处理的软件，不需要任何专业的图像技术，就可以制作出胶片摄影的色彩效果。

6.1.3 店铺日常管理

1. 淘宝后台管理

"我的淘宝"是淘宝用户的重要管理工具之一，人们通常习惯称之为"后台"，也就是在淘宝网内的一个管理中心和总控制室。这里不仅有买进、卖出交易的所有快捷操作入口，而且有关于信用、商品和交易的详细内容，还能随时关注淘宝网的一些公告和新功能的发布，以及最近正在推出的一些促销活动介绍，及时了解这些资讯有助于自己更好地管理店铺，如图 6-19 所示。

电子商务 运营实务 第2版

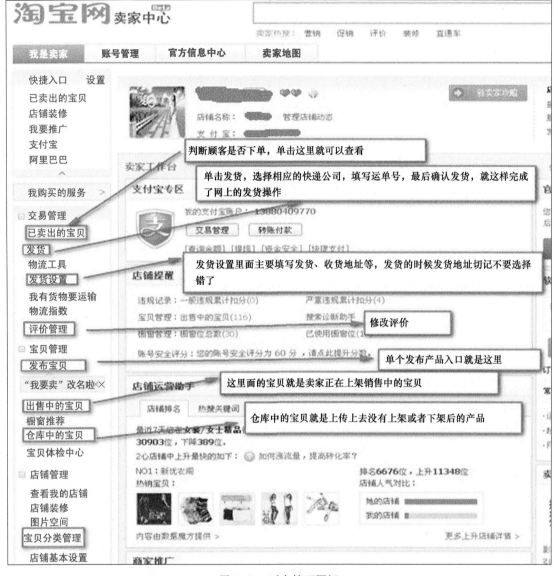

图 6-19　后台管理图解

2．淘宝助理的应用

淘宝助理是提供给卖家的一款免费的、功能强大的客户端工具软件，它可以使卖家不登录淘宝网就能直接编辑宝贝信息，快捷批量上传宝贝。具体特点如下。

① 离线管理、轻松编辑商品信息。
② 数秒内建立专业的宝贝销售页面。
③ 能一次性快速成批上传大量宝贝。
④ 能将常用的交易方式存入，以当作模板反复使用。

可以在 http://zhuli.taobao.com 下载淘宝助理，登录之后，进行各项操作。

（1）创建新商品

淘宝助理可以快速创建新商品，还可以通过使用预设模板减少每件商品的修改工作量，几秒就能创建一件新的商品。

1）新建宝贝。单击淘宝助理上的"新建宝贝"按钮进入编辑页面，填写或选择商品的基本信息，如宝贝名称、宝贝属性、宝贝图片、价格、店铺类目、运费等。其中商品属性决定了商品是否会因放错类目而成为违规商品下架，也决定了顾客是否能在对应的类目里找到所需商品，因此，商品类目一定要认真、仔细地选择和填写，如图6-20所示。

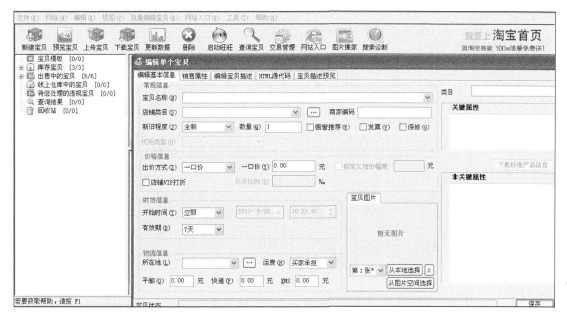

图6-20 使用淘宝助理新建宝贝

2）编辑销售属性。在"销售属性"选项卡中编辑商品的可售颜色和数量，应根据实际库存情况来勾选商品的颜色和对应的可售数量，以免埋下售后纠纷的隐患。如果在"销售属性"里填写了各色款的数量，则在"基本信息"里的"数量"栏里就会出现各色款之和的数字，即本款商品各个颜色可供销售的数量总和。如果该款没有其他颜色可供选择和销售，那么就需要直接在"基本信息"里的"数量"栏里填入具体数字，否则该商品无法上传到网上，如图6-21所示。

3）编辑宝贝描述。选择"编辑宝贝描述"选项卡进入商品信息编辑页面，这是一个HTML编辑器，同在线发布商品编辑商品描述时使用的编辑器是一样的，可以在这里说明商品的品牌、规格、尺寸，也可以插入图片等更具视觉说服力的内容，使顾客对商品的了解更加具体和详细，为成功销售打下良好的基础。

（2）交易管理功能

淘宝助理的交易管理功能使用起来非常方便，不用专门登录网站即可查看已经卖出的宝贝，随时了解店铺的交易进程并进行管理。

打开淘宝助理的"交易管理"，单击"下载订单"按钮，可以将最近产生的订单更新到助理中，包含所有待发货、已发货和待评价的交易。可以查看到近期需要处理的订单，并根据筛选条件进行过滤和排序操作，选出合适的订单进行批量打印、发货和评价，如图6-22所示。

图 6-21 编辑销售属性

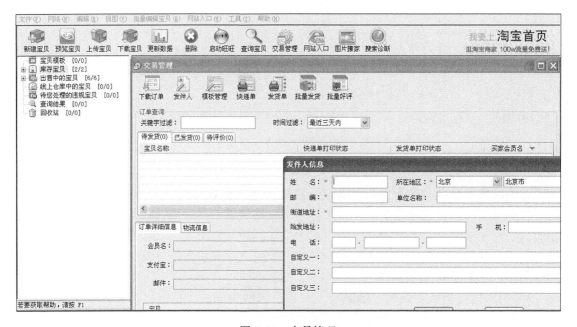

图 6-22 交易管理

选中任意一个订单,可以查看订单的详细信息,内容包括该商品的名称,购物顾客的会员名、支付宝账号和电子邮箱、商品总价、运费、实收金额、支付宝交易号和成交时间等。

物流信息里面选择的快递公司、运单号码和顾客的收货信息,以及备注和留言里的内容与在"我的淘宝"→"已卖出的宝贝"→"备忘录"里的记录是一样的。可以在这里设置发件人信息,也就是将商家的发件人姓名、发货地址、联系方式等一次性输入并保存,今后打印快递单和发货单时就不用再重复输入了。

"交易管理"里还有快递单和发货单的功能,节省了大量的人工填写工作,"模板管理"里已有系统预设的包括 EMS、天天快递、顺丰速递等 13 个快递单模板。

在"交易管理"里还可以操作批量发货,减少商家的手工操作,针对某些快递单还能自动填写运单号。也可以进行批量好评,交易量大的商家不仅可以提高工作效率,还可以通过好评来进行营销。

3．店铺管理中的细节

（1）图片的管理

总体要求商品图片及时上传,整体图片版型好,细节图片清晰,色差微小,感观强。具体内容如下。

①新货三天内完成商品拍照,进行图片处理,并上网销售。

②图片必须添加自有水印。

③每款商品需要5个以上的卖点作为细节图片,对细节图片进行标注。

④在大图上标注商品名称、商品货号、颜色、面料、尺码、商品说明（商品说明由进货人员提供）。

⑤模特上身拍摄图片要求服装大小合适,搭配合理,姿态自然。

⑥商品图片拍摄出来后,一定根据实物调整色差,将色差调整到最低限度。

⑦对原始拍摄图片分类进行保存,多张图片按照货号+编号的格式来命名;对处理好的图片,也按照货号+编号来命名;所有图片都要在另外的计算机中备份。

⑧将处理好的JPG图片上传到淘小宝网络相册,选择具体分类,并在不改变文件名的方式下上传。

⑨对于商品中颜色已售完或部分号码已经售完,而且后期长时间无法补货的,修改原来的图片,用文字在上面标注,然后重新上传修改后的图片到淘小宝目录上。要求修改后的文件名和原有文件名一致,淘宝商品页面无须再编辑。

（2）销售管理

总体要求规范网络销售流程,具体如下。

①熟悉商品,对商品特点、颜色、价格、尺码是否正常等商品特性非常清楚,能向顾客讲解和推荐选择尺码。

②为了沟通快捷,在聊天工具中建立常用的快捷回复,如银行账号信息、退货/收货地址信息及其他经常使用的回复。

③保护计算机安全,严禁接收顾客发送的任何文件,可以让顾客通过截图直接贴到旺旺。

④售前一定确认顾客需要的款式、尺码、颜色有现货。

⑤顾客付款后,将买家收货信息复制发给顾客再确认一次,避免收货地址等信息错误,同时再次确认款式、颜色、尺码与快递方式是否正确。

⑥顾客付款成功后,立即通知库房人员打印快递单,并将需要发货的商品预留。

⑦随时关注出售中的宝贝数量,有下架商品,在仓库中（系统下架商品一般在"没卖出的"和"部分卖出的"中）立即上架,保证所有有货商品都是在线销售状态;部分商品网上数量已经销售完的,在仓库中的"全部卖完的商品"中直接添加修改宝贝数量即可上架重新销售。

⑧随时关注橱窗位的使用情况,橱窗位未使用完,立即利用橱窗位推荐商品。推荐原则:商品有优势、货源充足、离下架时间短。

⑨随时关注买家评价,对交易已经成功的商品进行评价。

⑩ 定时关注店铺推荐宝贝，推荐宝贝显示在整个店铺所有商品页面的下方，最多可以推荐6个宝贝。

（3）发货管理

发货的总体要求：发货及时、准确，保证顾客收到的货物完好无损。

① 打印快递单：根据淘宝交易信息，在发货单上输入收货地址、单位、姓名、电话、邮编，并在发货商品栏注明发货的型号、颜色、尺码，多件商品用";"隔开。

② 快递单打印好后，在淘宝已经卖出的宝贝中单击发货，选择快递公司并输入发货单号。

③ 包装人员按照发货快递单从库房取货，点清数量，确认尺码，避免少发、漏发，并仔细检查商品是否完好，杜绝发出有问题的商品。

④ 包装规范：普通耐压服装用快递公司专用塑料袋发货，装好后把里面的空气尽可能排出，以防运输途中压爆塑料袋；塑料袋封好后，用透明胶带再加固；快递发货单贴在包装正面；包装好后，包装人员在快递单上签署自己的名字。

⑤ 快递公司人员收货时，快递单上需要填写重量和价格，发货人员需核对重量和尺码是否有误，有问题的让快递公司人员更改。

⑥ 快递人员填好单子后，都需要留一份底单以供保存，一定要清点底单和发货单数是否一致；每单快递人员均需要签上本人姓名。

⑦ 快递发货底单按照日期给快递公司保存，便于以后查询，一旦因为快递公司原因丢失，此底单将作为发货证据。

⑧ 保存的快递单底单15天后必须归档，并交管理人员妥善保存。

⑨ 对于快递公司收货后但又无法到达的件，将快递底单单独存放，以便月结抵扣费用。

⑩ 与快递公司及快递收货人员建立良好的合作关系，礼貌地对待快递收货人员。

6.2 网店推广

【例6-4】"黔诚光茗"的店铺推广。

贵州黔诚光茗发展有限公司坐落于贵州黔东南州雷山县，主营的都匀毛尖、中国银球茶、雷公山富硒清明茶、脚尧茶、苦丁茶等畅销市场，在消费者当中享有较高的地位。在大学生网络商务创新大赛中，贵州大学"黔诚光茗"团队对其淘宝店铺及其产品进行了以下推广。黔诚光茗店铺，如图6-23所示。

1）利用淘宝站内推广：加入"淘宝直通车"主动出击，让产品与顾客会面，采用"淘宝客"服务让广大淘友进行强大的宣传。

2）网站免费广告：在各种搜索引擎注册服务的网站上登录网店的资料，争取获得更多的浏览者进入网店。

3）论坛发帖：利用各大论坛宣传自己的网店，发好帖、发精华帖，在自己的签名档里加入店铺地址的链接和联系方式，吸引更多的人来店铺做客。

4）开通博客：撰写博文，写一些团队创业的经历，提高知名度。为有意来贵州雷山旅游的人提供资讯和帮助，同时发雷公山景点的旅游信息，吸引顾客。利用文字和图片宣传当地独特的原生态自然和人文风光。

5）利用淘宝站内的其他推广方式：多参加站内的公共活动，为网站做贡献，可以得到一些关照，网店自然也会得到相应的推广。

图 6-23　黔诚光茗店铺

注：本方案策划书获得全国总决赛本科组网络商务创新一等奖。资料摘自《中国互联网协会全国大学生网络商务创新应用大赛优秀案例选辑3》（李江予编）。

6.2.1　店铺的搜索排名优化

淘宝优化是指通过对淘宝店铺各方面进行优化设置，使店铺商品关键词排名靠前，增加商品曝光率和点击率以提高店铺流量，同时提高进店顾客的购物体验，进而提高商品转化率。

每个店铺都希望自己的店铺被更多人看见，自己的所有宝贝都有被展现的机会，每天都有新的客户进来。淘宝目前已经屏蔽了百度的网络蜘蛛，对于淘宝卖家来说，淘宝搜索就成了淘宝店铺新客户的主要流量来源。

1．优化之前的基础工作

店铺优化是一个系统工程，在进行优化之前一定要做好基础工作。

（1）消费者保障体系

消费者保障体系是淘宝官方认证的服务体系，一旦有了这些体系认证，在排序的过程中，宝贝的展示几率会比没有这个标识的店铺高出很多。

（2）橱窗推荐

橱窗推荐是淘宝排序规则里面的一个重要参数，在同时满足搜索规则的宝贝里优先展示橱窗推荐的产品。在淘宝搜索只展示4000个宝贝的前提下，没有设置橱窗推荐的商品很难真正被展示到。

橱窗推荐位是有限制的，所以必须选择店铺里最能吸引用户的宝贝。系统也有自动的宝贝推荐，通常来说，销量高的宝贝最好一直保持推荐的地位不动摇，有新品发布的时候将那些流量不高的宝贝推荐上去。

（3）时间排序

时间排序是搜索规则中最终需要参考的条件，越快要下架的宝贝就会越排在前面。只要是没有被降权的宝贝，即使服务再差，在快要下架时也是会排在另外一个还没下架的宝贝前面的。因此，一定要关注快要下架的宝贝，尽可能将差5～15分钟就要下架的宝贝推荐到橱窗，这样能最大限度地争取更多流量。

2．宝贝和搜索词的相关性

淘宝搜索上目前有两种主要的排序方式："所有宝贝"排序和"人气"排序。"所有宝贝"约占 70%～80% 的流量，人气搜索约占 20%～30% 的流量，如图 6-24 所示。

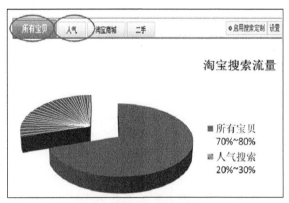

图 6-24　排序方式的流量比较

影响所有宝贝的主要因素是相关性。所谓相关性是指买家在搜索时，宝贝和搜索关键词的相关程度。相关性是基础，如果相关性不好，即使有再高的人气分，这个宝贝也不会排序靠前，或者根本没有展现的机会。

决定相关性的因素有 3 个：类目属性、宝贝标题、搜索关键词。

1）关键词和类目属性的相关性：淘宝搜索的相关性和商品所在的类目是息息相关的。例如，用户输入的是"防晒霜"，那么他大概是想找"美容护肤/美体/精油"类目下的"面部防晒"或"身体防晒"类的商品，其他类目下的商品就会被降权。

2）关键词和宝贝标题的相关性：宝贝标题与关键词的相关性越强越利于排名。

3．人气

相关性差不多的时候，人气分就很重要。人气分是一个综合的分数，参考因素有几十个，通过一系列非线性公式来加权计算。

下面就几个主要因素做简要介绍。

1）销量：销量在某种程度上直接反映了一个店铺和一个宝贝的受欢迎程度。销量中又分销售总量和交易笔数。人气分会参考最近 30 天的数据，还会根据时间的因素进行加权。

2）转化率：指客户看了你的宝贝后，产生购买的比例。淘宝可以跟踪到不同流量的来源，转化率也是按照不同来源进行计算的，也会分不同的类目来计算权重，所有的宝贝都按照宝贝所在行业进行比较。

3）收藏量：很多买家会收藏自己喜欢的宝贝，或者收藏喜欢的店铺，以后或许会产生购买。收藏量从侧面反映了宝贝受欢迎的程度。

4）回头客：指在店铺重复购买的客户，回头客比例越高，说明宝贝的质量越好，店铺服务态度越好。

5）其他：还会参考支付宝使用率、发货速度评分、服务态度评分、好评率、卖家信用、橱窗推荐、宝贝浏览量等。这部分主要是保证让买家有好的体验。

总之，人气分是一个综合分数，会参考不同的因素，基于统计分析拟合出一个数值。

6.2.2 利用淘宝资源推广

1．淘宝站内的免费推广

（1）添加友情链接

友情链接是具有一定互补优势的网店之间的简单合作形式，增加和其他高质量店铺的互通链接，通过其他店铺的反链进入店铺，可以有效提升店铺流量。

（2）淘宝论坛回帖、发帖

推广店铺，可以借助淘宝论坛的力量，多逛论坛、多发精华帖、多回帖，使自己成为论坛名人。若在论坛的知名度高了，那么其他淘友就会读你的帖子，并关注你的店铺，随着店铺知名度的提高，交易量也会有所提高。

（3）帮派发帖、回帖

帮派发帖、回帖和论坛差不多，多加人气旺的帮派，在帮派里多参加促销活动，多做广告，多发原创帖，也可为店铺带来不少流量。

（4）淘宝打听提问、回答

淘宝打听也是一个免费的广告宣传地方。淘宝每天都有很多新手买家进来买东西，遇到疑问就会去淘宝打听里问。如果你详细地回答了他，再顺便做一下广告，他很有可能就会关注你的店铺。

（5）加入旺旺群

加入旺旺群有很多好处，最直接的就是能提高店铺的知名度，经常在群里说话，大家对你熟悉了，自然会到你店里去看，而且还可能给你介绍买家。建议旺旺状态改成"上新货了！""特价促销，八折优惠了！"或者"满50包邮了"等一系列促销信息，这样买家才能更容易地看到你的最新状态。如果足够诱人，那么自然就到你的店里。另外，还可以进行旺旺消息群发，将旺旺里的好友分好组，要注意信息不要有明显的广告。

2．淘宝收费推广

对于一些卖家而言，为了快速提高店铺浏览量、促进销量，淘宝网上的收费推广也是不错的，如淘宝直通车、钻石展位、淘宝客等。

（1）淘宝直通车

淘宝直通车是为淘宝卖家量身定制的、按点击付费的效果营销工具，实现宝贝的精准推广。淘宝直通车的结果一般显示在搜索结果右侧的图片栏和下面的图片栏。淘宝直通车推广的是单件商品，但买家进入你的店铺，可以产生一次甚至多次的店铺内跳转流量，这种以点带面的关联效应可以降低整体推广的成本和提高整店的关联营销效果。

（2）淘宝客

淘宝客的推广是一种按成交计费（CPS）的推广模式。淘宝客只要从淘宝客推广专区获取商品代码，任何买家（包括自己）经过推广（链接、个人网站、博客或者社区发的帖子）进入淘宝卖家店铺完成购买后，就可以得到由卖家支付的佣金。

加入淘宝客推广无须预先支付任何费用，推广过程完全免费，没有成效不收取任何费用。只有通过淘宝客推广出去的商品才需要支付佣金，其他非淘宝客推广的成本不收费。佣金比例的范围为商品价格的1.5%～50%，由掌柜自由设定，推广费用可控。

（3）钻石展位

钻石展位是专为有更高推广需求的卖家量身定制的产品，精选了淘宝最优质的展示位置，通过竞价排序，然后按照展位计费，是一种 CPM 广告投放服务，性价比高，更适于店铺、品牌的推广。

钻石展位和淘宝直通车的区别如下。

1）淘宝直通车可以带动某个单件和店铺中一些商品的销量，钻石展位可以推动整个店铺的销量并造成一定的品牌效应。

2）淘宝直通车以文字及单件商品图片来吸引人。钻石展位通常采用大图和文字的形式，可以发挥自己的广告创意，给客户一个很大的视觉冲击，如图 6-25 所示。

图 6-25　钻石展位

除了上述几种推广形式，淘宝推广还包括超级麦霸、淘代码等，如图 6-26 所示。

图 6-26　淘宝网推广服务

6.2.3 店铺外推广

为了提升店铺流量，卖家还可以多在淘宝外部做一些推广活动，如淘宝网站外部的博客、论坛，通过软文介绍或参与活动留下链接或者店铺图标来增加店铺浏览量。

1．论坛

有很多卖家都喜欢逛论坛，可以在论坛里做店铺的推广。另外，各地都有当地的论坛，也可以在论坛发帖推广自己的商品。当然，论坛发帖也要定位行业与频道，很多论坛有专门的交易版块，人气也较旺，这样发帖会有更多人关注。同时，也可以把自己的论坛签名改成自己的店铺促销信息，并带上链接。

2．博客

建议注册一个博客，博客内容可以丰富一些，尽量不要生硬地做广告，最好是软文，多写点时事、娱乐、热点评论，内容中可以提到淘宝店铺及自己所做产品相关的信息。同时，多关注别人的博客，然后留言，在留言中加入自己的店铺链接和促销信息。

3．QQ工具

1）QQ空间。可以把自己的QQ空间首页设置成店铺的模板，然后把店铺商品图片传上去，这样就能够让QQ里的朋友都知道你在开店铺。

2）QQ邮件。可以通过QQ邮件把自己店铺的促销信息发给潜在顾客，注意QQ邮件的标题不要太明显，不要让别人一看就是在做推销。

3）QQ群。可以申请多个QQ群，一旦通过入群后，不要着急发送促销信息，先多在群里聊天，可以在QQ群的相册中上传自己的产品，在群的论坛发布帖子，慢慢把自己的店铺推出去。

4）QQ漂流瓶。有很多人都在玩QQ漂流瓶，在玩的同时可以做自己的店铺推广，多申请几个QQ账号，这样机会就大些。

4．微博

根据新浪微博开放平台提供的"新浪微博分享趋势"调查报告显示，每日从新浪微博进入淘宝网的人在40万左右，排名第一。

5．微信

微信这个平台发展很快，有利于做店铺外的推广，可以搜索周围的人，先加好友，多聊天，然后告诉好友自己的淘宝店铺的活动。

6．名片

名片要体现自己的店铺和地址，朋友多了，可以相互交换名片，这样别人就会知道你的店铺，成单的机会也会比较大。

【例6-5】微博流量让1400个聚划算神奇创意鼠标35个小时全部售罄。

1400个聚划算神奇创意鼠标全部售罄，共用时35小时。这单虽然总金额不高，只有27860元，但意义重大。这是聚划算第一单没有使用淘宝网的任何流量，纯粹靠大家的转发和口碑相传，只用微博营销完成的团购。没有淘宝网的流量，却能完成淘宝网流量的营销效果。你也可以把微博托给专业微博团队管理，或者和微博营销团队合作。这些成本比起淘宝网官方推广的成本要低得多，更重要的是一次投入，长期使用，如图6-27所示。

图 6-27　阿里慧空的微博

6.2.4　网店促销

1. 网上赠品促销

赠品促销也是常用的促销手段之一，通常赠品促销可以达到比较好的促销效果。

例如，在淘宝网购买女装赠送腰带（或帽子、围巾）等配件，在一定程度上可以促使交易成功，如图 6-28 所示。

图 6-28　赠品促销

赠品促销的注意事项如下。

1）注意时间和时机，如冬季不能赠送只在夏季才能用的物品。
2）明确促销目的，选择适当的能够吸引消费者的产品或服务。
3）注意预算和市场需求，赠品要在能接受的预算内，不可过度赠送赠品而造成营销困境。
4）不要选择次品、劣质品作为赠品。

【例 6-6】某鼻毛器赠品促销的失败案例。

图 6-29 所示是网友给鼻毛器的差评。由于赠品电池没电，导致鼻毛被刀头缠住，引得网友愤怒。这样的赠品所起的作用只能是适得其反，不仅是这一个顾客下次不会再来了，而且由于该差评被各论坛转载和微博转发，其他人也不会来了。

图 6-29　某鼻毛器的差评

2．购物积分促销

积分制作为一种激励老顾客多次购买的促销手段，在商家促销中得到了广泛应用。这些顾客有重复购买商品或者服务的需求，而获得老客户的再次消费的成本要远低于重新开发新客户的成本，因此很多商家采用积分制方式来留住老客户。

积分促销也是比较普遍采用的网上促销方式，而且在网络上的应用比起传统营销方式要简单和易操作，可信度高。积分促销让消费者通过多次购买或多次参加某些活动来增加积分以获得奖品。对商家来讲，积分促销可以增加用户的访问次数和对商品服务的关注，以提高对店铺的忠诚度。

图 6-30 所示为某化妆品的积分加钱购物活动。

图 6-30　某化妆品的积分加钱购物活动

3．打折促销

由于打折促销直接让利于顾客，让买家非常直接地感受到了实惠，因此是目前最常用的一种阶段性促销方式。

打折促销有以下优点。

1）效果明显。价格是顾客选购商品时主要考虑的因素之一，特别是对于那些有品牌知名度的商品。

2）活动易操作。卖家可以根据不同的时间，在允许的预算范围内设置不同的折扣率，工作量小，成本和风险易控制。

3）有利于培养和留住老顾客。直接折扣活动能产生一定的广告效应，塑造质优价低的商品形象，吸引老顾客重复购买，形成稳定的消费群体。

图6-31所示为某款衣服的打折促销活动。图6-32所示为某运动鞋的买一送一促销活动。

图6-31　打折促销

图6-32　买一送一促销

4．免邮费促销

网络购物中间环节的邮费问题一直是买家关注的焦点之一。当前邮费主要分为平邮、物流快递、特快专递等。平邮价格较低，但周期较长；物流快递价格适中，送货周期通常在3～5天；特快专递的价格昂贵，但比较快。卖家可以根据买家所购买商品的数量来相应减免邮费，让顾客从心理上觉得就像在家门口买东西一样，不用附加任何费用。图6-33所示为免邮费的商品促销。

第 6 章 利用第三方 C2C 平台运营

图 6-33 免邮费的商品促销

6.3 网店数据分析

6.3.1 生意参谋介绍

生意参谋诞生于 2011 年，最早是应用在阿里巴巴 B2B 市场的数据工具。2013 年 10 月，生意参谋正式走进淘宝系。2014 年～2015 年，在原有规划的基础上，生意参谋分别整合量子恒道和数据魔方，最终升级成为阿里巴巴商家端统一数据产品平台。

通过生意参谋，经营者可以随时查看店铺的各种经营数据，包括实时流量数据、店铺实时数据、商品实时排行、店铺行业排名、店铺经营概况等，及时掌握行业竞争动态，对商品、交易、服务和竞品进行有效分析，以优化店铺经营策略。

生意参谋的主要功能有以下几种。

（1）实时直播

提供店铺实时流量交易数据、实时地域分布、流量来源分布、实时热门商品排行榜、实时催付榜单、实时客户访问等功能。

（2）经营分析

流量分析展现全店流量概况、流量来源及去向、访客分析及装修分析；商品分析提供店铺所有商品的详细效果数据，目前包括五大功能模块，即商品概况、商品效果、异常商品、分类分析、采购进货；交易分析包括交易概况和交易构成两大功能，可从店铺整体到不同粒度细分店铺交易情况，方便商家及时掌控店铺交易情况，同时提供资金回流行动点。营销推广包括营销工具、营销效果两大功能，可帮助商家精准营销，提升销量。

（3）市场行情

市场行情专业版目前包括 3 大功能，即行业洞察、搜索词分析、人群画像。

行业洞察具备行业直播、行业大盘分析、品牌分析、产品分析、属性分析、商品店铺多维度排行等多个功能；搜索词分析可以查看行业热词榜，还能直接搜索某个关键词，获取其近期表现。人群画像直接监控3大人群，包括买家人群、卖家人群、搜索人群。

此外，市场行情的大部分指标可自由选择时间段，包括1天、7天、自然日、自然周、自然月或自定义时间；可选择的平台包括淘宝、天猫和全网，终端则包括PC端、无线端和全部终端。目前，市场行情提供了全网非常全面的无线行业数据。

6.3.2　店铺流量分析

1. 流量概况

流量概况是整体店铺的流量分析情况，把最重要的数据先替用户找到，更直观地先了解整体店铺流量的情况。

如图6-34所示，从访客波动解读可以看到最近7天的数据解读，很直观，具体到访客数量和百分比的升降。如果下降，那么也可以单击流量来源更直观地看到每一个来源的升降。

图6-34　流量概况

2. 流量地图

在"流量来源"里可以看到"我的"和"行业"的来源情况。和行业进行对比，看是否正常。如果付费流量比行业低，那么就可以加大直通车或者钻展的推广；如果免费流量少于行业，那么看一看淘宝搜索、天猫搜索、类目等是不是最近流量来源比较低，然后进行优化。同样，无线的流量来源也很重要，也需要细致地进行排序整理。提高无线的流量是每个店铺现在以及以后的重要发展方向，就可以用流量地图进行更细致的分析。流量地图中还可以看流量去向，如图6-35所示。

第 6 章 利用第三方 C2C 平台运营

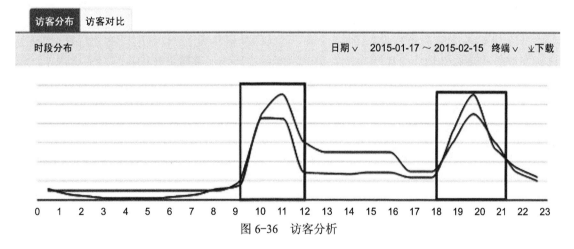

图 6-35 流量去向

3．访客分析

通过访客分析可以进行人群画像的描述和对店铺内功能进行整改的数据支撑，如图 6-36 所示。

图 6-36 访客分析

建议拉取 30 天的数据，通过访客分布，可确定店铺人群的消费高峰时间是 9:00 ～ 12:00 和 18:00 ～ 21:30。鼠标放在图表上可以展示所有终端的下单买家数和所有终端的访客数，直接得到转化率，也可以在终端列表里选择终端，PC、无线等，单独分析和查看。利用这个工具就可以确定商品的最佳上下架时间段。

6.4 网店售中与售后服务

6.4.1 网店售中在线接待

商品发布到网上以后，顾客通过各种渠道看到了这件商品，但是可能会觉得商品介绍得还不够详细,希望通过直接咨询客服人员获取更细致和个性化的信息,所以网上店铺的在线接待是日常工作中的一个重要内容。咨询过程中的沟通技巧也非常重要,会直接影响到交易是否能够达成,如图6-37所示。

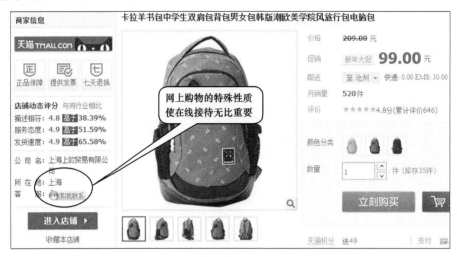

图6-37 在线接待

1. 客服接待流程和在线问答

（1）日常问答标准回复

一个成熟的店铺及其客服人员除了有一套标准的接待流程外,还会预先准备一个常见问答,把一些顾客经常会关注的问题以文档的形式作为操作手册下发到每个在线客服手上,使客服人员尽快进入工作状态,遇到问题时也不慌张,可以根据常见问答的内容来回复顾客,以保证店铺内所有在线接待人员对同一问题的答复保持口径一致。

一些专业性较强的商品相关问题,使用常见问答来提示不仅上手更快,而且不容易回答错误,以免导致顾客对店铺的专业性表示怀疑。同时,常见问答也是对新员工进行上岗培训最好的资料。这些问题和答案可以通过平时的工作来收集和整理,也可以通过互联网进行搜集,或者去相关的专业论坛寻找。

（2）在线接待基本流程

1）问好。问好要彬彬有礼。当旺旺提示有顾客咨询时,在回答问题之前要先问好,及时回复将给客户留下良好的印象。标准化的客服礼貌用语是必要的,建议配合恰当的旺旺表情效果更好,如图6-38所示。

2）提问。主动询问顾客有什么需要,看自己是否能为他提供帮助。善于提问能够引导客户,要观察客户的意图。提问应是一种引导,并且语气忌简单生硬,要做到用提问激发客户的潜在需求,提问中如能穿插推荐,那么更容易促进销售。好的提问应该为下一步分析客户做准备,如图6-39所示。

3）分析。通过沟通分析客户的真正需求。体察客户是为了知己知彼,判断局势。同时,通过各方面的信息搜集,了解客户。对客户的了解不一定要让他清楚,但是一定要根据分析的结果引导客户,然后根据顾客的询问,运用行业知识、商品知识、生活经验等作出客观、专业的回答,如图6-40所示。

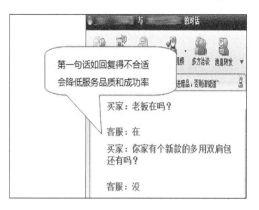 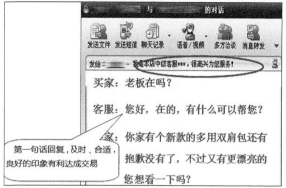

图 6-38　第一句话的回复效果比较

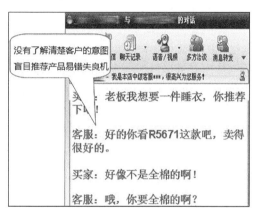 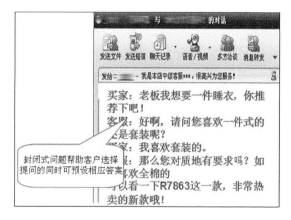

图 6-39　不同提问方式的效果比较

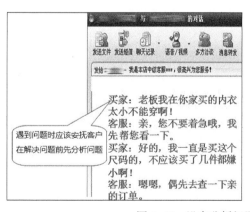 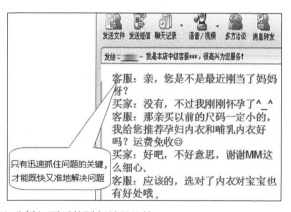

图 6-40　没有分析问题和分析问题后的回复效果比较

4）推荐。在回答一个商品咨询的同时要有意识地推荐顾客购买更多的商品，如推荐其他商品给顾客以搭配建议、推荐促销活动商品、推荐最新款式或店铺的购物优惠政策等。推荐原则是买卖双方能够取得双赢。图 6-41 所示为引导推荐效果。

5）谈判。谈判的目的是促成交易，成功的谈判应该做到以退为进。议价往往是在线谈判的中心内容，提前设定优惠标准和条款有利于解决问题。

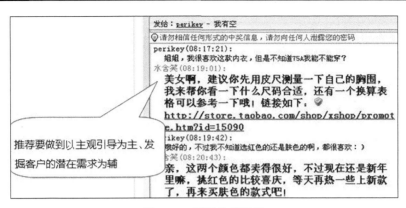

图 6-41 引导推荐效果

在网购过程中,讨价还价已经成为大多数人的习惯。讨价还价的买家大致分为以下两种情况。

① 爱贪小便宜型,并非买不起,而是讨价还价已成习惯。

② 心理需要得到慰藉,以讨价还价成功来满足自身内心的成就感。

对于以上顾客,首先需要声明自己的产品是优质的,销售价格是公司制订的(已经是最低了)。通常到这一步,部分顾客不会再在价格上纠缠。如果表达后,顾客表现出犹豫不决,那么可以转移顾客的注意力,告知其当前店铺有什么优惠活动,或者适当地在运费上给予一些优惠;或者鼓励顾客多消费,暗示他们可以用提高客单价来换取相应的价格优惠,切忌态度生硬、强势,避免引起争执,如图 6-42 所示。

议价过程的核心思想:告知其商品的价格是无法优惠的,产品质量是有保证的。这是原则,结合顾客反应,适当给予一些赠品或者运费优惠的方式,达成交易。

6) 帮助。在顾客购买商品以后,帮助顾客修改运费或指导他们进行在线支付操作。

7) 核实。确认顾客付款以后,要用阿里旺旺与顾客核实购物清单与收货地址,如果顾客有特殊要求或者需要修改地址,那么要及时标注在备忘录里。

图 6-42 谈判前应设定优惠标准和条款

8) 告别。礼貌地告别,对于已经购物的顾客,可以预祝合作愉快,请他耐心等待收货,如有问题可以随时联系;要有对应的欢送语,并引导顾客对自己作出好评。例如:

① 感谢您的惠顾，期待您的再次光临，收到货品后，满意请给予我们 5 分，我们珍惜每一位买家对我们的评价。如果对我们的商品或服务不满意，可以随时和我们联系。

② 我们会服务到您满意为止+笑脸！

③ 您好，感谢您的惠顾，您对客服 8 号的服务是否满意，如果满意，请您给予我们满分，××（店名）有您更精彩+笑脸。

对于没有立即成交的顾客，可以祝愿对方购物愉快，并诚恳地表达为他提供服务很高兴的心情，如有必要，则还可以加对方为旺旺好友，以便将来进行客户管理和跟进。

网上开店的商家都是使用这样一个接待流程去完成来自旺旺的咨询。形成工作流程的好处如下：

① 可以提高工作效率。

② 尽量减少失误。

③ 使接待服务显得更加规范和专业。

④ 统一规范工作流程，养成严谨的工作作风。

⑤ 可以纳入工作考核内容，同时还有利于新员工的上岗培训。

2．聊天记录的存档与交接

查看聊天记录是进行有效沟通的基础。如果顾客是不定期、分次来咨询，那么可能还会因中间一段聊天记录的缺失而影响沟通的效果，因此不要过于依赖大脑记忆，养成定期保存聊天记录的习惯，会为后续的工作提供很大的便利。

不要把聊天软件装到 C 盘，定期做好聊天记录备份。在计算机上要设定安装软件和备份记录的专区，所有子账号记录都要定期存档到相应专区。处理中的交易要保留处理日志和相关信息。

不管店里是一个人在担任在线接待工作还是由多人轮班值守，都要养成定期导出聊天记录的习惯，并将这些聊天记录文件共享给工作伙伴。只要他们在其他计算机上登录旺旺并导入合并这些聊天记录，就可以随时查到以前的聊天记录，查看以前对此问题是如何回复的、如何承诺的，再次回复或者换岗轮班时就不容易产生偏差。另外，平时做在线接待工作时，要做好出现的问题和处理意见的记录，并在轮岗时交接好。

6.4.2 在线客服人员的基本要求

对于网上店铺而言，顾客看到的商品都是图片，往往会产生距离感和怀疑感。这时，与在线网店的客服人员的沟通与交流就变得尤其重要。

1．熟悉店铺商品专业知识

对于客服来说，熟悉自己店铺的商品是最基本的工作。每一个新商品上市之前，都要开展相关的商品培训。客服是联系店铺和客户之间的桥梁，一旦这个桥没搭好，也许就永远失去了这个客户。只有对商品的特征、功能、注意事项等做到了如指掌，才能顺利地解答顾客提出的各种关于商品的问题。

2．网站交易规则

（1）淘宝交易规则

客服应该把自己放在一个买家的角度来了解交易规则，以便更好地把握自己的交易尺度。有的顾客可能第一次在淘宝买东西，不知道该如何进行，这时客服要指导顾客去查看淘宝的交易规则，有些细节上还需要一点点指导顾客进行操作。

此外，客服人员还要学会查看交易详情，了解如何付款、修改价格、关闭交易、申请退款等。

（2）支付宝的流程和规则

了解支付宝交易流程和规则，可以指导顾客通过支付宝完成交易、查看支付宝交易的状况、更改现在的交易状况等。现在网上交易一般通过支付宝和银行付款方式交易。银行付款一般建议相同的银行互相转账。

【例6-7】支付环节设置。

1）一部分人可能是新手买家，在支付操作过程中会遇到一些问题，导致无法及时达成支付。这时候，你需要主动联系顾客，以关心的口吻了解顾客遇到的问题，给予指导，直到顾客完成付款。

如迟迟未见买家付款，则可以这样说"亲，您好，是支付上遇到问题了吗？有不清楚的地方，可以告诉我，或许我能帮到您＋表情笑脸"。

2）部分需要优惠运费的订单，在跟买家达成一致后，需要等买家拍下订单后修改价格，买家再进行支付。可以这样跟买家说"您好，您拍下来后，先不要进入支付页面，我修改好运费后，您再支付。"

3）在顾客完成支付后，你可以说"亲，已经看到您支付成功了，我们会及时为您发货，感谢您购买我们的商品，如有任何问题，可以随时联系我们，我是客服8号"。

3．物流知识

在网购过程中，物流是很重要的一个环节，牵动着买卖双方的心。作为客服人员要了解以下物流知识。

1）了解不同物流方式的价格、如何计价、价格的还价余地等。

2）了解不同物流方式的速度。

3）了解不同物流方式的联系方式，手头应准备一份各个物流公司的电话，同时了解查询各个物流方式的网点情况。

4）了解不同物流方式的包裹撤回、地址更改、状态查询、问题件退回、代收货款及索赔的处理情况等。

【例6-8】物流环节情景设置。

1）主动询问"您好，我是8号客服，请问您的货品是寄到哪个城市？"根据买家所在城市，告知买家发货所用的快递。例如，"您好，我们是和××快递合作的，您现在购买，今天安排发货出去，正常情况下××天左右可以到货"。

2）当你告诉顾客正常几天可以到货后，有些顾客会询问，××能到吗？对于此类问题，我们必须提前告知顾客"您好，由于快递不受我们控制，我们无法保证具体到货时间，只能保证今天一定给您安排发货出去，希望您能理解"。

3）遇到很着急的买家，要求保证几天之内必须到货，可以说"如果您很急的话，建议您使用顺丰快递，就是运费稍微贵了些，江浙沪1kg内是14元，其他地区1kg内是22元"。关于超重和体积庞大商品，要结合商品的重量与体积以及顾客收货所在地，计算出运费后，告知顾客。

4. 服务基本要求

（1）反应及时

做到反应快、训练有素。顾客首次到访打招呼的时间不能超过 15 秒。打字速度要快，至少要达到 50 字 / 分钟，且不能有错别字；每次回答顾客问题，顾客等待时间不能超过 20 秒。如回答太长，宜分次回答。

（2）热情亲切

语言要热情、自然、真诚，使用亲昵称呼。用语规范，礼貌问候，让顾客感觉到热情，不用很生硬的话语。

（3）了解需求

既要细心、耐心，又要做到有问必答。对顾客的咨询、顾客的需求给予准确的回应，并快速提供给顾客满意的答复，需求不明确时做到引导顾客产生需求。

（4）专业销售

回复要做到自信，随需应变。以专业的言语、专业的知识、专业的技能，回答顾客异议，让顾客感觉我们是专家并感受上帝般的待遇。

（5）主动推荐和关联销售

善于向顾客推荐公司的主推款，并给予关联推荐，乃至达成更高的客单价。

（6）建立信任

通过经验，找到和顾客共鸣的话题，想顾客所想，给顾客恰当建议，建立销售的信任。

（7）转移话题，促成交易

遇到顾客刁难，迅速转移话题，引导销售，以促成交易为目的。

（8）体验愉悦

服务过程给顾客找准记忆点，强化顾客记忆，给顾客良好的体验并留下愉悦的回忆。

6.4.3 售后服务

售后服务是整个交易过程的重点之一。售后服务和商品的质量、信誉同等重要，在某种程度上售后服务的重要性或许会超过信誉，因为有时信誉不见得是真实的，但是售后服务却是无法做假的。好的售后服务会带给买家非常好的购物体验，可能使这些买家成为店铺的忠实用户。

【例 6-9】售后处理流程。

一般来说，商品出现问题后，售后处理要经过以下流程：

安抚→查明原因→表明立场→全力解决→真诚道歉→感谢理解。

下面是一段情景对话（G 是顾客，K 是客服）。

G：有人在吗？

K：您好，我是客服 8 号，很高兴为您服务，有什么我可以效劳的 + 笑脸表情。

G：这都多少天了，我东西还没收到，你们怎么搞的。

K：十分抱歉，耽误您时间了，稍等一下我查查物流信息（这时候，客服应该核查买家订单，查询物流信息，不能让顾客等待时间过长）。

G：速度！

K：您好，刚查了物流信息，货已经到您当地了，可能是还没有给您派送（回复文字过多时，可以分段发给顾客，避免让顾客等待时间过长）。

K：这样，我们现在联系快递公司，问问具体情况，然后回复您，争取尽快给您送到。

K：实在抱歉，由于快递的问题，耽误您时间了。

G：尽快吧……

K：嗯，感谢您的理解，十分抱歉，给您添麻烦了。

通常这样一段话后，顾客的气已经消了一大半，现在你需要做的是言出必行，自己或者由售后客服联系快递公司，核实信息，弄清楚具体情况后给顾客一个答复，最好是通过电话告知顾客目前是一个什么样的状态，让顾客感受我们是很真诚很积极地解决问题。

情景对话二（G是顾客，K是客服）

G：你们的东西太差了！

K：您好，我是客服8号，很高兴为您服务，有什么我可以效劳的+笑脸表情。

G：东西收到了，质量太差了，退款吧。

K：您好，不好意思，给您添麻烦了，您能跟我说说具体是什么情况吗？

G：箱子没法用，壳子都碎了，这样的东西你们也往外发。退款吧！

K：您好，十分抱歉，您看您方便拍张图片传给我们一下吗？您放心，如果确实是我们的货有质量问题，无条件给您退货退款。

G：你等会，我下班回去拍图给你。

K：好的，我们会尽快帮您处理好的，耽误您时间了。

退换货原则：商品质量问题，无条件退换货，我们承担来回运费。如果是顾客不喜欢，或者尺寸原因，也可以退，但是顾客要承担寄回来的运费和当时发货给顾客产生的运费。

注：在任何情况下，都不能与顾客发生争吵，合理表达观点。

1. 树立售后服务观念

做好售后服务，首先要树立正确的售后服务观念。服务观念是长期培养的一种个人（或者店铺）的魅力，卖家都应该建立一种"真诚为客户服务"的观念。

卖家应该重视和充分把握与买家交流的每一次机会。因为每一次交流都是一次难得的建立感情、增进了解、增强信任的机会。买家也会把他们认为很好的卖家推荐给更多的朋友。

2. 交易结束及时联系

物品成交后卖家应主动和买家联系，避免成交的买家由于没有及时联系而流失掉。及时联系买家应该做到以下两点。

1）发送旺旺信息，再次确认商品的详细信息、收货地址和联系方式等，以免发错货，造成不必要的麻烦。

2）由于网络有时不稳定，有些买家的邮箱不一定能够收到邮件。如果顾客两天内没有回复邮件，那么可以主动打电话询问是否收到成交邮件或者旺旺留言。

3. 交易结束如实评价

评价是买卖双方对于一笔交易最终的看法，也是以后可能想要购买你物品的潜在买家们作为参考的一个重要因素。好的信用会让买家放心购买,差的评价往往让买家望而却步。

交易结束要及时作评价,信用至关重要,不论买家还是卖家都很在意自己的信用度。在完成交易后及时作出评价,会让其他买家看到自己信用度的变化。

有些买家不像卖家那样能够及时地作出评价,可以友善地提醒买家给你作出如实的评价,因为这些评价将成为其他买家购买你物品前重要的参考。

评价还有一个很重要的解释功能,如果买家对你的物品作出了错误的、不公正的评价,那么你可以在评价下面及时作出正确合理的解释,防止其他买家因为错误的评价产生错误的理解。

4．发展潜在忠实买家

卖家们应该好好地总结自己买家群体的特征,因为只有全面了解买家情况,才能确保你进的货正好是你的买家喜欢的物品,更好地发展生意。及时记录每个成交交易的买家的各种联系方式。总结买家的背景至关重要,在和买家交易的过程中了解买家的职业或者所在城市等其他背景,能帮你总结不同的人群所适合的物品。

1)定期给买家发送有针对性、买家感兴趣的邮件和QQ消息,不要太频繁,否则很可能被当作垃圾邮件,另外宣传的物品绝对要有吸引力!

2)把忠实买家设定为你的VIP买家群体,在店铺内制订出相应的优惠政策,如可以让他们享受新品优惠等。

3)定期回访顾客,用打电话、QQ或者E-mail的方式关心客户,与他们建立起良好的客户关系,同时也可以从他们那里得到很好的意见和建议。

5．随时跟踪包裹去向

买家付款后尽快发货并通知买家,货物寄出后要随时跟踪包裹去向,如有意外要尽快查明原因,并和买家解释清楚,以避免不必要的差评。

6．平和心态处理投诉

任何卖家都不可能让买家百分之百满意,都会出现顾客投诉的情况。处理客户投诉是倾听他们的不满,不断纠正卖家自己的失误,维护卖家信誉的补救方法。运用得当,不但可以增进和巩固与客户的关系,甚至还可以促进销售的增长。当然不同的卖家处理投诉的问题也不尽相同。

7．认真对待退换货

商品寄出前最好认真检查一遍,千万不要发出残次品,也不要发错货。如果因运输而造成商品损坏或者商品本身的问题买家要求退换时,也应答应买家的要求,说不定这个买家以后会成为店铺的忠实顾客。

【例6-10】"黔诚光茗"的售后服务及客户管理。

1．售后服务

售后服务是关于商品在邮寄过程中发生的磨损、丢失,以及产品包装方面导致的一些问题。买卖双方都不希望看到这样的事情发生,但是问题摆在那里,作为卖家首先要第一时间找出事故的原因。如果是自己的或邮局方面的问题，一定要在第一时间给予买家解决方案。做好发货后的跟踪服务，发快递的同时了解货物的运送情况并及时反馈信息给买家，让买家感受到我们是用心地为他们服务。这样不仅可以随时了解发货情况，还可以拉近和买家之间的距离。即使中间出了问题，买家也会因为我们的服务态度而忽略不计了。

茶叶属于个性化的产品，如有顾客买到茶叶不符合个人口味，我们坚持七天无理由退换货，并且承担来回邮寄费，让广大茶友在"黔诚光茗"放心购茶。

2．客户管理

1）每次交易后，记录客户旺旺 ID，并且建立相关售后服务群体，便于后期服务和新推广，有利于发展老客户和带动新客户。

2）建立分组以便管理。

3）建立数据项，即要了解客户的"信息项"（如姓名、民族、年龄、性别、购买时间、价位、商品品类、所在城市等），便于以后分类查找。

4）通过分析客户的信息和习惯，撰写顾客感兴趣的文章，发送给顾客。

5）顾客生日前赠送"黔诚光茗"贺卡和折扣卡。

6）建立"黔诚光茗"积分制。

注：资料摘自《中国互联网协会全国大学生网络商务创新应用大赛优秀案例选辑3》（李江予编）。

思考与讨论

1）为什么淘宝网会成为国内最大的电子商务平台之一？其优势表现在哪些方面？

2）淘宝网上注册与支付宝注册关联有什么好处？

3）淘宝网买家的操作流程是什么？

4）淘宝网上的买家与卖家互相联系的方式有哪几种？

5）淘宝网将一般搜索分为哪几类？高级搜索对买家有何帮助？

6）淘宝网上卖家的操作流程是什么？

7）为什么功能交易的双方要进行互相评价？

8）网上开店需要具备什么条件？装修自己的网上店铺需要经过哪些环节？

9）淘宝网上的卖家将自己的商品推荐给浏览者最直接的方式有哪几种？

10）"橱窗推荐"与"店铺推荐"有何区别？

11）什么是支付宝，支付宝的本质作用是什么？如何注册成为支付宝会员？用户开通网上银行有哪些优势？

12）当前主要有哪些银行和金融机构与支付宝合作，哪家银行可以用信用卡开通网上支付？

13）如何发布高质量的商品信息？如何让自己商品的信息排名靠前？

14）用图片描述商品时，最好采用哪几种图片？

15）可以采用哪些方式对自己的店铺商品进行站内和站外推广？

16）在线客服人员应具备哪些条件？

17）售后服务通常要经过的流程是什么？

技能实训

任务 1　熟悉商品发布流程

目的：

1）学会正确选择商品属性、上传商品图片、编写商品名称和描述。

2）填写商品价格、运费、服务等项目，能够掌握最基本的商品发布流程。

步骤：

1）打开淘宝网并登录，单击"我要卖"链接。

2）进入新页面，选择"一口价"方式发布宝贝。

3）选择商品所属类目后单击"好了，去发布宝贝"。

4）逐个填写商品属性信息，商品信息必须选择正确，以便买家更快地找到商品。

5）给商品起个名称，长度不超过 30 个汉字。

6）填写一口价，选择颜色、尺码等，并输入可售数量。

7）上传实拍图片，图片的大小应该小于 120KB，建议选用 500 像素×500 像素的正方形图片，格式为 JPG 或 GIF。

8）在 HTML 编辑器里编写商品描述，内容控制在 25 000 个字符以内。

9）选择商品所在地和设置运费，选择发布周期、发票、保修等附加信息，然后单击"发布"，待新页面弹出"您的宝贝已经发布成功"提示，商品就成功发布了。

任务 2　商品图片处理

目的：

1）完成网上商品图片制作、发布。

2）了解商品发布的相关知识。

步骤：

1）浏览淘宝店商品，比较不同网店同类商品图片的拍摄技巧。

2）选择要发布的商品，设置背景，进行拍摄。

3）打开 Photoshop 软件，调整商品图片大小。

4）利用裁剪工具将不需要的部分剪切掉。

5）使用曲线工具（色阶工具）调整图片的对比度和亮度。

6）为图片打上自己店铺的水印。

7）保存为 JPG 格式。

任务 3　店铺推广

对自己的淘宝店铺进行分析，尝试用免费的手段进行推广，具体方法如下。

（1）站内推广

1）淘宝论坛回帖、发帖。

2）帮派发帖、回帖。

3）淘宝打听提问、回答。

4）加入旺旺群。

（2）站外推广

1）论坛。

2）博客。

3）微博。

任务 4　分析卖家店铺的优势和劣势

1）通过淘宝首页的搜索（见图 6-43），输入关键字，找到所需商品的店铺。

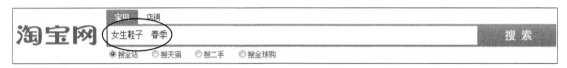

图 6-43　淘宝首页的搜索

2）选择商品及其店铺。

图 6-44 所示为搜索到的商品及店铺。

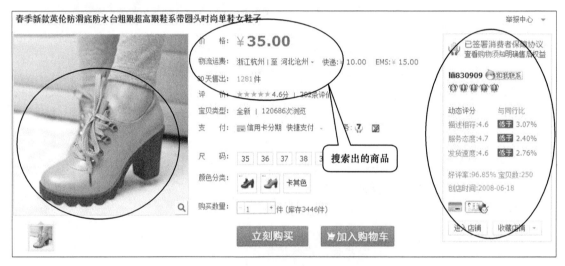

图 6-44　搜索到的商品及店铺

3）选择该家店铺的原因如下。

① 根据自己的个人因素，如兴趣爱好。

② 根据价格因素，认为该商品在该店铺的价格能接受。

③ 根据颜色以及其他因素。

④ 根据该店铺的等级。

⑤ 根据该店铺的评价进行选择，如图 6-45 所示。

图 6-45　店铺评价

4）对该店铺进行优劣势分析。

① 优势：该店铺介绍的商品比较具体，给人的视觉感还行，而且卖家的阿里旺旺也随着网页的拉动而跟着波动，方便卖家与买家的互动。

② 劣势：在该店铺没有直通车，该网页上并不是完全围绕一个商品设计的；在该网页的中上部分就开始介绍其他商品，而没有主打本商品；该网页的底部也同样是其他商品。

5）对客服的满意程度。

该店铺的客服服务一般，买家问什么问题就回答什么问题，感觉比较死板，回复也比较慢，没有劝说买家去购买，即没有去激发、刺激消费者，导致客户流失。

6）采取以上方法和步骤，自己在淘宝店铺购买一件需要的商品，并对其店铺进行如上分析。

第 7 章

移动电子商务运营

【学习目的】

1）了解移动电子商务的特点与趋势。
2）掌握打造朋友圈信任的要点、微信公众账号的定位与内容运营策略。
3）掌握微店开店流程、日常运营操作和推广要点。
4）掌握社群的搭建、管理与维护技巧。
5）能够综合利用自媒体、朋友圈、社群和微店对移动电商进行布局。

【导入案例】 让爱买单（见图7-1）。

图7-1 让爱买单

最近微信朋友圈疯传着一段视频，内容是一家叫"0317火锅鸡"的餐厅搞了一个活动，客人起身结账的时候，餐厅的服务员却告知顾客：今天我们店里结账既不能用现金也不能刷卡，只能用手机。而结账的方式是，你需要用手机给你的父母打个电话，对他们说一声我爱你……

青岛大虾事件闹得沸沸扬扬的同时，这一活动被拍成了视频通过微信公众号传播到网络，网友们争相分享，河北日报等官方媒体纷纷转载，这一个小小的视频总的播放量达到了1000万之巨，新华网、央视网都发文为此活动点赞。从传播学的角度来看，0317火锅鸡餐厅"为爱买单"一个小小的视频，不仅带给浮躁社会那种孝心和感动，也温暖了父母的内心，唤醒了年轻人的真情。对于一个城市的形象宣传来讲，甚至抵得过数千万元的广告投资。

第 7 章 移动电子商务运营

思考与分析：

与传统电子商务企业通过一个平台聚集所有商家和流量的中心化模式不同，去中心化的电子商务模式是以微博、微信等移动社交平台为依托，通过自媒体的粉丝经济模式的分享传播来获取用户，消费者的购买需求会在人们碎片化的社交场景中被随时激发。作为传统的线下企业，也要融合社交、内容及直播等新型营销方式，加强与粉丝的情感互动，通过线上移动端引流，引导用户线下消费，0317火锅鸡餐厅就很好地做到了这一点。

1）为什么"让爱买单"视频转发量这么高？人们为什么会愿意转发、分享一些信息到微信朋友圈或微博？从自愿转发的心理上，有认同、有猎奇、有利己利他、有自我实现和从众心理因素；从自愿传播的内容信息看，往往有趣、有价值、正能量、有共鸣、炫耀、利益相关和公益等。

2）传统企业如何利用微信公众号实现O2O？从线上将客户流量导入到线下店铺，需要解决哪些问题？

3）比较微信个人号与微信公众号各自的优势。

7.1 移动电子商务运营概述

7.1.1 什么是移动电子商务

1. 移动电子商务的发展

移动电子商务（M-Commerce），就是利用手机、PDA及掌上电脑等无线终端进行的B2B、B2C、C2C或O2O的电子商务。它将互联网、移动通信技术及其他信息处理技术完美地结合，使人们可以在任何时间、任何地点进行各种商贸活动，实现随时随地线上线下的各种交易活动、商务活动、金融活动和相关的综合服务活动等。

移动电子商务与传统电子商务的区别主要是它使用了智能手机等无线移动设备进行电子商务，而传统电子商务，大家都坐在计算机前，进行商品的浏览、下单，再由线下物流配送。

在网购的众多场景中，家庭和工作地点代表着完整的时间和固定PC网端，上下班路上和公共娱乐场所代表着碎片化的时间和移动网端。近几年，在家购物和在工作地点购物比例持续下降，而上下班路上和公共休闲娱乐场所占比上升，这意味着用户消费行为场景的转移，场景越来越丰富，时间越来越碎片化。网络购物已进入移动消费时代，艾瑞网预计2018年中国移动网购在整体网络购物交易规模中占比达到73.8%（见图

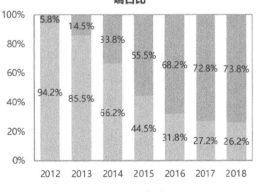

图7-2 网购交易额对比

7-2），移动端已超过 PC 端，成为网购市场更主要的消费场景。

2. 移动电子商务的两种业态

移动电子商务，现在主要表现为以下两种业态。

（1）APP 类

天猫、京东这些传统 PC 购物时代的老牌强势平台，不断扩展移动端 APP 业务布局，打造电商网购生态，是移动端转型成功的典型代表。这些平台的成功，主要得益于大平台的自愈能力，拥有较多的资源和雄厚的实力进行转型布局。

移动设备升级带来消费模式升级，移动购物市场也在不断扩张，许多新功能得到开发。一些新兴移动电商企业正在崛起，纷纷成功转移至移动端。像母婴行业的贝贝，生鲜行业的易果生鲜，家装行业的土巴兔、家装 e 站、齐家、爱空间等。除了网络购物这个平台在发展外，电子商务的其他环节也在不断完善，像支付环节，支付宝、微信、银联在线支付等都在慢慢被大众所接受；以闲鱼为代表的二手电商 APP 也是风生水起。移动电商品牌如图 7-3 所示。

图 7-3 移动电商品牌

(2) 微商类

电商引流成本快速上升，微信等社交媒体成为移动端最主要的流量入口。因此，将社交元素与电商融合的社交电商模式为电商降低引流成本提供了良好的解决方案。微商是指企业或个人基于人际关系网络，通过微信、微博等互联网社交平台进行商品销售或提供服务的商业活动，是最具代表性的社交电商。

经过 2013~2018 年 5 年左右的发展，微商演变出了不同的商业模式。按主题参与环节的不同，微商可分为 3 大商业模式。

1）品牌微商：品牌微商指品牌商借助微信、微博等渠道进行商品销售的模式。早期品牌微商以思埠、俏十岁（后转型退出）等美妆品牌为主，目前的品牌微商参与者则包括海尔、小米、潘高寿等品牌。

2）平台微商：平台微商指通过微商平台为品牌和个体商家建立联系，并依托于微商平台 APP 开展交易活动的商业模式，由平台微商提供完整的零售解决方案。目前平台微商主要包括有赞、口袋微店、微盟萌店等。

3）个人微商：个人微商指个人基于朋友圈进行个人或代购商品销售的商业模式。目前，围绕微信朋友圈做移动电商的情况最为普遍，构成社交电商的主力军。过去，电商的核心是购物，先有平台和购物才会产生关系。而微商讨论的是先有关系，然后才产生购物。

以微信、微博为代表的自媒体发展，组建了一个个小圈子，他们职业相近，并互相信任，说白了就是"朋友圈"的那些人。社交如此，商业也跟着发生了变化，即一部分消费者会成为商家的微级代理商，通过产品分享的方式在身边帮商家找到更多合适的消费者。

微博微商与微信微商最大的不同之处在于，用户之间的关系属性不同。微信微商主要依托朋友圈、微信群进行产品的推广和销售，主打熟人经济。而微博相比较而言是"弱关系社交"，主打基于共同兴趣爱好/偶像的社群/粉丝经济，利用微博专业达人的专业能力以及明星、红人等公众人物的粉丝效应来对商品进行推广与销售。

7.1.2 移动电子商务的特征与趋势

1. 新特征

PC 时代过去了，虽然移动电商时代同样存在流量、转化和客户关系的运营问题，但用户的消费路径和习惯发生了很大的变革，消费需求场景化，移动购物模式也呈现多样化的特征。

（1）内容化、粉丝化和场景化成为吸引流量的新方式

内容化：消费路径和习惯发生较大变革，优质内容成为最强大的流量生产器。在过去，购物需求产生流量，而在移动消费中，内容推荐即可产生流量。

粉丝化：意见领袖的引导作用越来越大。随着社交媒体的发展，消费者希望关注意见领袖或者明星网红，并且和他们产生互动。名人身份背书产生品牌效应，作为某一领域的明

星,通过自身的品牌背书使得消费者产生购买信赖感。

场景化:根据消费者当下的场景需求提供对应的产品或服务。相应地,从过去的流量运营转变为人群运营,提升买卖相关度。从消费者的观点出发,根据消费者当下的场景需求提供对应的产品或服务。因此,对于用户的购物行为,购物喜好能够做到更好更方便的获取与整理。无论是在用户的使用初期引导用户去选择兴趣标签,还是后台分析用户的购物行为来进行商品的智能推荐,都能够起到提高用户体验并且达到精准推荐的效果。

(2) 用户具有身份性

PC 时代的互联网是开放的,用户能够以一种不透露个人信息的方式来发送信息,这是因为互联网不强迫用户提供自己的身份证明,性别、年龄、名字都可以不提供,这样一个时代也造就了支付宝这样的第三方机构来解决信用问题。今天,因为手机的私人性质,可以确保每个手机对于用户的专属性,聊天、发短信,不需要告诉别人我是谁,在手机和手机连接的过程中,实际上就是两个人在对话。微信也是这样,一次认证后,和朋友发信息,不需要身份认证了,手机是绑定人的。有了身份,就有了信任关系、社交关系,人们可以基于这样的社交关系产生一些交易。

(3) 去中心化

传统电商属于需求导向型的消费,消费者一般先有购物目标需求,然后再在电商平台上寻找商品,因此"搜索"是消费者获取并购买商品的主要途径。在传统电商平台上,虽解决了展示、沟通、付款、客服、物流等一系列问题,但平台展示的窗口毕竟有限,以至于很多商家要花钱买广告位,没有广告位就没有展示的机会,流量成本越来越高。

而移动电商是以用户为核心的商业模式,"发现"成为社交电商消费者获取商品的主要途径。多数消费者在社交网络上的购物属于一种即时性的、偶发性的消费行为。在这样的模式下,购物并无统一流量入口,每个社交节点均可以成为流量入口并产生交易,因此移动端购物整体呈现出开放式、扁平化、平等性等"去中心化"的结构与特点。

(4) 碎片化时间

碎片化时间指的是人们等电梯、公交车和地铁时以及乘车时的一些分散性的时间。移动互联网用户能够利用碎片化时间通过使用手机和平板电脑来浏览新闻、玩游戏、阅读电子书。这些零碎的时间虽不起眼,但被重聚之后能够产生巨大的效果,"碎片化"时间显得越来越重要。在快速生活节奏下,碎片化时间的利用价值在不断上升,人们的行为习惯发生变化,移动电商的方式也随之发生变化。

2. 移动电商行业发展趋势(见图 7-4)

(1) 全渠道、线上线下融合发展

移动电商时代,消费者的需求和网购发展环境均有较大改变,用户希望随时随地精准购买到所需的商品和服务;另一方面由于商品供大于求,单一渠道发展的增量空间有限,线上和线下均在布局全渠道发展。线下消费体验和线上购物便利的双向需求,将带来线上和线下购物期望值的融合,未来线上线下融合是新零售时代的重要发展趋势。

第 7 章 移动电子商务运营

线上线下融合的原因

1 消费需求变化
消费者希望在任何时间，在任何场景下，通过任何方式，都可以买到想要的商品和服务，且是一致性的服务。

2 商家追求增量
2015年中国线下55%的商场渠道负增长，其中38%的商场下滑超过10%以上，品牌商需要市场增量。

3 成本控制需求
商品供大于求现象越发严重，市场营销从"传播性"走到"互动性"，货架销售从"展示货品"变成"提供内容"，商品供应链反应速度要从"期货模式"走到"快时尚模式"。

4 商品供大于求
线上线下两套不同的运营体系，售卖的商品和服务体验的割裂，导致品牌商在增加线上销量的同时并没有降低成本，线上渠道增加销售后的规模效应并没有产生。

线上线下互相导流的比例

 62%
先去实体商店然后在线购买

 48%
先在线浏览然后到实体店购买

来源：毕马威《2015年中国网购新生代调查分析》

图 7-4 移动电商行业发展趋势

（2）社交化分享是移动电商时代新营销方式

移动社交和自媒体爆发，消费者的购买需求会在碎片化的社交场景中被随时激发。例如，贝贝网开设红人街频道，融合了社交、内容及直播等新型营销方式，达人分享服饰搭配并通过与粉丝的互动引导用户消费。

传统平台电商，只要有流量就一定有销售，是一种漏斗式的销售模式。对于卖家而言，在第三方电子商务平台开展的贸易活动有先天的优势：流量优势、支付优势、物流配送优势、诚信安全优势，这些优势的存在不但解决了我国电子商务环境的不足，另外也有效降低了卖家的交易成本。

而基于关系的社交电商，用新的方式触达、转化、服务、留存用户。用户看过试过后，建立了信任，对商品有真切的感知，购买转化率则更高，同时一旦成交，社交电商就会有更多的复购，并以更大的传播量在社交圈中扩散，从而得以获得更多的展现量，形成一个良性的电商生态。传统电商与社交电商的比较如图 7-5 所示。

图 7-5 传统电商与社交电商的比较

7.1.3 运营渠道与工具

与传统电商相比，移动端用户的消费场景、习惯、购物模式都发生了较大的变化。例如，淘宝的基因是交易型电商平台，上淘宝的用户大多有消费需求，属于主动消费模式，是"带着钱来的"。而微信的基因是社交自媒体平台，用户打开微信的时候，是很轻松的社交状态，如果发生购物行为，更多的是被动消费模式。相对而言，主动消费模式下，用户的购买转化率更高。

在这种情况下，对于各行各业的中小企业来讲，如何做好移动电商，如何分享移动红利呢？从电商运营角度，仅有过去的流量思维是不够的，移动端运营渠道和工具也要更丰富。事实上，目前包括淘宝在内的主流平台都纷纷推出社交功能，旨在为用户提供更好的购物体验。社交电商潜力巨大，互联网时代的人们会比以前更热衷于交流，沟通没有了时间和距离的限制，网购用户的意识也在不断增强，通过与他们交流能更快捷高效地找到适合自己的商品，缩减选择时间，也就间接提高了购物的频率。

除了人们熟悉的手机淘宝、京东 APP 等外，中小企业还可以选择以下平台开展移动电商运营。

1. 平台类

（1）微店

口袋购物微店，是最早的微店产品，由北京口袋时尚科技有限公司开发，所有交易（除信用卡）不收取任何手续费。上线于 2014 年初的微店，几乎可以说是"划时代性"地采用了用手机号开网店的模式，将电商的准入门槛拉到历史最低。商品的上架、编辑、收款、客户管理、促销等功能也非常方便。这个"傻瓜式开店工具"很快引发了一股个人开店的潮流。其功能强，零费用，本书在第 7.3 节专门介绍微店的运营。

（2）有赞微商城

有赞微商城（简称有赞）是一套强大的微店铺系统，为商家提供了完整的微商解决方案。使用有赞，可以快速、低成本地搭建一个微商城。有赞提供了全套的商品管理、订单管理、交易系统、会员系统和营销系统。

有赞只有移动端，与手机淘宝（简称手淘）相比，展示模板大同小异，都可以根据需要进行自由组合和排版。不过，手淘提供了综合、销量、新品、价格等多种商品排序方式供用户选择，而有赞商城的商品排序方式相对单一。除此之外，有赞缺乏必要的数据显示，比如，店铺粉丝数、销量、评论等，而这些信息对于用户决策非常有参考价值，缺乏相应展现，在一定程度上会降低用户信任度。从卖家角度来说，淘宝的电商供应链服务显然完善得多，并且基础功能是免费的。而微信端，即使使用有赞商城开店，其收费对中小卖家来说，也是不小的负担。

（3）拼多多

拼多多成立于 2015 年 9 月，是一家专注于 C2B 拼团的第三方社交电商平台。用户通过发起和朋友、家人、邻居等的拼团，可以以更低的价格，拼团购买商品。其中，通过沟通分享形成的社交理念，形成了拼多多独特的新社交电商思维。拼多多成立时间不到两年，2017 年平台交易 GMV 过千亿元，用户超过 3 亿人，2018 年 1 月月活用户数超过 1 亿，成为仅次于阿里、京东的第三大电商平台。

拼多多是基于微信端的社交电商模式，拼团＋低价爆款，有别于中心搜索淘宝模式，创新采用电商界 Facebook 模式，关注到每个用户，挖掘用户社交价值，社交属性更强，是去中心化的社交电商。拼团的模式确实将电商和社交两者融为一体，为了达成交易必须参与到社交的游戏中。拼多多拼团流程图如图 7-6 所示。

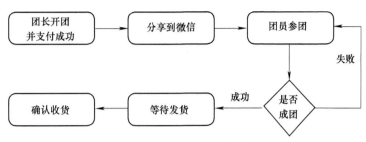

图 7-6 拼多多拼团流程图

拼单过程中，消费者为达到拼单人数，会形成一个自媒体，自觉帮助商家推广，形成一种病毒式传播，这种效果是传统团购不具备的，而这也正是拼团的意义所在。拼团的核心竞争力就是"社交电商＋拼团让利"，在传播中又产生了对外的营销，一举多得。

"微信分享＋团购的规模效应"为低价优势提供了保证。在线上引流成本不断上升的大环境下，拼多多融入分享购物的理念大幅降低了引流成本，团购的规模优势使得其能直接与供货厂商合作对话，省掉层层中间环节。

以 10 人团购为例，在整个购物流程中，拼多多只需要花费一次引流成本吸引用户（主动用户）开团之后，用户为尽快达成订单会将其发送给亲朋好友、朋友圈或者交流群中，其他参团人员为了尽快达成订单也可能会将其转发至自身社交圈，直至订单达成。这样下来，拼多多通过花费一次引流成本，至少能成功收获 10 张订单，其余 9 张订单引流成本为 0。同时，拼团信息在这些用户社交圈传播的过程中，其微信好友也很可能重新开团，传播次数和订单数呈指数级迅速增长，最终 1 次引流成本达成的订单数可能远不止 10 张。

微信＋拼团更适用于小金额高频次的商品交易，多数为水果、干果、化妆品、日常生活的易耗品。拼团的商品也只适于这一类商品，因为金额小，所以更容易产生订单。

2. 自媒体工具

（1）什么是自媒体

自媒体是普通大众提供并分享他们自身的事实、新闻的途径。简而言之，即公民用以发布自己亲眼所见、亲耳所闻事件的载体，如博客、微博、微信、论坛/BBS 等网络社区都属于自媒体平台。虽然自媒体平台本身不能完成电商交易，但在企业和个人形象的打造、为平台引流等方面都有着不可替代的作用。因此，移动电商离不开微博、微信等自媒体的运营。

常见的自媒体平台包括：

1）微信。传统企业互联网转型最本质的需要，就是找到一种合适的方式，连接用户，运营服务，进而提升经验效率。而微信目前依然是最好的用户运营平台，活跃度高，月活跃用户数已破 10 亿（与 WeChat 合并），功能齐全。

2）新浪微博。微博的月活跃用户数是 2.97 亿，17～33 岁年龄段是微博的主力人群。微博的用户侧重于将其作为获得资讯的工具，而且微博的分享功能在做活动推广时十分有效。

3）今日头条。今日头条的月活跃用户数超过 1.4 亿。用户集中在二三线城市；年龄在 18～30 岁之间；男性多于女性。读者翻阅文章时，就已经记录下每个人的阅读偏好，并会在每次读者打开客户端时，基于大数据技术和算法为读者推送可能感兴趣的内容。也就是说写的第一篇文章，即使没有一个订阅者，也有可能获得 10 万＋的阅读量。

4）喜马拉雅。喜马拉雅是目前国内发展非常快、规模非常大的在线移动音频分享平台。目前，喜马拉雅用户规模为 3.3 亿人，活跃用户日均收听时长为 124 分钟，平均每天有 9000 万次播放。喜马拉雅于 2016 年 6 月开始推出付费音频《好好说话》，正式进入知识付费领域。在知识付费领域，与音频相关的音乐、外语、情感类内容具有一定的品牌优势。

（2）自媒体类型

自媒体大致可以分为以下两大类。

1）企业型自媒体：它是企业用来发布或转发与自身相关的资讯等加强企业与粉丝、客户之间的互动联系，以扩大品牌影响力和营销购买力的自媒体。

2）内容型自媒体：它是个人通过自身的原创与原生态形式视频或文章等方式展示，与用户产生共鸣以此提升知名度而赢利的自媒体。

简单来说，企业型自媒体就是为了扩大品牌影响力和营销购买力，内容型自媒体就是为了形成自己的影响力和公信力。它们的区别是企业型自媒体通过粉丝购买产品来达到赢利目的；内容型自媒体通过吸引第三方平台的介入用邀稿或者投放软文的方式实现赢利。

如果打算做内容型自媒体，比如生活攻略/娱乐电影等针对大众的内容平台，则可以选择头条号，它的算法和推荐制度总是能够给阅读量带来惊喜。如果打算做企业型自媒体，想要扩大品牌的曝光率，做一次宣传活动策划，那么微博就非常适合，微博的转发机制对企业的曝光率有极大的提高。

（3）如何选择自媒体平台？

选择自媒体平台，首先要明确目的，即明确利用自媒体平台要干什么，然后对自身有了解，了解自己的产品有哪些特点，自己要吸引什么样的用户。最后，根据用户画像，在网上搜索和自己的用户画像匹配的平台作为备选平台。考察备选平台，主要考虑以下几个方面。

1）用户基数是不是能够排到前 3 位？

2）用户使用频率高不高？

3）能否非常方便地写文章、发图片等？

4）用户能否对文章进行评论，评论能否显示给其他用户看？

5）用户浏览方便吗？能够随时随地浏览吗？

6）能够和用户建立长久的关系吗？

在选择自媒体平台时，要对用户画像、平台特点进行具体分析，从而找出合适自己的平台。

第 7 章　移动电子商务运营

【例7-1】"半撇私塾"对自媒体的利用。

1. 用户画像

"半撇私塾"是一所项目制在线新媒体大学,用户是从业0～3年的新媒体人。在做用户画像之前,先对自己的产品进行了分析。由于是付费课程,因此选择了微信公众号、微博、知乎3个打赏渗透率前三名的平台作为备选平台,文章的打赏渗透率越高,可以说明这个平台的用户更愿意为知识付费。

2. 分析平台自身的特点

了解了用户画像,选择了备选平台后,就要对平台自身的特点进行分析,以此选择主要的吸引用户的平台,也就是最集中精力去做的平台。

知乎用户的长文接受度高,乐于参与深度互动,也就是爱回答、点赞、分享和挑刺。知乎用户月均收入8000元以上的用户比例,超过中国网民整体水平近2.5倍。将近一半用户,月支出在2000元以上。而且知乎最大的优势在于知乎的百度搜索和搜狗搜索的权重达到了10级(最高级),百度一下,第一屏就能看到知乎链接。因此半撇私塾将知乎作为内容营销的主要平台。

3. 利用微信公众号和微博维护客户

因为微信公众号的闭塞性,即如果不关注那么就无法看到发布的内容,百度搜索和搜狗搜索的权重也不高,而且半撇私塾是通过课程的品质加强老用户的黏度的,所以将公众号作为活动的预告平台,即作为通知老用户的一个工具,而不作为主要的宣传平台。平时将微博作为资讯新闻发布平台,吸引目标用户的关注。在做活动时,作为活动发布平台,利用分享功能扩大影响力。

7.2 微信运营

微信已经成为大多数企业互联网化的最佳试验田,也是未来3～5年的最佳入口。从用户基数、功能完善、试错成本3个方面,微信都有足够的说服力。绝大多数企业无需自建线上渠道,无论是运营用户还是营销产品,都是最好的选择。

【例7-2】小温的微商之路。

我是小温,江西井冈山人,大学毕业辞掉工作回到老家。因为老家是好山好水且山里蕴藏着很多纯天然的食材,刚好那时《舌尖上的中国2》正在播出,里面第一集有两个片段是讲蜂蜜的,所以我决定把深山里的蜂蜜卖出去。怎么卖出去是一个问题。恰巧微信里加了挺多做微信营销的人,我打算不再走传统销售的模式,来点新花样:做微商!朋友圈发出第一条消息之后,经过几个月的努力,月销售额为两万余元。

产品靠谱、人靠谱。因为微信并没有和淘宝一样有第三方担保工具,不怕不发货或者卷款逃跑。微信就是凭着顾客对微商本人的信任去购买,直接转款。所以一定要做到产品靠谱。微信营销做的是熟人生意,品质得更胜一筹或者更具特色才好。不然顾客最多被欺骗一次,绝不会再有第二次购买,而且还会败坏名声。

取一个易记、又让别人一看就知道是卖什么产品的微信昵称。我最初用的是"小温养蜂卖蜜",广告意味很浓,后来改为"蜂农小温",广告意味淡,但还是可以一眼就让别人知道我的职业,相当于打了标签。

怎么让顾客找上你，实现成交？通常，我会选择早晨醒来到吃早餐、午休、晚饭后到睡觉这3个时间段发布朋友圈消息，因为这3个时间段别人刷朋友圈最勤快，互动率也最高，上班时间发送基本上响应者寥寥。然后有人评论询问产品相关内容后迅速回复然后私聊，因为微信上聊天量挺高的，所以有意向的基本上是直奔主题，产品介绍、报价、问需求量、告知付款方式，等顾客付款成功后立即安排发货。咨询后并没有直接成交的，我会将其微信资料加星标并且昵称前面加A以便查找，在隔段时间后主动找他聊起购买的事。生活营销化，营销生活化。仅仅是不停地贴图和发"硬广"，恐怕不到一个星期所有好友都会把自己给屏蔽了。由于把自己的生活近况融入到营销里去，然后再把自己卖的产品以生活化的语言去表述，这样别人也不会太反感。在朋友圈，我经常发一些养蜂地方的美丽山水风景，以及自己吃到的原生态的美食或者看到的一些有趣的事情，我的好友反而很有兴趣去看我的朋友圈更新。

图7-7 小温的深山土蜂蜜

思考与分析：微信的基因是社交，不是"硬广"，所以一味刷屏，只能招致反感。朋友圈的微商在市场运营策略上，不再以平台为中心，而是通过微博、微信这样的沟通渠道，直接联系到客户，从而带来销量。微商更加重视买家之间的口碑相传，在买家的社交圈子上，形成广泛的二次传播，吸引更多客户。

7.2.1 为什么要做微信运营

1. 微信运营概述

微信运营包括个人微信和微信公众平台的建立，然后通过微信、微信公众平台以及微信群等社交渠道展示产品、用户沟通、信息收集、达成交易与传播口碑的运营过程。

经过7年的发展，微信从最初的社交通信工具，成长为连接人与人、人与服务、人与商业的平台，微信已经成为人们日常沟通不可或缺的工具。微信的强大在于它的连接能力，不管微信如何变，想做好微信营销，必须做好和客户之间的连接，做好互动。

在微信中，除了文字聊天外，还可以用图片、语音、多媒体、在线视频等多种沟通形式完成人与人的社交需求。大部分人每天早上起来的第一件事情就是看手机，睡觉前的最后一件事情也是看手机，在上下班途中、日常工作空隙中最常做的事情也是低头看手机，手机作为社交工具已经抢占了客户的几乎所有碎片化时间。而看手机的时间中，有一大半的时间是在看微信。微信是以熟人和好友为核心建立起来的一个社交圈子，所以在微信的朋友圈中，互动更容易展开，信任更容易建立。在生活中，关系是维系出来的，再好的关系如果一段时间不互动慢慢也会变淡，再普通的关系如果持续培养也会变成紧密关系。

2．微信运营的特点

（1）去平台化

去平台化就是商家不再依赖淘宝、天猫、京东等大平台生存。

（2）去品牌化

去品牌化就是随着"小而美"的产品越来越多，入口和场景变得越来越重要，消费者不再专注于某一种品牌，购物就成了一种随时随地的喜好和兴趣。

（3）客户管理高效化

客户管理成本低。由于微信平台的强关系，互动黏性强，信任度高，易于传播，因此可以更精准地根据用户属性投放内容，配置营销资源，便于建立客户关系管理，为持续营销和口碑营销做好准备。

3．微信运营布局

微信是一个工具，也是一个展示自己、展示产品的平台，它因为有了微信支付而形成了一个宣传和交易的闭环。因此，无论对于企业还是个人，利用微信不仅可以整合线上线下，还可以整合用户，做好微信运营和社交化营销，因为每个人背后都是一个渠道，人找对了，自然会水到渠成。事实上，微商就是在朋友圈中通过相互沟通、相互分享来赢得口碑，从而获得信任，将弱关系变成强关系，最终达成交易的一个过程。

微信运营布局在微信公众平台、个人账号及社交渠道共同展开，在活动引导、粉丝培养、图文传播、信息收集等工作中均体现出各平台、渠道之间紧密联系、环环相扣，如图7-8所示。

微信公众号：以综合性的服务功能为主，包括图文推送、线上服务等功能，以此为核心展开，可通过组织活动形式完成用户向其他平台的引流。内容上可定位于企业形象、品牌文化宣传，为多平台提供丰富的图文信息，辐射企业理念和文化。

微信群：定位于用户沟通以及信息收集，新型的用户管理模式，增进企业与用户、用户与用户之间的交流、接触，提高活跃度。

个人号：定位于轻引导，全员营销的形式之一，通过微信群或社区发起话题讲座，引发社区交流氛围，选择性与用户成为微信好友，建立强关系。

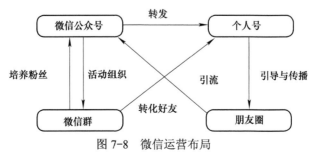

图 7-8　微信运营布局

企业与个人都需要微信运营。由于用户都在微信上，他们需要把自己的服务与产品最好地转化成销售，而这个路径需要一个载体来连接用户、运营服务、传递价值。因此，通过布局搭建一个这样的系统就显得尤为重要。传统企业互联网转型最本质的需要，就是找到一种合适的方式，建立功能齐全的用户运营平台，比其他自建渠道方式成本要低很多。

7.2.2 微信个人账号运营

1. 微信个人账号的定位

做微信运营之前，首先问自己几个问题。

1）你的朋友圈代表什么？
2）你的朋友圈有哪几种类型的好友？
3）你想达到什么样的效果和目的？
4）你想传达什么信息给大家？

朋友圈代表的是你自己，你要塑造的是自己的个人品牌，赢得客户的信任。因此，朋友圈，首先卖的是自己而不是商品。那么基于这个认知，首先对自己要有一个清晰的定位：就像商品一样，先有定位，后有包装，然后是宣传推广，这样做的目的是把自己的清晰印象定位在朋友圈好友的脑海，让人容易记住。

（1）个人事业的定位

你想做的事业是什么？你的梦想是什么？你经营的产品是什么？如果你只是想通过微信销售，那么就展现自己的生活为主，以分享式文案为主，把生活中使用产品的各种体会，感受发到朋友圈，推荐给朋友；如果你想做大，做品牌创始人，带团队，那么你就要往团队领袖的风格上去塑造，树立你的梦想和事业目标，并通过个性签名、信息发布去强化你的梦想和事业目标。

（2）个人风格的定位

发布信息，一定要有自己清晰的风格，不能雷同，比如可以通过做美图、写美丽的文案或者轻松幽默或者生活趣味等方面加强自己的风格。风格定位以后，你所发的朋友圈，要围绕着这几个定位去发布信息，不停地给好友们加强印象。你的朋友圈的头像、签名、背景也要同步进行包装。

头像：选择一个漂亮美丽的个人头像，近照、自拍照（不要远的，要让人看了有点开的冲动），不要用动物的、风景的或者其他图片做头像，那样别人产生不了信赖感。

背景：自己旅行的照片、风景照片（进去后有一种心旷神怡的感觉）建议不要很多产品图做背景，尤其是那些像素不高的，也不要用授权书做背景。

签名：励志的一句名言，或者体现自己追求的一句正能量均可。

微信名：可以直接使用自己的名字，体现真实与信任。也可以是阳光、好记的，最好是能利用大家脑海有印象的词汇，借势借力，比如"电商陈奕迅""雷锋哥"，这些就是大众脑海已有的词，非常好记忆。起的名字也可以带有产品信息，比如"琯溪蜜柚王鑫哥""核桃姐姐""电商先生火锅鸡""玉米兄弟"，这些名字可以让人在记住你的同时也记住了你的产品。最好不要用纯英文，特别是还很难拼写的，或者一堆杂乱字符，这样别人无法记住你，无法搜索到你。

2. 个人朋友圈的打造

（1）朋友圈好友分析和内容需求分析

你的朋友圈里有哪些好友，他们分别想看到哪些方面的信息？不管是针对哪一个类型的朋友圈，一定要有一个宗旨：真诚的沟通对话、坦诚交流、吐露心声。不要冷冰冰的，要像和朋友聊天一样去发布朋友圈信息。每发一条信息，想一下，这条信息是想发给哪些人看，然后用沟通互动的或者轻松幽默的、疑问式的语言去说。

朋友圈包装后，每天要发布信息，围绕着自己的定位去强化朋友圈印象，让他们对你产生直观、强烈的印象。比如，某某是做什么产品的、是一个乐观积极向上的女孩、是一个有团队领导力的人；朋友脑海里对你的印象需要你在朋友圈信息中不停地去强化。

朋友圈不是一个产品广告平台，而是全面展现个人魅力的平台，朋友要看的是你如何生活，而不是一堆商品。天天刷屏卖货，肯定会遭到屏蔽。刚做微信运营，不要一上来就发广告，而且是复制别人的广告，让朋友莫名其妙，你要做的事情是循序渐进，让你的身份转变得自然。要多刷观点、态度、趋势，把你的领导力、事业追求、目标、成绩刷出来，带团队的能力、社群领袖的魅力等展现出来，这些东西朋友们也是很愿意看的。

（2）针对不同客户发不同信息

针对亲人朋友同事同学发朋友圈，维持高互动内容。他们想看你的近况，你的生活，你的工作，你的事业，平时可以发一些自己的个人活动照片、生活照片、生活感悟，去哪里玩了，见什么人了等，维护和朋友们的互动。晒生活、晒美食、晒旅游、晒个人照片，当你经常刷自己的动态的时候会发现，刷什么样的信息就会有哪部分的朋友来点赞或者评论，当刷另外一些信息，就会有另外一些朋友来点赞评论，时间长了你就知道朋友们分别喜欢看什么样的内容，那么就要经常发这些朋友爱看的动态出来，以维持朋友圈的高度互动。有时候不需要多么华丽的辞藻，发自己拍得比较好的照片就能有很多点赞和评论。

通过晒成果，可形成个人口碑影响力。平时发布的内容，要有自己做微商的真实成果，亲人朋友们觉得你做得不错，会成为你的代言人，到处去宣扬你，甚至会介绍他们的朋友来跟着你做微商，形成一个口口相传的影响力。

针对客人及潜在客人发朋友圈。客人想看到产品的效果，潜在客人需要刺激购买需要，可以寻找产品几个大的卖点突出强调，比如产品使用效果真人对比，产品客户反馈，产品使用分享心得，用分享式的介绍，不要用强硬式推销。用自己拍的图片，自己使用的场景更有说服力，少用产品海报。可以是买家秀，也可以是产品对比效果和场景秀。

要想招到代理，需要让代理们相信你、认可你，首先你自己就要是一个优秀的人，有能力带领他们，能培训他们；其次你的产品足够好，品牌足够大；再次你的团队足够强大，团队有足够多优秀的人一起努力共同进步；还要让他们相信你能带领他们赚到钱。在晒流水和晒交易的时候要注意度，一定要真实，不要让人感觉虚假。这时，就要发关于公司实力、产品实力、产品趋势、流水交易和团队的信息。

（3）发朋友圈的设置

1）自建地理位置。朋友圈营销只需解决两个问题：信任问题和提醒购买。很多时候，不需要靠刷广告提醒购买，如微信的自建地理位置功能即可实现。地理位置的好处是可增加可信度，提醒购买，如图7-9所示。

图 7-9　微信朋友圈自建地理位置功能

2）朋友圈信息可见权限设置。

① 公开：所有朋友可见。

② 私密：仅自己可见。

③ 设置部分可见：可利用打标签来实现对通讯录客户的管理，就可以根据自己的需要，把内容展示给你想让看到的人，从而实现精准营销。

④ 提醒谁看：类似于新浪微博@功能，可以利用这个功能，提醒特定人群注意你的信息，但是切忌骚扰用户。

（4）发朋友圈的形式

1）纯文字。想在朋友圈发表纯文字，只需长按相机功能即可。

2）文字加图片。这也是最常见的形式。文字尽量不要超过 200 字，否则内容会折叠，不方便朋友查看。朋友圈本身就是一种"炫文化"，因此配上合适的图片会让内容更加饱满。

3）分享链接式。从各大门户网站、视频网站到微信公众平台都支持将内容分享到微信朋友圈。

（5）朋友圈互动

偶尔可以发布一些话题性的、争议性的朋友圈，引起朋友们的讨论和回复，也可以发一些测试类的好玩的游戏，可以吸引陌生粉丝一起来互动。定期需要策划一些送红包、点赞之类的互动活动，可以非常有效地转化陌生僵粉，维持旧朋友的高度黏性与互动。

1）点赞。

点赞是最简单的互动，是一种价值的认同，需要的是坚持。这是增加彼此关系最好的一个通道，但是一定要看清楚内容再点赞。

2）评论。

与点赞相比，评论更能激发对方的回复，形成互动，更有助于情感的建立，因此用心与潜在客户互动，走心的评论可让人由陌生到熟悉，甚至成为朋友。另外，任何人只要在你的朋友圈，都是有价值的，珍惜给你评论的人，做到评论必回、100% 回复评论你的人。

3）活动。

组织一些朋友圈的小活动，可以活跃气氛，提高黏性和转化率。例如，鼓励买家自己分享，收到之后评价并分享至朋友圈，下次购买包邮或直接线下返现给客户，这样可以让更多朋友看到自己的产品和使用效果。

（6）加粉

微信运营最重要的是要有精准的用户，那么如何精准有效地加粉呢？

最好的方法就是朋友推荐+顾客晒单。一般来讲，朋友圈中，强关系推荐，中关系成交，弱关系转化。强关系就是我们的亲人、闺蜜，不好意思赚她们的钱，那我们就让她们推荐，送产品给她们试用。她们推荐过来的人就是有信任关系的中关系，中关系是最主要的消费群体。

方法：

1）打人情牌，让朋友推荐，但人情迟早有用完的时候，用一次就好。

2）送产品给对方，然后要求对方发朋友圈并贴上你的二维码，必要时自己写一段有诱惑力的文字发给对方。

3）制作非常好的素材，让朋友主动转发，素材里带上你的二维码。

4）让顾客发反馈，顾客收到产品了，跟一下单问一问口感如何，喜欢吗，再沟通一下是否可以在朋友圈推荐一下，并发个红包给对方，一般顾客都会答应。一次推荐带来 10 个精准粉丝，100 次推荐带来 1000 个精准粉丝，这样来的粉丝会比盲目加的粉质量要高得多，持之以恒，自己就能积累一群高质量的顾客群体。

7.2.3 微信公众平台运营

【例 7-3】"玩车教授"是如何做到汽车第一新媒体的（见图 7-10）。

2014 年 5 月创办"玩车教授"公众号。同年 9 月，微信端日新增用户突破 2 万人次。

2014 年 11 月，获得 1200 万元 A 轮投资。

2015 年 3 月，玩车教授微信公众号稳居排行第一名。2015 年 10 月，微信端注册用户突破 380 万人。2015 年 12 月，"玩车教授"获得行业统一认可的第一汽车新媒体及第一个收入突破千万元门槛。全网日均辐射 1000 万用户，全网年累计阅读量达 11.4 亿次。2015 微信端全年发布文章 2808 篇，累计 10 万+文章 1898 篇（其中 20 万+文章 552 篇）。玩车教授—微信、WAP 网站、APP 三平台关联互通，全网媒体打造影响力，精准解决买车用户需求。2017 年，玩车教授品牌估值为 7 亿元。

"玩车教授"定位是做专业的汽车自媒体，以这个身份进入凤凰网、网易、今日头条等所有能够入驻的媒体平台，坚持每天在上面发文章。每个平台对内容的需求不一样，"玩车教授"编辑团队研究每个平台的特性，制作专门的内容发布。

用户买车遇到的问题最大的困扰和痛点，是不知道自己买什么车合适。即便清楚自己适合什么类型的车，面对这么多品牌也不知道怎么选择。让买车过程变得更加简单轻松。首先让用户知道什么车适合自己，应该买什么样的车。第二步接入电商平台，让用户更容易买车。

"玩车教授"的价值就体现在这些地方。每一款车都分析其特性，都有相应的内容指导，还有系列化的点评分析，让用户在每个环节、每个场景下都能找到合适的内容，最后帮助他们确认购买类型。然后进入人工咨询，最后进入在线电商平台，提供线下服务，把整个选车、购车的过程变得简单、轻松。例如，教授发起的《名师高徒—昂科威20T油耗PK》活动。传播效果："玩车教授"平台超60万浏览量，4天时间超过400人报名，近4000人参与竞猜投票，45%的到店转化率。如此热度，可见众粉丝对教授之热情。

图 7-10 "玩车教授"微信公众号

思考与分析：

1) 在粉丝角度读自己的文章，换位思考才能出好标题。选题一定要有趣，更要贴近生活。微信内容广告营销，一篇微信文章可以覆盖数百万人，文章传播是微信公众号营销的常见方式，但是效果不尽相同，深入分析用户喜好迎合用户口味，进而击中用户兴趣，才是优秀的内容广告营销。

2) 你不是明星，你的粉丝才是明星。粉丝最原始的互动欲望都是为了出名，捧红他们，尊重他们，了解他们在干什么，你的粉丝最近关心什么，按他们的喜好去写，会有惊喜。与粉丝交流，不是在写教科书，而是在抛砖引玉。

3) 移动时代，速度就是一切。只要你够快，粉丝就一定会追捧你，要即视感，不要纠结于章法，直播虽然很难把控场面，但粉丝就是爱真实。

1. 微信公众号

微信公众号是开发者或商家在微信公众平台上申请的应用账号，该账号与QQ账号互通。

通过公众号，商家可在微信平台上实现和特定群体的文字、图片、语音、视频的全方位沟通、互动，形成了一种主流的线上线下微信互动营销方式。

微信公众号分为订阅号、服务号和企业号 3 种类型。

（1）订阅号

为媒体和个人提供一种新的信息传播方式，主要功能是在微信侧给用户传达资讯（功能类似于报纸杂志，提供新闻信息或娱乐趣事）。

适用人群：个人、媒体、企业、政府或其他组织。

群发次数：订阅号（认证用户、非认证用户）1 天内可群发 1 条消息。

（2）服务号

为企业和组织提供更强大的业务服务与用户管理能力，主要偏向服务类交互（功能类似于 12315、114、银行，提供绑定信息，服务是交互的）。

适用人群：媒体、企业、政府或其他组织。

群发次数：服务号 1 个月（按自然月）内可发送 4 条群发消息。

注：订阅号、服务号在通讯录里被归类，用户可以去订阅号的列表中找到已关注订阅号推送的信息，但是不会主动在列表中提醒有新消息，需要用户自己去看。服务号、订阅号认证均需 300 元/年。

（3）企业号

企业号适用于企业与员工或上下游供应链之间的沟通。旨在通过微信连接企业应用，为企业提供移动端办公入口。现已升级为企业微信。

2．微信公众号运营

（1）定位与选择

在开始运营一个微信公众号之前，可以从以下两个维度来思考。

1）用户定位：了解清楚目标用户是谁，目标用户的特征是什么，做用户画像。

如"玩车教授"公众号的用户就是定位于选车、买车的那些用户。

2）服务定位：提供什么服务，是否有差异化。

"玩车教授"公众号的服务定位于专业的汽车自媒体，解决了"用户知道自己适合买什么车。即便清楚自己适合什么类型的车，面对这么多品牌也不知道怎么选择"等痛点，正是由于定位清晰，才使"玩车教授"脱颖而出。

平台的基调决定内容运营与用户运营的策略，而且，定位还涉及自定义菜单的定义。因此，从目标用户、使用场景、需求来考量平台特性很有必要。例如，是不是用户一看就知道平台的特点了，平台这里有什么内容等。

3）公众号的选择：首先要明确自己是否拥有营业执照，或者政府、媒体的有效授权证明。如果没有，那么只能凭借身份证件申请订阅号。

其次，估计自己主动推动的信息量，订阅号是允许一天一条，服务号是一个月四条。如果写作能力比较强，那么前者更适合，否则一个月四条也足够使用。另外，经常推送商品信息，很可能造成粉丝取消关注。

最后一点，就是功能的选择。普通订阅号是没有自定义菜单功能的，而一些高级接口及微信支付也都是服务号独享。所以，如果不甘心只是在公众号内发一些文章、回复信息，那么一定要选择服务号。

（2）内容运营

定位目标用户后，就可以确定要推送什么内容给用户，然后基于这些用户做内容规划。例如，运营一个针对汽车经销商的汽车微信公众号，经销商不会只关注汽车的信息，他们关注更多的是如何把汽车卖出去。所以内容上应该多写国内、国外汽车通过互联网营销的案例、最新的汽车广告模式等，也可以写一些融入个人感情的创业故事，人人都喜欢看故事，经销商在看这些文章的时候，潜移默化就会接受了你的很多理念。不要对用户每天推送心灵鸡汤、娱乐新闻等意义不大的内容。

1）坚持文章内容原创。

转载的内容已经被很多受众看过，不具有独特性和首发性，无法吸引关注；其次，不是经过自己独立思考创作完成的内容，无法根据受众的反应调整写作角度；最后，不利于自媒体平台的二次传播。因此，要做到内容为王，就必须坚持创作更多优质的原创文章，不管是订阅号还是服务号，当原创文章写得足够多时，微信公众号官方就会自动向你发出开通"原创"功能的邀请。之后，所有推送的文章都会带有属于自己的原创标志，标明作者和公众号来源，拥有设置转载的权限，完全避免侵权的情况；当有别的号需要转载自己的原创文章时，就会自动带上公众号的来源，自然可以为自己的公众号引流。

2）文章内容要满足用户的需求。

文章选题方向要让用户对内容有兴趣，给用户带来一定的价值，用户愿意付出成本（时间、精力）深入阅读、探寻答案、分享。文章内容最好具有独特性和差异性。

【例7-4】把"深夜谈吃投稿，把你与美食的故事"讲给十万人听（见图7-11）。

图7-11 "深夜谈吃"的内容运营

"咸蛋的各种腌法""什么是真正的红菜苔"，从深夜到凌晨，各种美食图片，吃货之间的交流，创造出许多有趣的内容，这就是微信公众号"深夜谈吃"的价值所在。"深夜谈吃"运营3个月后，内容来源已完全依靠投稿，公众号创始人写得很少，更多是素不相识的朋友在朋友圈分享自己在"深夜谈吃"发表的作品。篇章结构与文字未必漂亮，甚至语病不少，但故事与感情足够真实，常引来读者会心一笑或一哭。每个人和吃都有许多故事可以讲。其实不是与吃的故事，而是通过"吃"这个线索，与人、地、物之间产生故事，将之略带文艺地写下来，就变成了深夜谈吃1000多篇"有情怀"的饮食故事。

移动互联的时代，受众的审美与价值观呈现多元化状态，出现各种各样的细分人群以及这些细分人群需要的长尾内容。归根结底，细分人群需要的并非是单纯的内容供给，而是通过内容连接，与拥有共同审美和价值观的其他人共享一种社群体验。

从运营的角度来说，为某一细分人群创造满足这种群体个性化需求的产品，在赢得用户的同时，亦有可能创造出相当大的商业价值。

（3）内容组织

互联网进入移动时代，信息密度大，消费者触达成本高，要想集约地实现与用户的"一次相遇多重效果"，传播内容的要素就必须精心设计。一次完备有效传播，应该头、腰、腿俱全，一站式吸引消费者，认知、购买等多要素必须精心设计。

【例7-5】宝沃BX5/7实现头腰腿内容配合，提供一站式转化。

1）头部内容：利用旅游趣味话题"吸睛"，如图7-12所示。

图7-12 利用趣味话题"吸睛"

2）腰部内容：重点推出汽车产品及活动介绍。

3）腿部内容：提供产品询价及问答入口，向汽车销售顾问发起在线咨询，如图 7-13 所示。

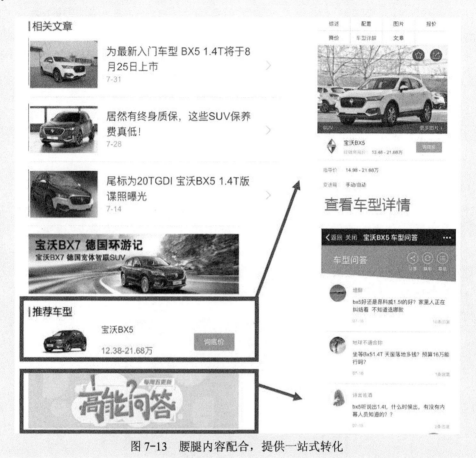

图 7-13　腰腿内容配合，提供一站式转化

（4）用户运营

在运营微信公众号的过程中，用户运营也是其中的另外一个重要部分。特别是吸引粉丝、活跃粉丝，通过粉丝转化实现赢利，也是运营人员最为关注的关键要点。

1）什么是用户运营。

用户运营就是以用户为中心，遵循用户的需求，设置运营活动与规则，制定运营战略与运营目标，严格控制实施过程与结果，以达到预期设置的运营目标与任务。

做好用户运营首先要了解用户是谁？用户通过什么渠道而来？核心是了解用户的需求、本质是解决用户的问题；有足够的耐心并细心整理用户资料和信息；最终实现用户转化赢利。

2）产品与用户的关系。

用户为什么会关注微信公众号，无非是听说这个微信公众号挺好玩。朋友之间的传播一般是某人觉得这个微信公众号好用，会介绍给自己身边的人。所以，给用户介绍产品一定要满足用户的需求，比如很多产品都是注重用户体验。注意下列问题。

① 页面设计、产品功能、产品使用简单与否等。

② 不断提升界面加载和数据加载速度。

③ 优化广告行为，越来越多的微信公众号在启动页、banner 位置或者小弹窗中，有各种各样的广告，用户非常反感；很多用户就是因为等不及广告，就退出或者删掉微信公众号。

④ 重视"用户建议"，如果有用户对于某个功能点表示不解，提了建议，产品应该重视。

3）保持用户活跃度。

首先，了解用户来源和使用微信公众号的数据情况，通过数据分析用户更加喜欢浏览哪些页面，为什么浏览了某个页面后就不继续浏览，用户的地区分布情况等。其次，做好场景化活动运营，维系微信公众号用户活跃度。

（5）活动运营

微信活动包括线上和线下两大部分，而这也是微信公众号吸粉、提高曝光度的有效手段之一。在微信公众号的起步阶段，对于缺乏资金、资源的运营者来说，用最低的成本，甚至是不花费资金就能完成的活动无疑是最需要的。线上可以策划一些免费经验分享的活动，邀请一些嘉宾，然后利用微信群、YY 直播等平台，让受众通过关注公众号的方式参与线上交流活动。线下也可以组织一些分享小沙龙或者与别的公众号合作成为其线下活动的协办方等。总之，微信活动的形式多种多样，要根据实际情况认真策划并执行，以达到最终的目的。

7.3 微店运营

中心化场景下的流量路径是一个漏斗状的。在移动端，更多的时候是非中心化场景下的流量路径，通过不断地积累粉丝和社群互动提高信任度，用非常低廉和优质的流量把消费者集中到自己的店铺里。比如，微店，使消费者成为自己的用户，从而达到非常高的复购率。

微店更多的是搭建了一个平台，能够让流量顺利地通过这个平台找到卖家。

相对于其他微店平台和微商城，由于口袋微店可以免费注册，门槛较低，且可以在微信中点亮微店，所以和微信能很好地融合，如图 7-14 所示。

本节以微店为例，重点讲移动端微店的运营与推广。

图 7-14　微信中点亮微店

7.3.1　打造让顾客信赖的店铺

1. 下载 APP，完成个人或企业注册和实名认证

（1）注册个人微店

使用手机软件应用，即可下载微店最新版本，使用个人手机号即可注册登录。根据国家《网络交易管理办法》，应监管部门要求，微店要对卖家进行实名制核实。实名认证有利于确定商家身份，营造更安全的网络交易环境，避免不法分子通过网络欺骗消费者。登录卖家版 APP，选择"微店"进入微店管理页面，单击"实名认证"按钮，输入正确的姓名、身份证号、银行卡号,要求姓名与身份证、银行卡注册信息一致。输入无误,即可完成认证。

(2)如何成为企业微店

使用个人手机号注册个人微店成功后进行如下操作。

1)可登录 d.weidian.com,进入"我的微店",在"个人资料"中单击"转企业微店"按钮填写正确信息并上传验证资料,提交申请。

2)需要提供以下信息:公司名称、公司法人姓名、公司营业执照注册号或统一社会信用代码、对公银行账号信息及开户许可证照片。

3)修改申请提交后,微店会在 4 个工作日处理完成。

2．店铺管理设置

1)店铺二维码:单击查看自动生成的微店二维码,可分享到微信好友与朋友圈,也可下载保存。商品展示方式:可按照上架时间和商品分类两种方式对店铺商品进行展示。

2)店长笔记:店长笔记可以添加文字及图片说明,展示在自己的店铺中,可以分享给自己的好友,对店铺和商品进行宣传。

3)运费设置:可根据商品件数设置相关邮费,并可指定地区运费,不同地区设置不同的邮费。

4)商品展示方式:可以对店铺商品展示方式进行设置,分为按上架时间展示及按商品分类展示两种方式。

5)七天无理由退货:详情可单击七天无理由退货查看细则,并且可自行开通与关闭此服务。

6)除了上面的基本设置外,如果要打造让顾客信任的店铺,还要做到以下几点。

①开通微店担保:货款将由微店担保,在买家确认收货后再结算给卖家。

②开通保证金保障:消除买家对商品质量、售后问题的顾虑,吸引陌生买家。

③完成诚信联盟认证:提高店铺信誉和潜在转化率,持续引导以获得买家的关注与信任。

④开通退货保障:让进店的买家不用担心受骗,购买更放心。

⑤完成店主实名认证:对店主资料的真实性进行验证审核,实名认证的店主让买家更放心。

⑥编辑店铺公告:将买家关心的问题以公告的形式展示,比如,快递、店铺客服联系方式,还可以将店铺促销活动及时在公告中更新,大大提升店铺关注度,如图 7-15 所示。

3．店铺信息设置

1)店铺头像:选择图片(250 像素 ×250 像素)修改店铺头像。

2)店铺名称:在店铺名称中输入所开店铺的店名。

图 7-15　微店公告内容设计

3）微信号：添加自己的微信号后，可以将自己的微信号作为联系方式展示在微店中，与买家沟通更加便捷。

4）店铺等级：单击查看评分规则，可查看微店卖家等级计算方式与积分规则。

5）店铺招牌：选择图片（640像素×330像素）修改店铺招牌。

6）店铺封面：以导航形式设置店铺分类展示，把更具吸引力的商品类型优先展示给买家。

7）微店地址：如果有实体店铺则可以添加实体店铺地址，便于买家光顾自己的实体店铺。

店铺信息设置好后，就可以进入商品发布环节。可以进入"商品"，单击"添加新商品"按钮直接添加商品。商品图片上传可以通过手机拍照、相册选取、扫描商品条码进行。一个商品最多支持15张图片，第一张图片系统默认为商品主图。同时可以添加商品描述、商品价格、商品库存、商品分类，如图7-16所示。

图7-16 微店信息设置与商品上架

7.3.2 微店营销与引流推广

再优质的商品也需要宣传推广，怎样分享才能成单呢？最重要的方法就是利用微店提供的"复制"功能。首先，找到要分享的商品，单击"复制"按钮，然后选择复制链接方式，如图7-17所示。

这样，就可将自己的微店通过转发链接、二维码的方式分享至微信朋友圈、微信群、

QQ空间、新浪微博，吸引流量到微店平台。同时，还可以让大家帮忙互相转发推荐。

图7-17　复制商品名称和链接

此外，还可以通过添加友情店铺进行友情推广，开通微店直通车；或执行"登录微店"→"营销推广"→"活动报名"命令，报名参加感兴趣的活动进行推广，如图7-18所示。

图7-18　微店引流与营销工具

1. 利用微店买家版推广

买家版推广可将卖家店铺中的商品推广到微店买家版APP，卖家可通过设置点击单价与每日限额来控制每天投放的预算。通过数据报表对广告进行优化，买家版推广按点击付费，买家点击广告后，会根据卖家设置的点击单价进行扣费。

1）买家版首页店铺卡片，如图7-19所示。

点击单价大于或等于 1 元可在首位卡片进行展示，低于 1 元则展示位置靠后。

2）买家版首页"热销榜"，如图 7-20 所示。

图 7-19　买家版首页店铺卡片　　　　　图 7-20　买家版首页"热销榜"

3）买家版购物车"猜你喜欢"，如图 7-21 所示。

4）店铺首页"喜欢这个店的人也喜欢"，如图 7-22 所示。

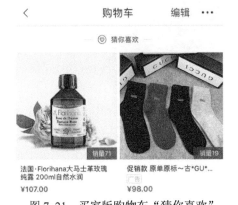

图 7-21　买家版购物车"猜你喜欢"　　　图 7-22　"喜欢这个店的人也喜欢"

5）买家版搜索结果页，如图 7-23 所示。

图 7-23　买家版搜索结果页

除了上述方法，优化商品标题有助于提高搜索广告曝光几率，优化时需注意商品标题与商品主图关联性，如果出现不切实际描述、夸大描述则会导致推广终止。

【例7-6】某商品的发布标题设置为"羽绒服"。

分析：标题过于简单，识别度低，如买家搜索"羽绒服男""羽绒服加厚"等关键词时排名靠后或无展现机会。

建议：添加商品相关性描述，包括性别、款式、特点、材质、细节等。

优化：羽绒服男韩版修身加绒加厚。

结果：商品标题描述丰富，搜索"羽绒服男""羽绒服修身""羽绒服加厚"皆可展现。

注意，商品优化标题时需注意与实际商品和商品主图相关联，如果是夸大或不切实际的描述就会导致广告审核不通过。

2．开展微店活动

微店提供了大量活动，这里仅以微积分活动为例（见图7-24）。

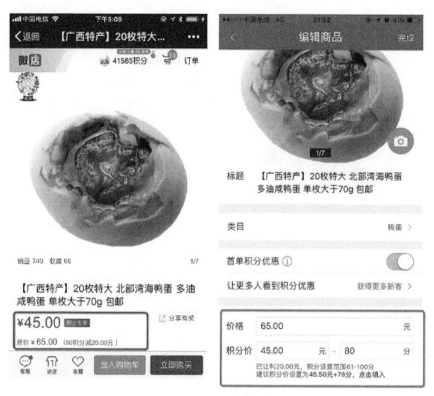

图7-24 微店积分设置

【例7-7】小拓靠微积分卖掉700单咸鸭蛋。

小拓靠微积分卖掉700单咸鸭蛋，实现"30天销量"近1000%的提升！小拓是怎么做到的呢？

客户通过第一单享受积分优惠，然后觉得好吃，再原价来买，甚至还能买店铺中的其他商品。带着这样的想法，小拓想通过微积分来打造爆款商品。因为特产大部分都是吃的东西，只要东西好吃，90%的顾客都会回头再来买的，商品的循环购买率好，所以小拓选择了咸鸭蛋，老少皆宜，大家都爱吃的下饭菜。

（1）设置积分

原价65元20个北部湾咸鸭蛋，设置积分价：45元+80积分，因为成本价比较高，小拓最多让利20元来亏本赚吆喝！因为微积分系统建议价格是60～100积分，小拓就选了中间值80积分。因为感觉大部分人都有这么多积分，用80积分就可以抵扣20元钱，可以让更多人都来买鸭蛋。果不其然，靠优惠积分价和诱人的图片一下吸引了近200个订单，很多顾客都第一次吃咸鸭蛋。

（2）积分拍卖促订单发酵

在官方微积分学习群里，看到一个朋友圈积分互推活动，小拓立刻拿销量不错的脐橙报名参加了积分竞拍。结果不仅赚了近20 000积分，还收获了一批近200名粉丝。在设置了拍卖商品的时候，考虑到有新客户可能通过拍卖进入自己的店铺看其他商品，于是把店里爆款咸鸭蛋放在最显眼的位置，拍卖期间有1000多人次浏览，还带动咸鸭蛋又卖掉了500多单（见图7-25）！

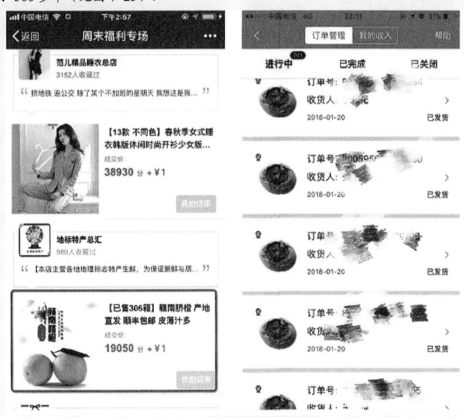

图7-25　微店积分活动带来订单

（3）用积分红包维系新客户

注重售后服务，每个新客户来买东西，都会加他们微信。因为之前卖掉很多积分商品，到账很多积分，所以发积分红包我很大方，每个都发100积分，拉近与客户的距离（见图7-26）。

图 7-26 用微店积分红包维系顾客

（4）使用微积分后的巨大变化

这段时间，通过微积分一系列玩法，获得了一些会回购的精准客户，还为店铺带来了明显增长，如图 7-27 所示。

图 7-27 微店积分活动数据分析

从上面的经营分析数据中可以看出，小拓店铺这段时间的销量快速增长，近 30 天卖了 918 件，同比涨了近 1000%，其中成交转化率提升了 84.2%。

3．通过店长笔记引流

（1）什么是店长笔记

店长笔记作为当下最炙手可热的微店推广工具，已经有超过几百万的微店卖家使用它，甚至有卖家花重金请人代笔写笔记。那么究竟店长笔记有什么魔力呢？

通过微店APP内的店长笔记工具，可以写一篇图文文章，并可以分享到朋友圈。店长笔记是展示自我，增加客户信任度和黏性的有效手段，也是自我营销和店铺推广的得力工具。在店长笔记中，不仅可以分享微店商品，还可以分享自己的故事和生活的点滴，让买家更了解你，更信任你。如果写了一篇好文章，是十足的干货，不但能得到朋友的点赞、评论、转发，还能将对文章感兴趣的人转化成自己的潜在客户，店铺也有机会被更多人发现。

（2）店长笔记的价值

店长笔记的价值主要体现在两个方面。

1）展示自我，让客户了解信任自己。

在社交电商中，如何让客户快速相信你、选择你，一直是卖家首要解决的问题。除了正常的等级信用和评价之外，如今通过一篇笔记，用文字、图片、视频等方式全面介绍自己或商品，分享自己总结的经验或知识，是一个非常有效的好方法，也更真实。

2）营销内容，分享引流效果更佳。

当客户成为自己的朋友或者粉丝以后，他们会乐意帮你分享笔记，按照平均一个客户的朋友圈有200人来计算，也就意味着客户的这一分享相当于向200人做了精准推广，而且分享一篇笔记的效果远比商品或店铺更有效。因此，只要他们在朋友圈分享一下，这种裂变的层级数就很可观，效果自然更好。

一位宝宝妈妈写了一篇笔记《她是怎么做到一个月300单的》，这篇笔记开始只是吸引了大量粉丝加好友，看似没效果，但最终意料之外获得了很多订单与分销商，如图7-28所示。

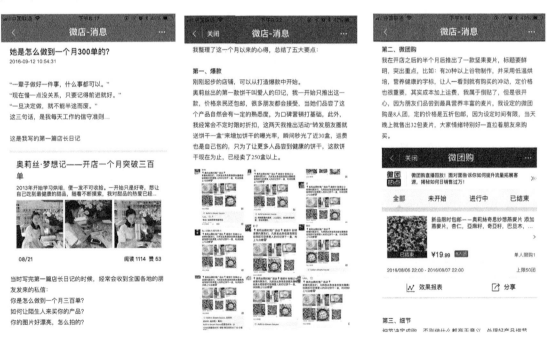

图7-28　店长笔记《她是怎么做到一个月300单的》

（3）如何添加店长笔记

打开微店APP，单击首页的"微店"按钮，然后打开"微店管理"，单击"店长笔记"按钮添加新笔记，如图7-29所示。

在 PC 端也可以登录微店网页版（网址：d.weidian.com），在左侧导航栏选择"店长笔记"，如图 7-30 所示。

图 7-29　微店店长笔记

图 7-30　微店网页版店长笔记导航

（4）店长笔记基本要求

笔记不是论文，人人可写。一般来讲，笔记要通俗易懂，让买家愿意看下去，为此要符合下面的基本要求。

1）拒绝全篇抄袭，原创内容要高达 80% 以上，买家更喜欢有血有肉的笔记。

2）笔记的标题要有吸引力。一篇关于银耳的笔记，《银耳汤这样做，润肺止咳效果好！》与《原来银耳汤还可以这样做？看完你也会！》相比，是不是后者会比前者更有吸引力？好奇是人的天性，例如，能在标题中体现"揭秘××××"，文章就会有很强的吸引力。

3）笔记要图文并茂，增加可阅读性。

4）排版要规整，段落要清晰。不要一大堆文字密密麻麻的让人阅读起来很费劲；图片清晰美观、尺寸一致、不要有水印，让人看起来赏心悦目。

总之，学会换位思考，写完问自己，我的笔记有什么价值，对于用户有什么用？看完我的笔记，用户对我感兴趣吗？顺着思路，就一定能写出更好的笔记。

7.3.3　客户运营与管理

随着店铺的发展，分析自己的客户来源和渠道显得愈发重要。通常可以将微店访客细分为 3 类：没买过的访客、买过的访客和买过多次的访客。这里说的"没买过"的这部分人就是你的潜在客户。

1．如何有效地找到自己的潜在客户

（1）通过微店内部的渠道

通常可以把在微店内留下互动行为的卖家或者买家，都当作是潜在客户。他们可以在扫描店铺和商品二维码后，浏览店铺和商品、加入购物车、浏览笔记、添加店长标签、点赞等。通过这些行为可以了解他的想法，进而判断是否是微信好友，如果是好友，则可以通过微信建立联系。

1）浏览了你的店铺和商品：是指已经浏览了店铺详情页和商品详情页的人，这些人往往对你的店铺商品是感兴趣的，下单的可能性较大。如果他是微信好友，那么你可以立即互动，趁热打铁。

2）看了你的买家版动态：是指浏览了商家的买家版动态，买家版上经常会出现陌生订单。如果有人关注了买家版动态，一定要抓紧联系，争取第一时间咨询买家的想法。

（2）通过微店外部的渠道

微店通过转发链接、二维码的方式分享至微信朋友圈、微信群、微信公众号等平台后，可以了解哪些人点了赞或有过评论和咨询，这些人也是潜在客户。

2．建立客户关系

（1）加微信尽可能多地了解客户

俗话说，知己知彼，百战不殆。对潜在客户有了更深入的了解，才能更好地推荐自己的产品。在与客户交往的过程中，会了解到很多信息，要做一个生活中的有心人，把这些信息都记录下来，只有更了解客户才能更好地服务客户。

首先，在与客户聊天的过程中，要找到共同的话题，慢慢消除隔阂，彼此增进了解。不要去打探客户的隐私，给对方被冒犯的感觉，而是要善于从慢慢相处的点滴去发现。

其次，朋友圈是了解对方非常好的渠道。用心去发现客户喜欢什么，对什么感兴趣，在意什么。

（2）整理收集潜在客户信息并运用到对客户的服务中

1）潜在客户的基础信息：姓名、性别、生日、联系方式、家庭情况等。

通过与潜在客户的沟通，不断去了解客户，从而才能和客户有更多话题。可以在客户生日的时候选择一份恰当的礼物送给他，让客户感受被关心的温暖。

2）潜在客户的价值观及消费能力：不同消费能力的人，具有不同的消费心理，了解了客户的消费心理，才能更好地去推荐分享产品。针对不同人群，给予不同的营销策略。比如，如果他每月收入5000元，消费能力一般，那么推荐奢侈品显然是不合适的。

3）潜在客户的来源渠道：可以把没买过商品的潜在客户用微信备注来源，比如谁推荐的，或是通过搜索添加的。这样就大概知道这个潜在客户是怎么来的？进而判断他可以成为你的客人，还是说只是来逛逛。

4）潜在客户的其他详细信息：可以通过客户信息的描述栏或者标签项记录下来。建立属于自己的常用标签体系，便于分类管理客户。

①性格标签：针对不同性格的人，在服务的过程中一定要灵活处理。比如，做代购的，店里有直邮和现货两种服务：针对急性子的客户肯定是建议现货或者直邮+现货搭配的方式，缩短到货的时间，不会让客户因为等待失去耐性；而对于比较谨慎的客户，则建议直邮，提供采购图片、可跟踪的物流单号、发货标记等让客户放心。

②爱好标签：有共同爱好的人之间更容易产生共鸣。

③潜在需求标签：当客户有潜在的需求暂时不能满足或者你的产品客户将来会需要时

都可以做特别的备注，在以后产品推荐时更加精准。

潜在客户信息越多，越便于进一步了解他们，只有真正了解潜在客户的心理，才能为他们精准推荐，也才能真正把客户放在心上。当真正把客户放在心上时，和客户间的双向信任就很容易建立起来，这个时候，订单就是水到渠成的事情。

（3）建立微信群让客户更多了解自己

可以将微信中已接触但未购买过的客户（潜在客户）归为一类。通过建群的方式建立联系，并借助朋友圈或客户群的宣传推广影响买家，促进买家咨询和购买。当然，也可以把这些潜在客户，按照他们的身份特征来建立一些小群。例如，同学、亲戚、同事、朋友等群，或者是上班族、大学生、妈妈群等，每个群在运营的时候，分别采取的策略也是不一样的。

微信群建立后，需要做好以下几个方面的工作。

第一，建立群规、改名片，一定要第一时间做。无规矩不成方圆，这是保证日后微信群能够长期活跃下去的一个必要法则。

其次，进到社群，一定要学会主动打招呼、问候，积极融入大家的话题，不管是闲聊还是探讨，努力抽空让自己与大家打成一片。千万不能一言不发，那样就失去建群的意义。

第三，通过各种话题发表自己的观点，分享自己正能量的经验。

第四，积极发起、参与群活动，曝光自己。曝光即是展示，即是让他人了解你的机会。

例如，"双十一"打造爆款促销的活动，春节全家晒幸福的活动，目的就是促进群的活跃度，能开单最好。

第五，也是最重要的一点，要根据潜在客户群体调整产品推荐策略。

例如，店里卖的是零食，那可能主要针对上班族或大学生做营销活动，推荐合适的商品。虽然群维护起来比较费力，但是这样做客户目标更清晰。官方有什么产品搞活动了，然后直接在群里说一下也更容易促成订单。

3. 找回流失客户

做好以下3件事，能最大程度地通过客户回访把客户留住。

（1）选择合适的回访方式

1）客户回访的时间。

不同的客户职业决定了不同的回访时间。如果客户是公司白领，则可以在周末休息的时间回访，而工作日的配合度会低很多。如果客户是宝妈，则需要提前摸清楚宝宝的作息时间，避免回访过程频繁被打断。

2）客户回访的工具。

可以通过微店APP聊天消息、微信的方式，但是如果客户手机没有在身边，就会造成沟通不及时。

如果有客户电话，则可以采取电话回访，既节省了沟通的时间成本，又可以通过语气来判断客户的态度，及时调整沟通方式。

3）确定回访人群。

客户人群的特性决定了回访的沟通方式。比如，回访的人群是20多岁的大学生，则需要简单明了，不兜圈子。如果回访的人群是时间较充裕的家庭主妇，则在沟通时可以延伸几个问题，问一下有没有宝宝、几岁了等。

4）结合商品特征属性。

商品的特征属性也是回访之前要考虑的。根据商品的不同特性进行客户回访，比如商品是即食类食品，则回访周期是3天内，并需问及口感如何，顾客的口味喜好，喜好甜的还是喜好辣的。如果是家用电器，则回访的周期需要拉长到3个月左右。

（2）采用精准的回访话术

1）针对比较活跃但近期未购买的客户。

"Hi，最近怎么样，是工作太忙了么，很久没有到我店里来看看了呢。最近我这里新上了一些性价比不错的××，我可以推荐一些适合你的，欢迎来看看哈～"。

2）针对购买过食品类商品的客户。

"Hi，上次来我这儿买的××吃的感觉怎么样呀？是喜欢坚果类的还是膨化类的零食呀？最近店里上新上了几款口碑特别好的零食，我发您1张优惠券，可以半价尝鲜。我也可以先给你寄一包尝尝，好吃了再来下单！"

3）针对留下过差评的客户。

"Hi，您好，上一次您在我店里买的××使用之后感到不太满意，我能了解一下具体是哪个环节给你带来了不太好的感受么？如果有任何使用上的感受、建议、问题请及时告诉我，我将尽可能帮您解决。"

（3）访后对客户信息进行管理

1）给客户打标签。

电话或者微信回访完客户并不意味着事情就结束了，根据回访收到的信息或者对客户态度的判断，要给客户打上不同的标签，比如，可召回客户、发优惠券顾客、坚果类顾客等。

2）对回访客户建立档案。

回访顾客不是一劳永逸的事情，而是持续进行的事情。每次回访的顾客都要进行档案记录，记录回访客户的微信昵称或者电话号码、回访的时间、回访的内容信息、客户的反应、是否发送优惠券、是否有回头购物等。

3）对客户发去问候祝福。

"伸手不打笑脸人"，不管客户回访是否能够让顾客复购，在客户生日或者节假日的时候送上商家的祝福，总能让客户感受到商家的细心，传达商家对客户的关怀。

7.4 社群电商运营

7.4.1 认知社群

【例7-8】豚鱼网打造国内管理人员学习交流社群（见图7-31）。

豚鱼网是国内关注管理教育领域的资源链接平台，借助移动互联网的手段，以高品质教学、高质量课程、高附加值为基础，链接全行业教育培训机构，以全方位共享培训模式，通过科学、严谨的工作流程来提高业务效益，实现低成本的优化运营，高效能的实效服务，建立起一个具备核心竞争力的培训生态社群。

愿景：成为国内最专注的管理教育领域资源链接平台。

价值观：诚信、共享、简单、极致、感恩。

品牌宣言：汇聚网络先行者们的智慧与经验为渴望成功的你分享便捷的路径。豚鱼网，一个你值得信赖的管理资源链接平台。

使命：帮助3000家培训机构实现利润倍增，助推5000万民营企业科学发展，通过构建学习型企业助力"中国梦"的实现。智汇豚鱼，创启成功创业、守业是一条永无休止的路，在企业家的这个群体里，总有人被挤出圈外，又有新成员挤了进来，想要成功就必须有驾驭的能力，想要在成功的路上走得更稳，便需要一个引路人，而我们豚鱼网，则甘愿做这条路上的引路人。

图7-31 豚鱼网微课堂社群与公众号打通

思考与分析：豚鱼网通过微信群，汇聚了众多企业管理人员，凭借着他们的成功经验和资源，致力在未来助力中国5000万家以上民营中小企业成长。豚鱼群目标明确，定位清晰，而且有自己独特的优势，免费为社群中的各类企业管理人员提供了大量课程直播。通过专业化的服务团队和一体化的服务资源平台，让平台聚焦于自身的核心业务发展。同时，将其与微信公众平台打通，提供更加有针对性的周到服务，构建起了富有竞争力的商业模式。

1. 什么是社群

社群经济的先行者，可以追溯至2012年创办的"罗辑思维"，紧追其后的是创办于2014年将"人格魅力"发挥到一个新高度的吴晓波频道。如果说过去是将商品进行"物以类聚"，那么，今天就是"人以群分"的时代。几乎可以肯定的是，企业的下一个重要流量入口，非社群莫属。基于此，社群越来越受到人们的关注，尤其令人惊讶的是，资本市场的

第 7 章 移动电子商务运营

目光甚至开始倾斜于有影响力的社群。

然而,什么是社群?看似很简单的问题,却有很多误区。

- 建个微信群,就等于建立社群了吗?
- 社群就是初建者向社群成员的单方面输出吗?
- 社群是不是人越多越好?
- 在社群里"卖货",就是社群电商吗?

显然,以上对于社群的视角均显片面。建一个微信群很容易,因为某次聚会或者活动,群主把各种朋友都拉到一个群里,好像要做一件开天辟地的大事,开始也许兴奋热闹,但部分打了招呼就开始潜水,然后开始有人悄悄地往里面拉人,在群中发广告图文链接,如果没人制止,那么就会更加明目张胆地发名片和广告。很快这个群就沦为死群,大家只有尴尬地待着。因此,大部分所谓社群其实不是社群,而应该被称作"乌合之众",绝非实质意义上的聚合。因为社群是一个长效概念,需要一段时期的沉淀、规范,而当下的社群最多算是一次群聚效应。

社群电商中,社群是一套客户管理体系,它抛弃了传统的客户管理方式,将每一个单独的客户通过社交网络工具进行了社群化改造,利用社会化媒体工具充分调动了社群成员的活跃度和传播力。一个社群,至少应包括以下 3 个要素。

1)共同的目标或兴趣。
2)给大家持续带来价值。
3)群体成员有共同的群体意识和规范,用户有参与感。

从形式上区分社群可以分为:微信群、QQ 群、论坛、公众号、社团社区;从组成架构以及成员分为:偶像型、产品型、关系型、行业型、社交型和兴趣型。

2. 社群的定位

社群是一个系统,要素是人,有规模差异和质量差异;社群的结构主要是人际关系,由规则决定,建立社群肯定是带着某种目的而建立的,因此构建一个社群关键是要进行人群定位。

(1)垂直定位

就是指聚焦在某个垂直的领域,比如,母婴社群、画画社群、律师社群、音乐社群等。大部分人建立社群,可能都是从自己或是团队某个人的爱好入手,这样目标人群会相对比较清晰,运营起来也会得心应手。例如,如果你是一位妈妈,建立一个社群主打母婴品牌,你每天写的这个内容,可能是关于一些亲子教育、婴儿护理这方面的内容,当在网上有个妈妈看到你的文章时,感觉这里面确实有自己需要的内容,在她需要买这方面的产品时,会优先考虑这个社群。

垂直定位,又可以划分为内容定位和地域定位。内容定位就是刚才提到的宝妈社群、画画社群、读书社群这一类。地域定位就是本地化或乡镇的一些社群。总之,建立的社群定位越垂直,后期会员的归属感就会越强。

(2)需求定位

需求定位分为产品资源型和知识服务型。产品资源型比较好理解,就是现在比较多的微商。知识服务型,就是在某个领域比较擅长,把其中的一个技能拿出来做分享,最典型的就是一个艺术培训班,那就属于知识服务型的一个社群。

3．社群的价值

社群可以让流量变留量,让用户变粉丝,让人人成为渠道,让每一个用户具有归属感。其价值体现在两个方面。

1)不断提升老客户价值:增加购买频次,还可以不断提升客单,延长客户生命周期。

2)不断裂变带来新客户:通过链式传播,可以快速吸粉,从而拓展新客户,构建起利益联盟。

无论是传统平台电商还是移动电商,运营最重要的3个环节就是流量、转化和客户关系。社群电商可以引入更多流量,可以让更多的人来,让来的人都买,让买了的人再来买,让买了的人再介绍其他人来买。因此,其价值不言而喻。

7.4.2　社群搭建

社群搭建的步骤主要包括以下几个要点:首先要确定建立什么类型的社群,然后定义用户,筛选出种子用户,规模人数多少,确定在哪些渠道建立,核心是想要解决哪些问题。

要运营维护好社群,还要确定社群的规则等一系列的工作。

1．确定社群目标与核心价值体系

确定建立什么类型的社群就是这个社群的价值,也就是社群能给用户提供的价值,不能为了建社群而建社群。用户为什么主动加入到这个社群,一定是这个社群有他想要的东西,或者能帮他解决什么问题。不一定是为了产品,因为其他商家有好多产品,不一定非得到这儿来。只有社群的整个核心价值体系能够持续不断地付出,能给大家和群友创造一定的价值,才能维持并保证社群的正常运转。

2．确立社群管理架构

社群管理架构就是团队的管理架构。因为社群的某个意见领袖的知识架构比较完善,所以支撑了整个社群的发展。但是当团队化运作这个社群的时候,团队成员对社群内容的理解、配合的默契程度,就会直接决定社群的基因。

3．确定社群种子用户

1)什么是种子用户?即社群核心用户,指能"发芽"的用户,具备帮助商家成长为"参天大树"的潜力用户,能够给社群贡献资源(资源可以是很多东西,比如内容话题、活动、发现社群成员存在的问题等),保持社群的活跃度,具备个人聊天的能力。同时,对商家发起的活动能够积极传播,带动社群成员参与活动。

有了种子用户,一个社群就能保证基本的活跃度,维持社群的正常运转,直接获取用户反馈,如商品、活动意见建议。协助运营工作,如管理社群、回答疑问,对外品牌传输,正面宣传,影响更多标杆模范作用,激励社群更多人员。

2)种子用户的特质。

①有领导力。

②活跃度高,具有传播能力。

③易于接受新鲜事物。

3）如何寻找种子用户。

种子用户是产品的忠实粉丝,非常喜欢商家的产品,多次购买产品并推荐给亲朋好友。如果客服在平常的接待过程中及时发现,则要深度聆听客户的需求与反馈,成为朋友。在明晰自己需要让核心用户为社群做什么贡献的情况下,用物质激励也是一种不错的用户获取方式。社群在启动时,可以寻找一些达人或者兼职来做任务,根据任务的完成情况来发放物质奖励。

7.4.3 社群运营

社群的价值在于运营。

但现实中,运营好的社群很少,究其原因,有的是没有共同的目标和需求,有的没有群规则,进群没有审核门槛,没有管理团队或者有影响会员体验的行为,甚至有别有用心的害群之马,频繁发送广告信息,负面信息管控不力,信息太多不堪其扰。

运营需要专业的执行团队,至少承担4个职能,内容生产、活动策划、新媒体运营、客服。当然还要有一套群管理软件来管理微信群、QQ群、贴吧、APP等。

好的运营决定了社群的寿命。运营好社群,如同经营好关系一样,是客户与商家之间的关系逐步加强的过程。通过营造仪式感、参与感、归属感、组织感,实现用户的关注、体验、购买、分享,进而成为会员与合作伙伴。

1. 规划社群内容

（1）制订社群运营方案

目标客户是谁?他们有哪些问题需要解决?围绕用户的痛点,制订出社群解决方案,包括确定社群运营目标、运营模式、入群审核、互动策划、活动策划等。

（2）内容的形式

1）图文内容:文字配图片的内容呈现方式。

2）视频内容:视频节目的内容呈现形式。

3）活动内容:线上或者线下的活动呈现方式。

4）语音内容:语音音频的内容呈现方式。

（3）内容的传播渠道

1）微信体系,朋友圈、微信群、个人分享。

2）微博体系:微博是一个开放平台,易传播,有影响力。

3）直播体系:可以采取多平台同时直播传播。

4）视频体系:各大视频网站,腾讯、优酷、爱奇艺等。

5）语音体系:各大语音内容平台,得到、喜马拉雅、荔枝等。

6）媒体平台:今日头条、一点资讯、企鹅自媒体、新浪、百度等。

（4）做内容还需要注意的问题

做内容还需要注意统一品牌内容栏目,内容多样性,打造品牌栏目。内容多样性,这里有两种:一是由企业生产的优质内容,二是由用户生产的内容（用户提交的内容）,企业不仅需要给用户提供专业优质的内容输出,还需要有用户生产出来的提高黏性的内容。无内容不社群,没有内容的社群没有价值,没有持续内容的社群不能长久。

2. 规则制定

（1）设置社群门槛

1）免费模式。

只要用户对社群内容感兴趣他就可以进入社群，没有门槛。这样做的好处是可以积累大量流量，坏处是用户不够精准。

2）收费模式。

这里的收费模式可以收取会员费，也可以是购买产品的用户。也就是购买企业产品的用户或者付费的用户才能进入社群。这种模式的好处就是用户很精准，更有质量，不好的地方就是不能够快速形成规模。

3）自带流量模式。

这种模式是既有门槛又不让用户花钱，还能让用户把他的流量共享出来。

（2）制定社群规则，杜绝广告信息

制定了原则性的规则之后，要让大家参与制定细节。比如有人常年"潜水"怎么办？有人发广告怎么办？与群无关的广告信息不仅会造成客户流失，还会引起其他群员的反感。严禁推客在群内发送与本群无关的广告，让大家讨论出一个奖罚措施。

（3）防止传播消极思想，避免在群里直接处理客户投诉问题

客服要避免在群内直接处理客户投诉问题，以免群员过度讨论和传播负面信息。要防止做得不好的群员在群内持续传播消极思想，以至于影响全体群员。

3. 组织社群活动

无活动，不运营。如同青蛙凸起的眼睛，对于一动不动的蜻蜓视而不见，只有当蜻蜓飞动时，青蛙的眼睛才变得灵敏起来。好的社群也是如此，不仅可以通过活动激活人气，提高黏性，还可以设计活动提高用户的参与感、归属感，进而实现更多成交。

【例7-9】"星星童书"社群运营。

"星星童书"是一家销售儿童图书的人人店，商城上线8个月，平均月销量过百万元，现在有25个满300人的推客社群。

1. 合理配备社群的运营人员

推客社群是商家用于维护推客关系的社群，属于商业性质的社群，商家必须完全掌控社群的整体。社群角色分工见表7-1。

表7-1 社群角色分工

人员	角色	发挥作用
××童书管理员	运营、管理员	创建社群，管理社群，解决一些客服无法解决和回复的问题
客服小E	客服	社群客服工作、日常管理工作、活跃气氛
泊君先森	试讲、"意见领袖"	负责课程培训演讲，同时扮演社群"意见领袖"角色，在推客中建立权威，引导推客行为

2. 交流分享活动

"星星童书"每两周组织一场"明星"推客分享会，在群内分享自己的经验心得以及经常遇到的问题。"星星童书"商城上线活动、产品更新等事情客服会第一时间在群内发布。

群内定期举行秒杀、红包、团长免单等福利活动，激发推客的活跃度，如图7-32所示。

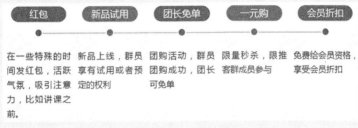

图7-32 "星星童书"社群活动形式

"星星童书"每周在群内分享两篇关于产品或者招商的文案和图片，节假日还会专门提供节日主题相关文案。由于推客大部分都是业余兼职，无法自己生产好的推广素材。商家定期在社群中提供一些好的推广素材和案例，不仅可以供推客直接使用，而且能让推客模仿和学习。

思考与练习

1）简述移动电商的特征与趋势。

2）如何打造个人微信朋友圈？

3）分析微博达人微商与微信微商有哪些不同之处？

4）请阅读文章《"荔枝味的吻"惊动公安官微，结果却是满满的套路》，其微博、微信阅读量累计达到千万，试分析人们转发文章背后的心理动机。

5）假设现在有一笔资金，打算购买一个微信公众号用来做电商变现。一个微信公众号是休闲资讯类的，已经有200万订阅用户；另一个微信公众号是宠物医疗类的，有20万订阅用户。你会买哪一个？如何理解评估流量和转化率的关系？

6）搭建一个社群的关键点有哪些？

技能实训

任务1 熟悉自媒体平台

分别注册微博、微信、今日头条、知乎和喜马拉雅平台账号，通过一段时间的运营，把握每个平台的特点。

任务2 建立微信群

根据个人兴趣爱好（如读书会、跑步群、吃货群、红包群或减肥群），建立一个微信群，完成一篇社群管理方案，具体应包括社群目标、岗位人员安排、规则和运营模式，然后坚持3个月运营管理，不断将其完善。

任务3 制作网址链接与名片二维码

登录联图网（http://www.liantu.com），按照要求输入一个网页网址或一个产品链接。这里输入的是一个产品链接。保存图片后，即可生成一个图片文件，打开文件，使用微信扫一扫，即可在手机中打开该产品链接，如图7-33所示。

类似地，还可以制作自己的名片二维码。

图 7-33　制作网址二维码

任务 4　用手机下载微店 APP，并在微信中点亮

1）注册完成后，登录微店。

2）为微店起一个合适的名字，并设置相关微店信息。

3）选择一个有优势的货源渠道，完成微店商品上架管理，并尝试利用各渠道和工具进行推广和运营。

参 考 文 献

[1] 李建忠. 电子商务网站建设与管理 [M]. 北京：清华大学出版社，2015.
[2] 俞立平，李建忠. 电子商务概论 [M]. 3 版. 北京：清华大学出版社，2012.
[3] 冯英健. 网络营销教程 [M]. 北京：清华大学出版社，2017.
[4] 李江予. 中国互联网协会全国大学生网络商务创新应用大赛优秀案例选辑 3[M]. 北京：机械工业出版社，2013.